U0908624

复杂地质条件下隧道施工安全保障技术

林才奎　杨红军
方建勤　廖树忠　等编著

人民交通出版社

内容提要

本书论述了隧道不良地质体及其引起的地质灾害、隧道地质超前预报综合技术、隧道施工中不良地质体的评价策略和评价方法、隧道施工中不良地质预警及保障体系、隧道不良地质体及地质灾害处治措施数据库管理系统。详细介绍了隧道工程台阶法施工时的合理台阶长度、隧道二衬合理支护时机的确定方法、隧道围岩变形预警指标及保障措施、隧道不良地质体对隧道施工的影响等隧道施工工艺中的关键技术，以及隧道施工灾害应急预案。

本书密切结合工程实际，主要内容来自广东省交通厅科研项目“复杂地质条件下隧道施工安全保障技术研究”研究成果，反映了该领域的最新研究成果和技术进展，可供从事隧道工程设计、施工、科研、监理和建设管理的技术人员和高校师生参考。

图书在版编目(CIP)数据

复杂地质条件下隧道施工安全保障技术/林才奎等编著. —北京：人民交通出版社，2010. 4

ISBN 978-7-114-08310-5

I. ①复… II. ①林… III. ①复杂地层—隧道工程—工程施工—安全技术 IV. ①U458. 1

中国版本图书馆 CIP 数据核字(2010)第 050666 号

书　　名：复杂地质条件下隧道施工安全保障技术
著 作 者：林才奎　杨红军　方建勤　廖树忠
责任编辑：刘永芬
出版发行：人民交通出版社
地　　址：(100011)北京市朝阳区安定门外外馆斜街 3 号
网　　址：http://www. ccpress. com. cn
销售电话：(010)59757969，59757973
总 经 销：人民交通出版社发行部
经　　销：各地新华书店
印　　刷：北京交通印务实业公司
开　　本：787×1092　1/16
印　　张：12. 75
字　　数：315 千
版　　次：2010 年 4 月　第 1 版
印　　次：2011 年 6 月　第 2 次印刷
书　　号：ISBN 978-7-114-08310-5
定　　价：30. 00 元
(如有印刷、装订质量问题的图书由本社负责调换)

《复杂地质条件下隧道施工安全保障技术》

编写单位和编写人员

编　　著：林才奎　杨红军　方建勤　廖树忠

编著单位：广东省长大公路工程有限公司

广东云梧高速公路有限公司

参加编写人员：

蔡兆秋　黄水泉　徐一鸣　邓百洪　孙耀波

洪伟鹏　黄瑞武　胡居义　雷　鸣　张　羽

夏　兼　康良祯　郭伟海　吴章华　李　琦

曾　治　赖培良　黄永茂　吴勋华　周　毅

周玉祥　李伟彬　黄福军　张巍巍

序　言

广梧高速公路(河口至平台段)是国家高速公路“7918”网第十八横——广州至昆明高速公路的组成部分,同时也是广东省高速公路规划网中的一横——惠州至(广西)梧州高速公路的一段。它的建设能加强广东省西部城镇与珠江三角洲的联系,并对加强广东省与广西、云南、贵州的运输往来,促进“泛珠江三角洲”经济发展,促进社会发展及对完善国家高速公路网和广东省高速公路网都具有重要意义。本项目为广东省交通厅首批科技示范工程,其中双凤至平台段被列入部省联合实施的公路勘察设计典型示范工程。

广梧高速公路地处粤西山岭重丘区,桥隧比例大,地质条件复杂。本项目有广东省在建高速公路中最长的石牙山隧道,有广东省高速公路建设中迄今地质条件最为复杂的茶林顶隧道等。根据本项目隧道建设的特点,项目建设者们根据省交通厅科技示范工程的有关精神,积极开展科技创新,取得了一大批科技成果,攻克了一道道技术难关,保证了本项目所有隧道安全、高质量地顺利贯通。

广东省高速公路建设正不断往山区推进,将涉及越来越多的隧道工程,需要隧道工程建设者们不断学习总结与提高。现在广梧建设者们本着“积极进取,锐意创新”的精神,将隧道建设中取得的科技成果与经验编制成书正式出版,希望在同行中相互交流,共同提高,为广东省乃至全国的隧道建设作出应有的贡献。这是一件好事,我衷心祝愿该书出版后能达到编者们的初衷。在此,谨向《复杂地质条件下隧道施工安全保障技术》一书的正式出版表示祝贺。

广东省交通运输厅厅长:[signature]

目　　录

第一章　绪　论

广梧高速公路是国家重点公路规划(2001.12)第十五横向路线广东省汕尾至云南清水河的一段,其中的河口至平台段起点位于云浮市云城区河口镇,接广梧一期高速公路,终点位于郁南县平台镇古同村,与广西苍梧至郁南高速公路相连,起止桩号为K36+867.301～K136+071.319,路线全长99.20km,有隧道18座,长约21km,占整个路线的21%。沿线地形陡峭,以山地、丘陵为主,约90%属山岭重丘区,且植被茂密。地质条件复杂,地质构造发育,有罗定—广宁断裂带、罗镜—云浮断裂带,区内褶皱构造十分发育,特别是在震旦系—志留系变质岩地区,褶皱构造更为发育。有岩溶、风化层较厚的花岗岩和层状的砂岩、泥岩及页岩。

隧道穿越段地质条件复杂,勘察、设计和施工难度大、工期长。如茶林顶隧道通过地段,褶皱相对发育,在K73+010～K73+060遇断层F7破碎带,溶洞发育,岩体破碎,地表有泉水溢出。又如旗山顶隧道所遇岩石为志留系浅变质砂岩、粉砂岩,褶皱、断裂发育,构造相对复杂。石炭系、中泥盆系地层广泛分布可溶性灰岩,是产生岩溶等不良地质问题的主要地层。在潮湿地区,地下水能够充分补给,在岩石裂隙极其发育和裂隙交汇处为岩溶易发地区,可能出现岩溶塌陷、涌水、突水等地质灾害。

为了有效避免或减少隧道施工中发生大规模的塌方、突水等地质灾害,以及为隧道施工中不良地质的处治提供技术指导,2007年7月广东广梧高速公路有限公司确定了"复杂地质条件下隧道施工安全保障技术研究"研究课题,并列入"广东省交通运输厅科技项目(2005-18)"。开展的主要研究工作有:广梧高速公路双凤至平台段隧道地质灾害的类型及分布特征研究、隧道施工关键工艺参数研究、不良地质体的准确超前预报技术及评价方法研究、隧道施工不良地质及地质灾害预警及保障体系研究、隧道施工灾害应急预案的研究、不良地质及地质灾害处治措施数据库管理系统开发。重点攻克了不良地质灾害体的准确超前地质预报组合物探技术、隧道二衬和仰拱合理支护时机及其二衬及仰拱与掌子面的合理间距、隧道围岩变形预警指标的基准值等关键技术。

课题的总体研究思路如图1-1所示,取得的主要创新性成果有:

(1)提出了TSP法、地质雷达法或瞬变电磁法相结合的公路隧道超前地质预报组合物探技术和工程地质勘察成果、掌子面观察和物探相结合的公路隧道超前地质综合预报方法。梧广高速公路隧道的实践证明,这是适应于公路隧道的较准确且经济合理的超前地质预报方法。

(2)提出了用地质雷达信号衰减程度和TSP中弹性波速预报隧道围岩级别的判定依据,并系统总结了地质雷达和TSP对典型不良地质的评价方法。

(3)首次提出了隧道台阶法施工的合理台阶长度和上下台阶留核心土法施工的核心土合理尺寸。

(4)首次从二衬支护时机和二衬及仰拱与掌子面的间距两方面确定各级别围岩中隧道二衬及其仰拱的合理支护时机,并提出了考虑各种影响因素的合理支护时机的具体取值或修正公式。

(5)提出了隧道围岩变形预警指标基准值，并提出了预警等级及相应的应急措施和安全保障体系。

(6)全面分析了典型的不良地质对隧道稳定性的影响，为设计和施工处理不良地质体提供了依据。

(7)对不同的不良地质体(岩溶、断层破碎带、富水地层)按其规模、特征以及对隧道施工可能的危害程度进行了分级，首次建立了不良地质的预警和保障体系。

(8)建立了隧道灾害应急预案，提出了隧道典型不良地质和地质灾害处治技术。

(9)首次开发了不良地质及地质灾害处治措施数据库管理系统，并实现了网络化。

根据研究成果，编制了《公路隧道施工二衬及仰拱合理支护时机确定指南》和《复杂地质条件下隧道施工不良地质及地质灾害处治技术指南》，详见本书附录A与附录B。

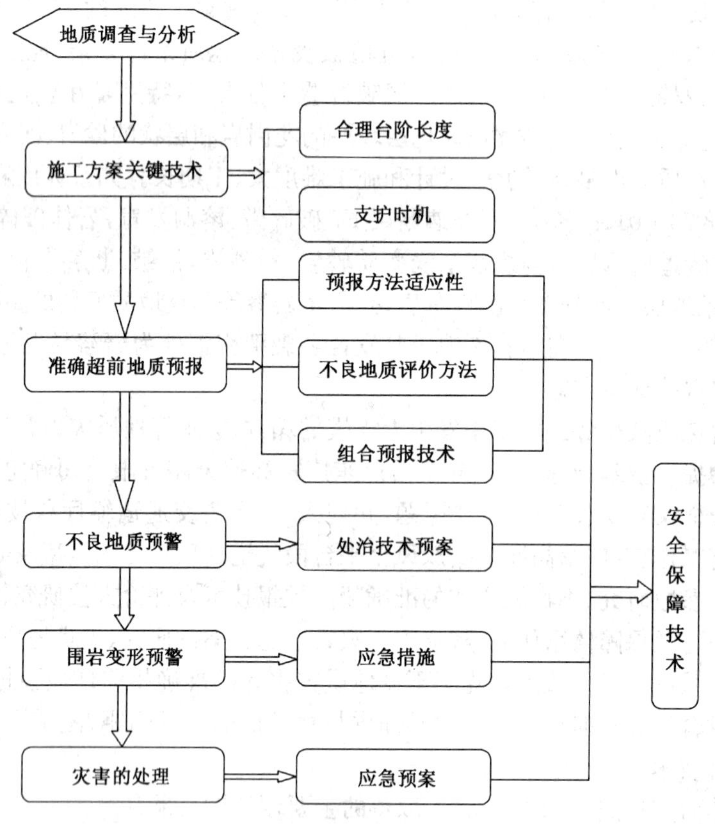

图1-1　课题的总体研究思路

研究工作紧密结合广梧高速公路隧道建设的实际问题，根据该工程地质条件复杂的特点，通过理论分析、力学计算以及数值模拟计算，对隧道施工中可能出现的灾害进行预测，为后期施工中的预报、处治和预警提供了科学依据。通过理论分析、数值计算等多种手段提出了上下台阶法核心土留置的合理长度和大小，二衬及仰拱合理支护时机及与掌子面的合理的间距，从而避免了前期隧道施工过程中因上下台阶留核心土法核心土留置太小、仰拱与掌子面距离太长、二衬没及时跟上而导致掌子面坍塌、围岩变形过大等情况，有效地减少了因施工不合理而出现的灾害。针对隧道施工中实际揭示的围岩和地勘提供的围岩状况差别较大、不良地质较多、围岩级别变更频繁的问题，对隧道施工准确超前预报组合物探技术进行了系统的研究，建立了不良地质灾害体的评价方法，并用综合超期地质预报方法预报围岩级别，对整个依托工程的围岩级别进行了全过程的预测，准确性达 62.5%，并成功预报了多处溶洞和破碎带等不良地质段落。根据地质预报长短结合方法，提出了不良地质的三级预警，并提出了相应的管理预案和技术预案，使现场施工人员对掌子面前方不良地质引起足够的重视，并采取积极的预防和应急措施，有效地指导了不良地质段的施工。通过开发的网络版“不良地质及地质灾害处治措施数据库管理系统”，管理人员、施工人员及其他现场人员可以通过查询国内外典型隧道施工不良地质及地质灾害的处治措施，从而可以结合隧道的现场地质特点和灾害的具体情况选择适合的处治措施。研究过程中，针对实际施工中遇到的工程问题，及时地提出相应的处治措施，主要有：①茶林顶隧道洞口处治措施；②茶林顶溶洞处治措施；③次步小净距隧道施工技术；④次步隧道膨胀性围岩施工措施；⑤茶林顶隧道右洞 RK73+870 处突水的处治措施；⑥茶林顶隧道加快施工进度施工方案等。

本科研工作确保了广梧高速公路隧道的施工安全，推动了隧道工程的技术进步，达到减少隧道施工地质灾害、保证人民生命财产安全、构建和谐社会的目的。该科研成果对类似工程具有良好的工程参考价值和较强的理论指导作用，所形成的一系列复杂地质条件下隧道施工安全保障技术均具有较强的实用性和较高的推广应用价值，应用前景十分广阔，必将取得显著的经济效益和社会效益。

第二章　广梧高速公路隧道工程概况

第一节　地理和地质概况

一、自然地理

广梧高速公路河口至平台段分为河口至双凤以及双凤至平台段。鉴于双凤至平台段工程地质条件复杂，因此把双凤至平台段隧道作研究本课题的依托工程。双凤至平台段起讫里程K71＋400～K136＋071.319，全长64.67km。总体呈南东—北西走向，起点位于郁南县东坝镇双凤管理区，向东通过河口至双凤段，接广梧一期高速公路终点，经双凤、茶林顶（隧道）、逍遥口（连滩互通立交、南江大桥）白芒林场、旗山顶（隧道）、中里、鹅公髻（隧道）、大用、宝珠、牛车顶（隧道）、建城（建城互通立交）、息村大山（隧道）、都城（郁南互通立交），终点位于平台镇古同村，与广西苍梧至郁南高速公路相连。

1. 地形地貌

路线东起郁南县东坝镇双凤管理区，西至郁南平台以西粤桂边界。沿线地貌单元可分为山地丘陵、河谷盆地（平原）两大类型，并以低山丘陵为主（约占90%）。河流主要发源于大云雾山及其余脉，略呈辐射状，多直接或间接汇入西江。较大的河流有南江、建城河等，流向均从南（南西）向北（北东）。

山地丘陵属粤桂边界的云雾山脉部分，千米以上的山岭有大绀山（1 085.5m）、大云雾山（1 140m）等，但更多的为低山（500～1 000m）和丘陵（低于500m）。山体展布多呈北东—南西走向，并总体由西南向东北倾斜，与路线多为近于垂直关系。地表侵蚀切割强烈，地形相对起伏大，地势较为陡峻。

河谷平原主要为茶林顶西麓—连滩道遥口（K74～K78）、大用—宝珠（K97～K101）、建城（K118～K126）等地。这些河谷盆地为西江1～3级支流冲积而成。盆地中地形平缓，地势略有起伏，河流两岸河漫滩与阶地发育，其中分布第四系松散沉积物，沉积物多为地表水流冲、洪积而成的砂砾和粉砂质黏土，沉积厚度一般小于20m，连滩盆地中的第四系厚度达30余米。

2. 气候

路线区属亚热带季风气候，平均气温20℃，1月平均气温13℃，7月平均气温28℃。年降雨量1 400mm，多集中于夏秋季。春旱、秋末的寒露风和局部的洪涝是主要自然灾害，根据《中华人民共和国公路自然区划图》，本区属于武夷南岭山地过湿区（IV_6区）。

3. 水文

河流多发源于大云雾山及其余脉，略呈辐射状，多直接或间接汇入西江。北界、南江、建城河等从南向北注入西江。河流切割强烈；东、西、南三面多高山急流，水力资源丰富。

二、区域地质

1.区域地质构造

整个区域地质构造包括断裂构造和褶皱构造。

1)断裂构造

区内断裂构造发育，以北东走向的断裂构造规模较大，其次为北西走向和近东西走向断裂。在北东走向断裂中，延伸较远、影响范围较宽的有罗定—广宁断裂带和罗镜—云浮断裂带，这两条断裂为区域上吴川—四会断裂带和罗定—悦城大断裂的组成部分。

(1)罗定—广宁断裂带。沿罗定盆地北部边缘向北东方向延伸，主要的一支经宋桂、佛子坑、南乡，北至西江北岸的悦城、广宁；另一支经连滩、南江口至西江北岸。该断裂带在遥感图像上表现为明显的线性构造特征：直线形、宏观连续、延伸远，并且控制着山体和盆地的边界，影响水系的流向，显示其在新生代具有一定的活动性。沿该断裂带，古生界和海西～印支期花岗岩中形成了很宽的韧性剪切糜棱岩带；在云安田心西侧的五指山东坡，见中泥盆统信都组砂岩(西盘)沿断层F5逆冲于白垩系红层(东盘)之上。该断裂带对地貌的控制明显，常成为盆地(如罗定盆地、双凤盆地、连滩盆地)与周边山岭之间的界线。断裂早期活动主要表现为逆断层和韧性剪切，晚期主要表现为正断层和脆性变形。断层面倾向南东或北西，倾角45°～80°。

(2)罗镜—云浮断裂带。沿罗定盆地南部边缘罗镜—船步一线分布，向北东方向经茶洞延伸至云浮一带。该断裂带主要表现为逆冲活动，上盘老地层(震旦系和下古生界)推覆于由泥盆系～石炭系组成的下盘之上。断层面平缓起伏，倾向南东或北西，倾角一般小于30°，局部40°或更陡。

(3)断层情况如下：

F7：分布于郁南茶林顶，地貌上表现为沟谷，大致在右线K72+980处遇该断层，影响带宽20～30m。断层走向NE40°～45°，倾向NW，倾角75°～80°。受断层影响，中泥盆统东岗岭组白云质灰岩破碎，形成构造角砾岩和密集节理带，地表沟谷中有泉水溢出。钻孔岩心显示断层角砾呈棱角、次棱角状，为方解石脉胶结，脉中晶洞及自形方解石发育，反映其晚期活动为张性和正断层特征。

F8：分布于郁南东坝镇虎岩与连滩镇逍遥口之间，大致在K78+485～K78+520段遇该断层。断层走向40°～45°，倾向NW，倾角80°。西盘为志留系板状页岩、粉砂岩等，东盘为泥盆系白云岩、白云质灰岩和粉砂岩，性质上主要表现为逆断层。断层带中岩石破碎，构造片理发育，影响宽度20～30m。

F9：分布于郁南下用口一带，大致在K94+070～K94+150段遇该断层。断层走向NE15°左右，主断层面倾向SE，倾角85°。断层切割寒武系变质岩地层，破碎带宽50～58m，其中碎裂岩、硅化、片理化及次一级小断裂发育，主要表现为压扭性和逆断层性质，晚期叠加了正断层活动。

F10：分布于郁南建城陈屋以北，大致在K107+200处遇该断层，此外，K106+580～K106+760段和K107+050～K107+220段与该断层平行或小角度斜交。断层走向总体呈NE30°左右(局部走向NNW)，倾向以NW为主(局部倾向NE)，倾角60°～75°。断层带中构造角砾岩发育，并有硅化现象。断层东盘为寒武系，西盘为上白垩统，主要表现为正断层性质。

F11：分布于郁南建城以西，出露于左线K115+575～K115+582段。切割寒武系地层，表现为5～6m宽的断层硅化带。走向NNE5°左右，倾向SEE，倾角45°左右。

上面两断裂由若干条断层组成(如 F7、F11 等),宏观上表现为断裂束,且多与路线近于垂直,因断裂经过路线地段岩石破碎、片理等发育,部分可能成为地下水通道,对工程产生一定影响。

根据《广梧高速公路河口至平台段工程场地地震安全性评价报告》,上述断裂控制着地形地貌及岩浆活动,并形成断陷盆地,但“断裂带在第四纪以来活动有所减弱”,因此,对上述断裂可不考虑其活动性。

2)褶皱构造

区内褶皱构造十分发育,特别是在震旦系～志留系变质岩地区,褶皱构造更为发育。并且,常见紧闭型和同斜倒转背、向斜构造,褶皱轴向主要为北东向,两翼岩层倾向北西或南东,倾角 50°～75°,较大规模的有郁南中里～下用口之间的以寒武系为核的胭脂岭背斜。泥盆系～石炭系地层往往形成开阔型褶皱,局部为紧闭型褶皱,较大的褶皱如郁南双凤地区发育的以中泥盆统东岗岭组白云质灰岩为核的向斜,向斜轴向北东,北西翼岩层倾向南东,南东翼岩层倾向北西,倾角 40°～50°。上三叠统和白垩系地层往往构成开阔型和平缓型褶皱。如云安金子窝一带由上三叠统小云雾山组煤系地层构成的向斜,北西翼岩层倾向南东,南东翼岩层倾向北东,倾角一般 30°～45°。郁南建城盆地的白垩系则形成一个平缓的向斜,南东翼岩层倾向北东,北西翼岩层倾向南东,倾角 20°～25°。由于褶皱总体走向为 NE 向,总体与路线大致垂直,轴部与路线相交处,多表现为破碎或出现一些挤压片理,甚至虚脱部位可能成为地下水通道,对工程产生一定影响。

2. 地层岩性

路线所在区域各种地层发育,自老而新依次有寒武系、志留系、中～上泥盆统、白垩系和第四系;其岩性多变,包括片岩、千枚岩、板岩、炭质板岩和砾岩、砂岩、粉砂岩、页岩、泥岩及灰岩、白云质灰岩、泥灰岩,此外还有火山碎屑岩(具体地层层序及岩性见表 2-1)。所遇岩浆岩体包括海西～印支期花岗岩和燕山期花岗岩类。地表的岩石风化普遍强烈,灰岩溶蚀明显。对工程影响较大的岩层主要为中泥盆统白云质灰岩、下石炭统灰岩和煤系、部分上三叠统的泥岩和炭质页岩,以及较厚的第四系残积土。

双凤至平台地段地层层序及岩性表 表 2-1

系	统	群(组)	符号	岩性简述
第四系			Q	冲、洪积粉砂、黏土及砂、砾石,残坡积粉砂、黏土,湖沼沉积淤泥、黏土等
白垩系	上统	闸江群	K_2	紫红色凝灰质砂页岩及砂砾岩、暗绿色火山角砾岩
泥盆系	上统	榴江组	D_{3l}	下部为灰岩、泥质灰岩,上部为页岩、粉砂岩夹硅质岩、砂岩
	中统	东岗岭组	D_{2d}	块状白云岩、白云质灰岩夹细砂岩、薄层灰岩
志留系	下统	连滩组	S_1	灰黑色致密含炭质板状页岩、薄层黄灰色粉砂岩及灰白色细砂岩等
寒武系		八村群	∈	底部为炭质板岩,向上变为浅变质砂岩、粉砂岩、千枚岩、云母片岩等

3. 水文地质

路线所在区地下水赋存类型,有基岩裂隙水及松散层孔隙水。基岩裂隙水分布于丘陵区,地下水位随地形及季节有较大变化,一般埋深较大,仅坡脚偶尔有出露,涌水量小。松散层孔隙水,分布于平原区,含水层为砂砾层及坡残积层。其中砂砾层为弱承压水,坡残积层为潜水,涌水量中等,地下水受大气降雨直接补给,以渗流的形式向沟谷排泄。

第二节　隧 道 设 计

一、隧道分布

广梧高速公路按双向四车道高速公路修建，设计速度为 80km/h。双凤至平台段（K71＋400～K136＋071.319）全长 64.67km，全线共设置 13 座隧道，隧道总长约 12.69km，占道路总长的 19.6%。隧道分布情况见表 2-2。隧道通风卫生标准：对于 CO 允许浓度，隧道内车辆正常运行时为 258ppm，交通阻塞，短时间内（20min）为 300ppm；烟尘允许浓度为 0.007mg/m^3。

双凤至平台段各合同段隧道情况　　表 2-2

编号	隧道名称	隧道起讫桩号	备　注
1	茶林顶隧道	左线 LK71＋562～LK74＋253，长 2 691m 右线 RK71＋640～RK74＋240，长 2 600m	分离式隧道
2	三家寨隧道	K82＋524～K82＋650，长 126m	连拱隧道
3	旗山顶隧道	左线 LK84＋678.56～LK86＋630.15，长 1 951.59m 右线 RK84＋674.46～RK86＋625.15，长 1 950.69m	洞口小净距，中间分离式
4	石排口隧道	LK90＋444～LK90＋548，长 104m	半路半隧，隧道位于左线
5	鹅公髻隧道	左线 LK90＋619.24～LK93＋749.9，长 3 130.66m 右线 RK90＋628.26～RK93＋741.38，长 3 113.12m	洞口小净距，中间分离式
6	白石坑隧道	左线 LK94＋423.818～LK94＋575.381，长 151.563m 右线 RK94＋414～RK94＋557，长 143m	连拱隧道
7	黄茅村隧道	K94＋882.09～K95＋085，长 202.91m	连拱隧道
8	牛车顶隧道	左线 LK100＋740～LK103＋243，长 2 503m 右线 RK100＋775～RK103＋232.9，长 2 457.9m	洞口小净距，中间分离式
9	亚婆髻隧道	左线 LK106＋320～LK106＋785，长 465m 右线 RK106＋317.32～RK106＋780.26，长 462.94m	分离式隧道
10	息村大山隧道	左线 LK114＋696.42～LK115＋324.58，长 625.16m 右线 RK114＋753～RK115＋380，长 627m	分离式隧道
	百路须隧道	左线 LK115＋613～LK115＋823.64，长 210.64m 右线 RK115＋620～RK115＋840.64，长 220.64m	小净距隧道
	正涌隧道	K116＋698.58～K116＋970，长 271.42m	连拱隧道
11	次步隧道	左线 LK132＋759～LK133＋015，长 256m 右线 RK132＋765～RK133＋005，长 240m	小净距短隧道

二、内轮廓设计

根据建筑限界要求，充分考虑衬砌结构受力特性、工程造价、装饰厚度及富余空间、运营设施的安装空间等因素，设计的隧道建筑限界及内轮廓为：隧道净宽为 0.75m＋0.5m＋2×3.75m＋0.75m＋0.75m＝10.25m；建筑限界高为 5.0m；内轮廓净高为 6.97m；内轮廓净宽为 10.86m。隧道内轮廓如图 2-1、图 2-2 所示。

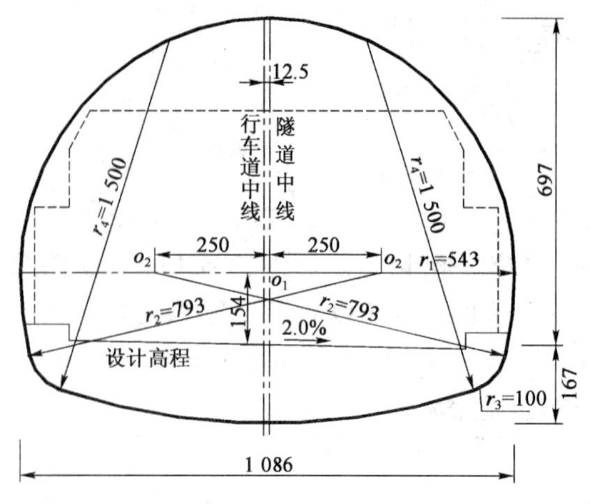

图 2-1　隧道内轮廓(带仰拱)

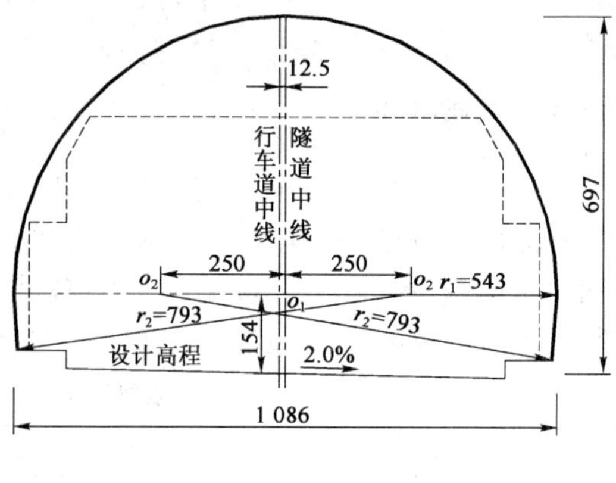

图 2-2　隧道内轮廓(不带仰拱)

三、洞口和洞身结构设计

根据洞口地质、地形情况，结合环保景观需要，洞口设计主要采用削竹式洞门和端墙式洞门。

隧道洞身结构按新奥法原理采用复合式衬砌，初期支护采用喷锚支护，二次衬砌采用模筑混凝土曲墙式衬砌。支护参数见表 2-3。

隧道支护参数表　　　　表 2-3

围岩级别		初期支护							二次衬砌(cm)		预留变形量(cm)	超前支护
		C20 喷混凝土(cm)	锚杆				钢筋网(cm×cm)	格栅或工字钢架(m)	拱墙	仰拱		
			直径(mm)	长度(m)	位置	间距(m)						
V		25(含仰拱)	ϕ25 中注式	3.5	拱墙	1×0.75	ϕ6 20×20	格栅(0.75)	45	45	12	小导管
IV		21	ϕ22 药卷式	3.0	拱墙	1.2×1	ϕ6 25×25	格栅(1.0)	40	40	8	钢插管
III		10	ϕ22 药卷式	2.5	拱墙	1.2×1.2	ϕ6 25×25	—	35	—	5	—
II		5	ϕ22 药卷式	2.5	局部	—	—	—	30	—	—	—
偏压	V	26(含仰拱)	ϕ25 中注式	3.5	拱墙	1×0.5	ϕ8 20×20	I20a(0.5)	50	50	—	小导管
偏压	IV	23(含仰拱)	ϕ25 中注式	3.0	拱墙	1.2×0.75	ϕ8 20×20	格栅(0.75)	50	50	—	钢插管

四、防排水设计

隧道防排水遵循“防、排、截、堵相结合，因地制宜，综合治理”的原则，保证隧道结构物和营运设备的正常使用和行车安全。

1. 洞内防水

衬砌混凝土采用防水混凝土，其抗渗强度等级不小于 S8。隧道洞身、行人、行车横通道及其他各种附属洞室，衬砌背后均设置防水层，防水层采用 PVC 复合防水板（300g/m^2 无纺布＋1.2mm 厚 PVC 防水板）。隧道衬砌管沟盖板底以上的所有纵、横施工缝，有仰拱地段，仰拱与边墙及仰拱与仰拱间横向施工缝均设置钢板止水带。

2. 洞内排水

洞内设双侧排水沟，管沟与排水沟分开独立设置。在侧沟两侧沟壁上设置泄水孔，将衬砌背后及路面下地下水引入侧沟排除，侧沟每间隔 50m 设置沉砂井一处。在两侧边墙底部，衬砌混凝土与喷射混凝土之间沿隧道纵向全长各设置一根 ϕ80mm 圆形盲沟排水管。隧道环向按 20m 一处在围岩与喷射混凝土之间设置横向 140mm×30mm 扁形排水盲沟，集中出水处间距适当加密。隧道二次衬砌环向施工缝，在其背后喷射混凝土与防水板之间设置 140mm×30mm 扁形排水盲沟。在隧道路面基层下设置纵横向 60mm×50mm 扁形排水盲沟。对于沥青混凝土路面地段，横向盲沟的间距从 9m 加密到 3m。衬砌背后集中出露的股水，可用聚氯乙烯管将其直接引入侧沟内排除。

3. 洞外排水

隧道洞口仰坡外设截水沟，截水沟离开坡顶距离不小于 5.0m。

五、路面、内装及紧急停车带设计

1. 路面设计

隧道进洞口 300m 范围与洞外一致，采用沥青混凝土路面，其余路段采用水泥混凝土路面。隧道洞内水泥混凝土路面厚度为 30cm，路面下铺设 15cm 厚混凝土基层。有仰拱地段，基层铺设在仰拱填充上；无仰拱地段，基层铺设在 10cm 厚 C20 混凝土的整平层上。隧道洞内沥青混凝土路面 10cm 厚沥青层与洞外一致，沥青层下铺设 24cm 厚水泥混凝土面板。有仰拱地段，基层铺设在仰拱填充上；无仰拱地段，基层铺设在 C20 混凝土的整平层上。隧道内混凝土路面设纵向刻槽抗滑。

2. 内装设计

隧道高度由路面起 4m 以下两侧边墙内壁铺状浅色瓷砖。拱部喷涂深色防水涂料，耐火极限为 3h。

3. 紧急停车带设计

对长、特长隧道在行车方向的右侧设置紧急停车带。紧急停车带的设置间距不大于 750m。紧急停车带有效长度 30m，全长 41m，宽度较正常地段加宽 2.75m。紧急停车带与正常地段衬砌断面的连接，为偏于正常施工，采用直角错台增设堵头墙连接方式。

第三章　隧道不良地质体的超前预报方法

第一节　概　　述

隧道超前地质预报关心的主要地质问题有三个：一是地质构造软弱带问题，包括断裂、溶洞、破碎带等不良地质的性质、规模、位置及产状等；二是含水体问题，包括含水断裂、含水溶洞、含水松散体等的位置、规模、水压大小等；三是掌子面前方岩土介质级别的变化问题。这三个问题都是工程物探的难点问题。

超前地质预报的具体内容主要包括：

(1)不良地质体及灾害地质体的探测和预报，如掌子面前方一定范围内有无突水、突泥、岩爆及有害气体等，并查明其范围、规模、性质。

(2)不良水文地质条件预报。

(3)断层及其破碎带的探测和预报，如断层位置、性质、宽度、产状、充填物状态，是否充(含)水。

(4)围岩级别及其稳定性预报。

相对于地面物探而言，隧道超前探测一般距离目标体较近，有利于探测精度和准确性的提高。但是由于隧道内空间的限制和许多干扰因素的存在，使得很多物探方法不能得到有效的应用，因此，探测方法的选择、现场观测方式的布置以及信号最佳激发方式和接收方式的确定等方面成了超前地质预报的难点。多年的应用实践表明，合理运用地震反射波法、电磁波透视法、地质雷达法、直流电法、瑞雷波法等探测方法，可以有针对性地解决一些具体的地质问题，但在探测精度、准确性和探测距离等方面仍然存在许多问题。

目前，地质超前探测研究的发展趋势是探测方法综合化，仪器设备安全、轻便化，理论模拟三维化，资料处理可视化，在不断提高超前探测精度和准确性的前提下，试图增大超前预报的距离，为地质灾害的预防和隧道方案优化设计提供科学依据。

超前地质预报工作是隧道施工中必须要做且必不可少的工作。通过对掌子面前方进行地质预报，探测到围岩不良地质与软弱围岩的范围，并进一步划分围岩级别，及时提出调整支护参数或加固措施建议，在好的围岩段减弱支护节省工程投资，而在差的围岩段加强支护确保安全，真正实现隧道的动态信息化施工管理，尽量避免或减少工程事故以及由此所造成的不必要的人力、物力、财力浪费，使隧道建设的投资分配更加合理，保证施工安全和工程质量，加快施工进度，缩短工期。

综上所述，为了适应复杂的地质环境需要和克服多种不利因素的影响而诞生出多种地质超前预报方法，但是要想选用适当的预报方法进行隧道不良地质体的精确超前预报，掌握隧道各主要预报方法和特性是开展地质超前预报的前提和基础。

第二节　隧道地质超前预报的主要物探方法

一、隧道地质超前预报方法的种类

隧道工程中主要的地质超前预报方法有如下几类：

1.地质分析方法

地质分析法又称地质编录及结构面追踪超前地质预报法。这种方法基本为传统的地质学方法，其特点是在预报过程中不需要借助物探、钻探等手段，主要通过地质观察、地质编录、地勘资料收集和掌握隧道穿过段岩体的地质格局，概略地预测地质界线、大型断层、主要涌水段、破碎岩体、围岩级别等，操作起来简便快捷，但一般预报距离较近，即此方法适合于地层单一及地质构造较简单地区或地段进行短距离预报。该法是在每次挖后对掌子面和左右边墙进行素描，以预测隧道掌子面前方不良地质体可能出现的类型、部位、规模，特别是对掌子面或边墙揭露的断层，调查断层产状、规模及其分布位置、延伸方向、充填物情况，并利用作图分析，推断其将在何处到达危险部位，以便隧道施工采取合理的工艺措施，避免事故的发生。地质分析方法预报是施工地质工作的重要环节，进行地质预报应从加强和重视地质工作入手。

隧道掌子面施工地质工作包括：

(1)研究、收集并熟悉设计阶段的地质勘察资料，掌握隧道通过地层的岩性、构造格局、不良地质出现的规律。

(2)记录并描绘掌子面附近的岩体情况及不稳定结构体可能出现的位置，为下一步循环作业可能掉块的位置作出预报。

(3)推测掌子面前方不良地质出现的可能性，为地质预报提供依据。

根据地勘资料和设计文件，按照围岩岩性(尤其软弱围岩)、地质、水文地质、地质构造、岩溶涌突水、有害气体(瓦斯、天然气、硫化氢、氡气等)、核辐射，应将施工隧道分为地质简单、中等和复杂隧道或地段，从而有区别地对待。通过加强隧道施工地质工作和超前地质预报，提高隧址区地质勘探程度，预报掌子面前方地质情况，包括在前期地勘工作的基础上进一步确认围岩情况和预测不良地质变化。

地质分析法是首先建立在对隧址区地质情况全面熟悉和把握的基础上进行的，包括地层及岩性，构造及发育程度，水文单元及隔水层、含水层，浅埋段等。另外，需要现场预报人员对相应地层岩性、厚度、构造等有较准确的判识。但当碳酸盐岩及岩溶或构造发育复杂时，须借助于有效探测手段预报结果才会更为准确。

2.水平钻探法

水平钻探法是超前地质预报最直接的一种方法，通过钻探对掌子面前方获取的地层岩性进行鉴别，确定其埋藏距离与厚度(或宽度)、溶洞及充填的性质，查明钻探深度内的地下水的赋存条件。可进行水量、水压的测定，当为煤系地层时，可确定煤层厚度和进行瓦斯含量测定，可对物探方法的超前地质预报成果进行验证，同时可利用所取岩芯进行室内试验，测试岩石的物理力学性质。目前水平钻探法，按长度分为短距离30m以内，长距离大于50m；按取芯与否分为取芯和不取芯水平钻探。不取芯水平钻探依据钻进过程中钻速、钻压等变化结合地质情况，判断分析钻进前方岩体的性质，但不如取芯法直接。

在钻进过程中还可采用钻孔声波、水压力井孔电视等技术，预报涌水量及水压力。3～5m

以内的钻孔进行放水降压、排放瓦斯，也可归于水平钻探法的类型中。水平钻探法，准确率很高，在超前地质预报中占有极其重要的位置。特别是在岩溶发育地段，验证物探超前地质预报成果，效果很好。

3. 物探方法

地球物理探测方法（简称物探方法）是间接、无损的探测方法。根据原理和特性的不同，物探方法可分为电磁波法、弹性波法和电法三大类。

1）电磁波法

电磁波法主要有地质雷达法、红外探测法、γ线探测法，但在隧道中主要采用地质雷达法，红外探测法主要用于探明隧道前方是否有富含水层。

（1）地质雷达法：地质雷达探测方法是一种用于确定地下介质分布的广谱（1MHz～1GHz）电磁技术。它依据电磁波脉冲在地下传播的原理进行工作。电磁波脉冲由发射天线发出，被地下介质界面（或埋藏物）反射，由接收天线接收，然后将这些信号记录下来成图显示出来。电磁波在介质中传播时其路径、电磁场强度与波形将随所通过介质的电性质及几何形态而变化。因此，根据接收波的传播时间（亦称双程走时）、幅度与波形资料，可推断介质的结构。

（2）红外探测法：所有物体都发射出不可见的红外线能量，能量的大小与物体的发射率成正比。而发射率的大小取决于物体的物质和它的表面状况。当隧道掌子面前方及周边介质单一时，所测得的红外场为正常场，当前面存在隐伏含水构造或有水时，所产生的场强要叠加到正常场上，从而使正常场产生畸变，据此判断掌子面前方一定范围内有无含水构造。

红外探测的特点是可以实现对隧道全空间、全方位的探测，仪器操作简单，能预测到隧道外围空间及掘进前方 30m 范围内是否存在隐伏水体或含水构造，而且可利用施工间歇期探测，基本不占用施工时间。但该方法只能确定有无水，至于水量大小、水体宽度、具体的位置没有定量的解释。

2）弹性波法

当弹性波向地下传播遇到波阻抗不同的地层界面时，将遵循反射定律发生反射现象，且介质的波阻抗差异愈大，反射回来的信号就愈强。常用于隧道地质预报的弹性波超前预报方法有 TSP 超前预报法和陆地声纳法、瑞利波法、多波多分量地震法、声波和超声波探测法等。

（1）TSP 法：TSP（Tunnel Seismic Prediction）是隧道地震预报的英文缩写，属多波多分量高分辨率地震反射波探测方法。其应用的是震动（声）波的回声原理。

震动声波是由特定位置进行小型爆破产生，布局一般是 20 个爆破点，沿着隧道（洞）左壁或右壁平行隧道（洞）底成直线排列。人为制造一系列有规则排列的轻微震源，形成地震源断面。这些地震源激发产生地震（弹性）波，在岩石中以球面波形式传播，当遇到不良地质体岩界面时，有一部分信号会反弹而产生反射波（声）。反射波信号将被高灵敏度的三分量加速度检波器所接收并记录下来。

（2）陆地声纳法：陆地声纳法是“陆上极小震一检距高频超宽带弹性波反射连续剖面法”的简称。它在被测面表面用锤击产生震动弹性波，弹性波在岩体中传播，遇到波速和宽度不同的界面可产生反射，用在锤击点近旁设置的检波器接收这一系列反射波，沿测线上许多点逐一测取后，将各点的记录（时间曲线）绘成同一反射面的反射波的时间剖面图，结合地质情况，就可判断出各反射界面的性质，再根据反射时间 t，以及在岩体表面测得的弹性波波速 v，就可以计算出反射面深度（距离）h，计算公式如下：

$$h = v \cdot \Delta t/2 \tag{3-1}$$

3)电法

电法可分为传统的直流电法、高密度电法(直流)、激发极化法(直流、交流)、瞬变电磁法(交流)、Beam电法(交流)等。虽然从大的分类讲,电磁波法也属于电法的范畴,但电法着重研究传导电流电场的分布与畸变,而电磁波法更着重位移电流的波的传播特性与异常,另外在工作频率上也有天壤之别,因此常将电磁波法单独列出。

(1)瞬变电磁法:瞬变电磁法属于时间域电磁法,简写为TEM。它是利用不接地回线(或接地线源)向地下发送一次脉冲磁场,在一次脉冲磁场的间歇期间,利用线圈或接地电极观测二次涡流场的方法。根据接收到的二次场信息,推断前方地质体的电参数等信息,来预报掌子面前方地质体。

(2)Beam电法:Beam电法是由德国GEOHYDRAULIK DATA公司开发研制的一种隧道超前预报方法。其是一种交流激发极化电法,通过Beam系统测试处于激发极化状态下的掌子面前方岩体的电阻率来探知岩石状况、空洞和水体,预报前方岩体的完整性和含水状况。

上述超前地质预报方法中的地质类方法和水平钻探法的原理较为简单,且其技术和现场操作也容易被理解和掌握,本书不再阐述。为了便于人们的理解和在工程中的应用,下面着重介绍物探方法中几种常用于隧道地质超前预报的典型探测方法——地质雷达法、TSP法和瞬变电磁法的原理及其特性。

二、地质雷达法

1.地质雷达法的探测原理

地质雷达法以电磁波传播理论为基础,是一种地下甚高频~微波段电磁波反射探测法。其探测原理是:以目标体与周围介质的介电性质差异为前提,通过发射高频电磁波(中心频率为数十兆赫兹到上千兆赫兹),以宽带短脉冲形式在掌子面上由发射天线T送入前方,经目标体界面反射回来,由接收天线R接收,如图3-1a)所示。电磁波信号在介质中传播,遇到介电性质不同的分界面就会产生反射、色散和衰减等现象。在时域上得到反射回波及其往返传播时间,并首先沿两天线所在表面形成直达波被最先接收到,作为系统起始零点。取反射波往返时间之半,乘以相应介质的雷达波速度便得出反射目标所在深度;再根据反射波的形状、幅度及其在横向和纵向上的组合特征和变化情况,结合地质背景,判断目标性质即进行目标识别,进行地质解释,如断层破碎带、溶洞等。发射和接收天线在测线上按一定的间距同步移动,获得该测线的雷达探测图像如图3-1b)所示。

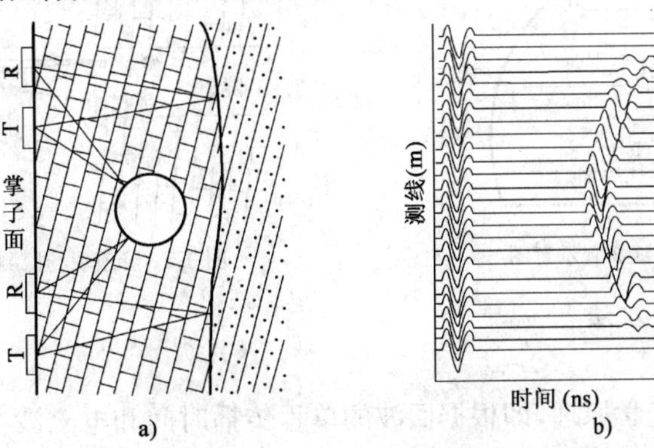

图3-1 雷达探测原理示意图

a)电磁波传播路径;b)雷达探测图像

2. 地质雷达探测方法

地质雷达系统主要由以下几部分组成：

(1)控制单元：控制单元是整个雷达系统的管理器，计算机对如何探测给出详细的指令。控制单元控制着发射机和接收机，同时跟踪当前的位置和时间。

(2)发射机：发射机根据控制单元的指令，产生相应频率的电信号并由发射天线将一定频率的电信号转换为电磁波信号向岩体发射。其中，电磁信号主要能量集中于被研究的介质方向传播。

(3)接收机：接收机把接收天线接收到的电磁波信号转换成电信号并以数字信息方式进行存储。

(4)电源、电缆、通信电缆、触发盒、测量轮等辅助元件。

图 3-2 和图 3-3 分别为地质雷达系统构成框架图和新近推出的 pulse EKKO100A 型地质雷达仪器设备图。

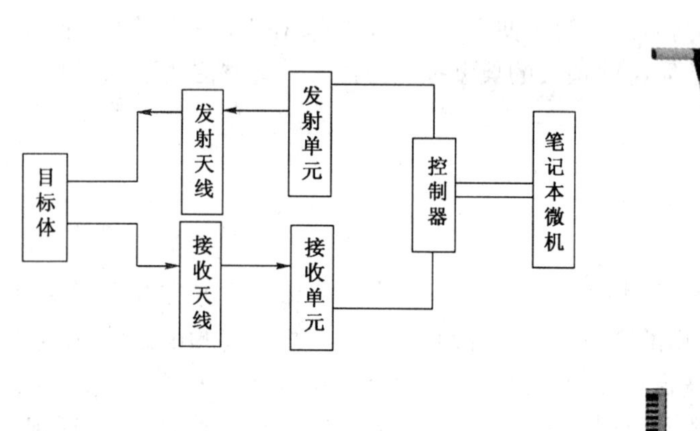

图 3-2　地质雷达系统构成框架图

图 3-3　pulse EKKO 100A 型地质雷达

根据探测前方的岩性特征及现场的工作条件，对每个采样点进行增益和介电常数等仪器参数调整与设置。对隧道进行现场探测时，在掌子面上来回进行多次、多时窗探测，图 3-4 和图 3-5 分别为隧道现场探测线布置和现场探测工作过程示意图。

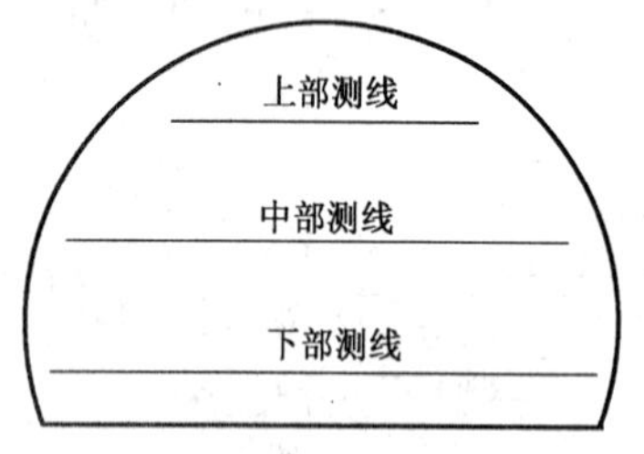

图 3-4　隧道现场测线布置示意图

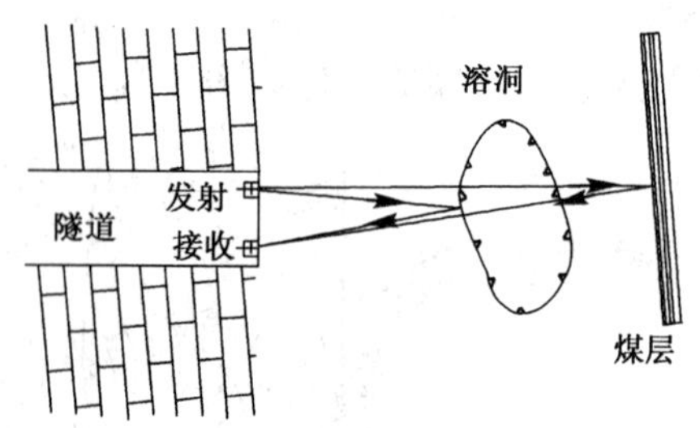

图 3-5　隧道现场探测工作过程示意图

3. 地质雷达的解释方法

1)地质雷达方程

地质雷达遵循几何光学原理，即根据回波的单程传播时间和电磁波在相应介质中的传播速度确定目标距离，并通过综合分析判断目标性质。影响波形电压的因素主要是仪器性能、地下介质和界面(目标)特性。

空气一般被看作均一介质，而地层是一种高损耗的非均一导电介质，这种高损耗性表现在电磁波能量随距离呈指数衰减；非均一性即存在界面，界面两侧的介质具有不同的物理特性，令 η 为界面功率反射系数，α 为电场衰减系数，由于电场随距离的往返衰减为 $e^{-2\alpha R}$，且功率与电场呈平方关系，因此地质雷达方程为：

$$P_{\mathrm{r}} = \frac{P_{\mathrm{t}} G^2 Q \eta v^2}{64\pi^3 R^4 f^2} e^{-4\alpha R} \tag{3-2}$$

式中：P_{r} ——接收机接收到的功率，W；

P_{t} ——发射机的发射功率，W；

R——天线到目标的距离，m；

G——天线增益，dB；

Q——目标截面积，m^2；

f——雷达中心频率，Hz；

v——介质的雷达波传播速度。

地下介质一般为非强磁性非导体介质，即满足条件：$\mu = \mu_0 = 12.57 \times 10^{-7}$ H/m，位移电流比传导电流更加占优势（即 $\sigma/\omega\varepsilon_1$），所以电磁波速度为 $v = \frac{\omega}{\alpha} = \frac{1}{\sqrt{\mu\varepsilon}}$，可简化为：

$$v = \frac{c}{\sqrt{\varepsilon_{\mathrm{r}}}} \tag{3-3}$$

式中：ω——角频率；

σ——电导率；

ε——介电常数；

ε_{r}——相对介电常数；

μ——磁导率；

c——空气中的雷达波速度（光速），3×10^8 m/s。

从而看出，雷达波进入地下介质后，速度变小，波长缩短，因此分辨率有较大提高。

2）界面（目标）的电磁特性

地下界面的特性（包括电磁特性和形状特性）直接影响着电磁波的反射，能够反映界面电磁特性的物理量是反射系数，由于功率反射系数 η 与场强反射系数 L 呈平方关系，即 $\eta = L^2$，为此仅讨论 L。

对于地下只有一个界面的情形，可导出电场反射系数，即：

$$L = \frac{Z_2 - Z_1}{Z_2 + Z_1} \tag{3-4}$$

式中：Z_1、Z_2——第 1、第 2 层介质的波阻抗，$Z=[j\omega\mu/(\sigma+j\omega\varepsilon)]^{1/2}$，Ω；

L——电场反射系数。

地下有多个界面时，求解某一界面的反射系数要考虑到其他各个界面对该界面的影响，故情形较为复杂。对于地下有 3 层介质的情形，第 1 个界面的电场反射系数为：

$$L_1 = \frac{(Z_2 + Z_3)(Z_2 - Z_1) + (Z_3 - Z_2)(Z_2 + Z_1)\exp(2jk_2 h_2 \cos\theta_2)}{(Z_2 + Z_1)(Z_3 + Z_2) + (Z_2 - Z_1)(Z_3 - Z_2)\exp(2jk_2 h_2 \cos\theta_2)} \tag{3-5}$$

式中：Z_1、Z_2、Z_3 ——第 1、第 2、第 3 层介质的波阻抗，Ω；

k_2 ——第 2 层介质的传播常数；

h_2 ——第 2 层介质的厚度，m；

θ_2 ——第 2 层介质的折射角，(°)。

从公式可以看出，界面两侧介质的波阻抗差异越大，反射越强，而波阻抗的差异体现在介电常数 ε、电导率 σ 和磁导率 μ 的差异上。一般岩石为非强磁性岩石，$\mu \approx \mu_0$，变化不大，而变化较大的是 ε 和 σ。因此可以说，反射系数主要取决于界面两侧介质的介电常数和电导率的差异，这种差异越大，反射越强。

3)高频电磁参数 ε、σ 的影响因素

地下介质的高频电磁参数 ε、σ 由介质自身的性质决定，并受赋存的外部环境影响。在雷达频率为 160MHz 时岩石的介电常数 ε_r 变化较大，一般为 3.0～9.0，个别介质可达 40，水为 81。岩石的电导率变化较大，一般为 10^{-2}～10^{-8} 量级，石墨可达 10^4～10^6 量级。

介电常数随工作频率的升高而降低，在微波段趋于稳定；随地层含水率的增加而增大，但在含水率超过 5%后增加趋缓；在高温、高压下不发生变化。随着工作频率的提高，ε_r、σ 而随之变化，地层对电磁波的衰减也急剧增大，电导率随工作频率和温度的升高而升高。另外，地层的电导率还具有各向异性。

综上所述，地下非均一介质由于介电常数与电导率的明显差异而构成了电磁波反射界面，如含水层与围岩、空洞、溶洞、陷落柱、断层面及煤层顶底板等都应是良好的反射界面。

4)分辨率

地质雷达的分辨率是指对多个目标体的区分或小目标体的识别能力，取决于脉冲的宽度，频带越宽，时域脉冲越窄，它在射线方向上时域空间的分辨率就越强，或者说深度方向上的分辨率越高。地质雷达的分辨率可分为垂直分辨率和水平分辨率，地质雷达在垂直方向和水平方向上所能分辨的最小异常体的尺寸称水平分辨率，其主要取决于介质的吸收特性、天线方向及移动步距等因素。理论上可把 $\lambda_2/8$ 作为垂直分辨率的极限(波长 λ_2)。但考虑到噪声等因素，一般把 $b=\lambda/4$ 作为垂直分辨率的下限。

雷达剖面的水平分辨率通常可用费涅尔(Fresnel)带的直径来说明。根据惠更斯电磁波干涉原理，当反射界面的埋深为 H，发射、接收天线间的距离远小于 H 时，第一 Fresnel 带的直径可按下式计算：

$$d_F = \sqrt{\lambda H/2} \tag{3-6}$$

式中：λ——雷达子波的波长，$\lambda = v/f$；

H——异常体埋藏的深度。

模型试验表明：地质雷达的水平分辨率高于 Fresnel 带直径的 1/4；由于 Fresnel 带存在，当两个有限异常体的间距小于 Fresnel 带时，则不易把两个目标体区分开。

4. 工作特性

工作频率越高，波长越大，能量衰减越慢，探测深度越大，同时分辨率越低。此外，探测深度还取决于介质的衰减系数、接收器的信噪比和灵敏度、发射器发射功率、系统总增益、目标的反射系数、几何形状及其产状等。

通过地质雷达在地下工程中实施超前地质预报，得到如下认识：

(1)地质雷达可进行短距离地质预报，根据所采用的工作频率不同，2GMHz～50MHz，探测距离为 0.2～40m，并可分辨较小的地质异常目标。

(2)地质雷达对水敏感，并能够探测中风化～强风化破碎带或断层破碎带、溶洞。

(3)在掌子面附近实施超前探测时，地质雷达系统由于工作频率高，因此不受工频交流电、机械振动等干扰，但为了取得高质量信号而对掌子面表面平整状况有一定要求。

(4)由于可分辨较小尺寸的目标，所以在地质情况较为复杂或不均一性较突出的情形下，现场应有较大测线密度才不易漏探。

(5)地质雷达对反射目标体远处一侧的定界定位有时还不准确，但可与地震波法(TSP 或 TGP)长距离预报方法结合使用，相互印证。

三、TSP 法

1. TSP 法的探测原理

TSP 法(Tunnel Seismic Predication，隧道地震预报)是在隧道掌子面后方沿隧道边墙布置多个浅钻孔作为炮点，激发地震波，利用三分量传感器在远离掌子面的某测点接收来自前方界面的反射波，通过对所接收的地震信号进行处理，提取有效信号和反射界面，其工作原理如图 3-6 所示。

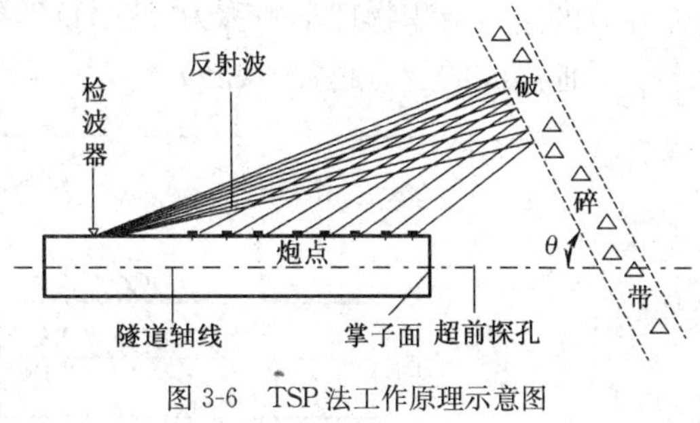

图 3-6　TSP 法工作原理示意图

2. TSP 法的探测方法

TSP 法超前地质预报系统包括硬件部分和软件部分。硬件部分主要由三维地震波接收器、数据记录存储单元以及起爆设备三大部分组成。接收器主要用来接收地震波信号；数据记录存储单元将接收器采集到的信号放大，并进行模数转换和预报过程控制，将数据信号记录存储；起爆设备主要用来引爆电雷管和炸药。软件部分用来做信号计算分析处理并打印最终预报结果。图 3-7 为 TSP203plus 系统仪器构成。

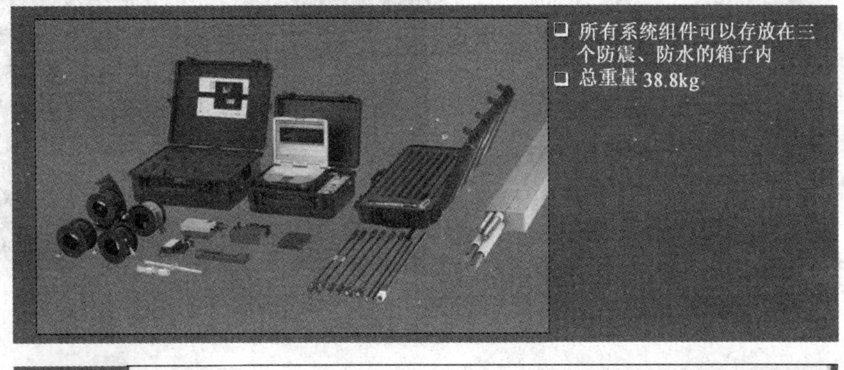

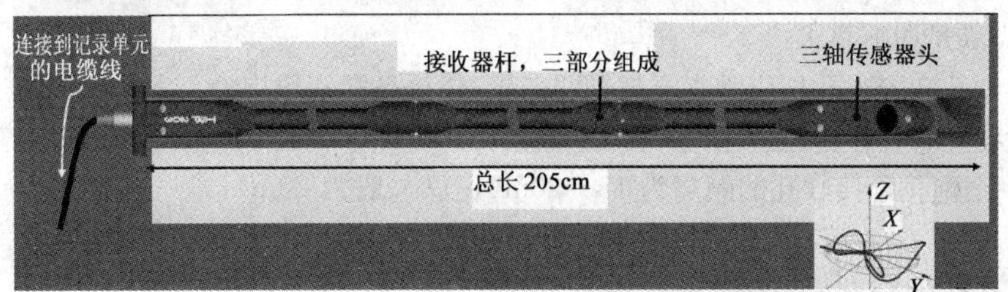

图 3-7　TSP203plus 隧道地震探测系统主机及检波器

TSP 方法为地震勘探中的负视速度法，属多分量高分辨率地震反射法。其探测方法是：在隧道围岩以排列方式激发地震波，通常在隧道的左或右边墙，布置 24 个炮点用小炸药量激发地震波，布置两个接收孔，通过检波器分别接收24道激发所产生的反射波。地震波在向三维空间传播的过程中，遇到有波阻抗差异的界面，即地质岩性变化的界面、构造破碎带、岩溶发育带等，会产生弹性波的反射现象，即一部分地震信号反射回来，一部分信号透射进入前方介质。这种反射波被布置在隧道围岩内的高灵敏度地震检波器接收下来，输入到仪器中进行信号的放大、数字采集和处理，实现拾取掌子面前方岩体中的反射波信息，达到预报的目的(图3-6、图3-8)。图3-9中隧道上方和下前方会形成地震波反射，是因为岩体中存在的岩性变化带和构造破碎带，其介质的密度与其传播弹性波的速度乘积，与正常岩体介质的密度和传播弹性波的速度乘积具有明显的差别，像玻璃的背后附有水银会反光一样。岩体介质的密度和传播弹性波的速度乘积物理学中称为“波阻抗”，岩体中界面两侧介质“波阻抗”的差异越大，其界面上反射地震波的能力越强，反之亦然。

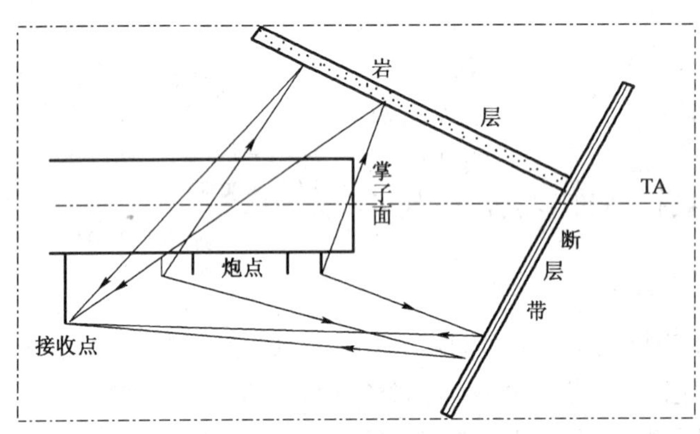

图3-8　TSP探测原理之一

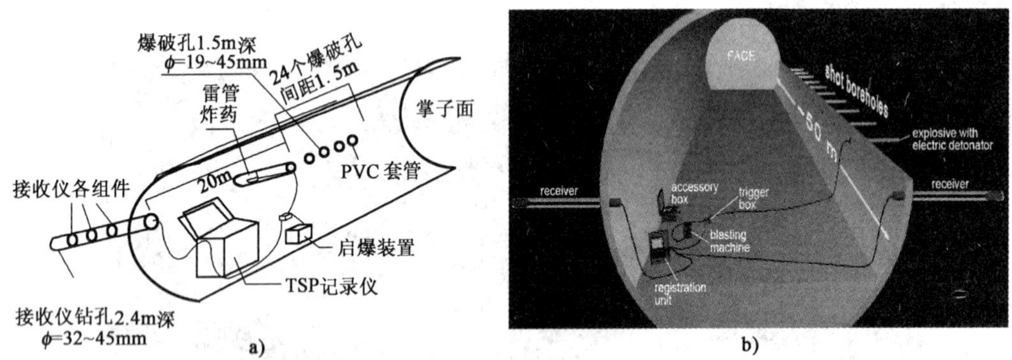

图3-9　TSP法现场探测图

布孔应满足如下要求：

(1)激发孔和接收孔均应垂直隧道轴线布置，建议高度一般均为1.5m。

(2)激发孔布置在隧道边墙同一侧，炮点数为18～24个(建议一般为24个)，炮点间距为1.5m，第一个炮孔距接收孔的距离为15～20m(建议一般为20m)，最后一个炮孔应紧邻隧道掌子面。

(3)炮孔孔径为38mm，接收孔孔径为45mm。

(4)炮孔深度为1.5m，接收孔孔深1.95m。

(5)炮孔向隧道侧墙内围岩中倾斜，倾斜角度为10°；接收孔在隧道左右两侧墙各布置一个接收孔，均应向隧道侧墙外(洞内)倾斜，倾斜角度为5°～10°。

(6)将专用钢管插入接收孔中,用环氧树脂通过风钻将钢管与孔壁围岩密贴,用专用清洗工具清洗钢管,再将接收传感器小心插入钢管中,保证接收片对准掌子面。

炮孔中的装药量可参考表3-1,然后将雷管插入药卷一并装入孔底。接收孔中的钢管应插入孔底,并用厂家所提供的环氧树脂或现场所用锚固剂将钢管与围岩紧密接触。

TSP在坚硬岩石中的装药配置情况 表3-1

炮孔序号	炮孔到接收器的距离(m)	爆炸索(爆炸速度7 000m/s)质量(g)		乳化炸药(爆炸速度5 600m/s)质量(g)	
		较硬岩层	较软岩层	较硬岩层	较软岩层
1~2	20~21.5	10	15	50	75
3~4	23~24.5	15	30	75	100
5~24	26~54.5	20	40	100	150

3. TSP的解释方法

TSP数据是利用配套的专用TSPwin软件进行处理。TSPwin软件中数据处理流程包括11个主要步骤,包括频谱分析、带通滤波、能量均衡、纵横波分离、速度分析和偏移归位等。处理结果可以提供在探测范围内地震反射层的2D或3D空间分布及反射层提取,同时还可以显示与其相对应的岩石力学参数和岩石强度指标。根据反射波的拾取及其动力学特征、岩石物理力学参数等资料来解释和推断地质体的性质(岩溶、岩层软弱带、断层带、节理裂隙带、含水等),同时进行围岩级别划分和预报。

TSP探测解释方法依据的主要技术如下:

1)P波、S波及反射振幅

(1)反射振幅越高,反射系数和波阻抗的差别越大。

(2)正反射振幅表明正的反射系数,即刚性地层;负反射振幅则指向软弱岩层,从相同的构造中,比较P波和S波反射振幅的特殊作用。

(3)若S波反射比P波强,则表明岩层包含水或盐水,比较任何反射振幅必须小心,因为反射振幅易受随机噪声和数据处理的影响。

(4)V_p/V_s较大的增加或泊松比δ突然增大,常常因流体的存在而引起。

(5)若V_p下降,则表明裂隙密度或空隙度增加。

2)P波与S波的速度比

(1)固结的岩石$V_p/V_s<2.0$,$\delta<0.33$。

(2)当岩石的孔隙充满水时,V_p/V_s从1.4→2.0。

(3)当岩石的孔隙充满气时,V_p/V_s从1.3→1.7。

(4)水饱和的未固结地层$V_p/V_s>2.0$。

4. TSP法的工作特点

TSP法探测由于隧道内观测系统的布置受到限制,观测系统排列只能布置在隧道壁上,探测效果除和掌子面前方的断层、软弱夹层、破碎带等不良地质体的性质有关外,产状及其与隧道轴线的夹角将是最主要的影响因素。若空间角很小,接近于与轴线平行,将严重影响到探测结果的精度;同样的地质条件,空间角越大,能观测到的反射界面就越短,获得的界面信息就越少,不利于成果解释。溶洞和溶腔的探测效果与其形状、规模和走向密切相关,隧道掌子面正前方、走向与轴线一致的洞穴或没有足够长度的横切轴线的洞壁的溶腔未必能准确地探测到。

含水体与围岩之间的密度差异远小于它们的电性差异,用弹性波法探水不如电法和电磁法有效。根据反射系数的正负、纵横波波速比、泊松比的变化来确定岩层是否含水，有待于进一步研究。

由于掌子面的尺寸相对探测对象的距离而言要小得多，因此隧道内的地震波场是三维波场。这使得 TSP 超前预报系统在复杂探测条件下的精度大打折扣；对与隧道呈大角度相交的面状软弱带（如断层、软弱夹层、地层分界等）探测效果较好，但对不规则形态的地质缺陷（如溶洞、暗河）及岩体含水情况等探测效果仍不够理想。

对探测区宏观地质情况的了解，可以把握主要不良地质空间分布规律及其与隧道的空间关系，正确选择搜索角和调谐角，指导观测系统的排列布置（震源和传感器位置），对不良地质体的发育程度、位置、性质、规模有初步的认识，有利于 TSP 探测成果的解译。

将高灵敏的传感器安置在结构面与隧道掌子面前进方向夹角大于 90°的隧道壁一侧，能有效地接收来自远距离的微弱反射信号。探测距离与探测精度是一对矛盾体，越远越容易出错，误差也越大。忽略探测精度的较大探测距离是没有意义的，要通过提高震源质量、信噪比和接收质量来提高探测和解译精度。

四、瞬变电磁法

1. 瞬变电磁法的探测原理

瞬变电磁法（TEM）的基本原理是电磁感应定律。它是利用不接地回线或接地线源向地下发送一次脉冲磁场，在一次场的间歇期间，用线圈观测由地下地质体产生的感应电磁场（称二次场或瞬变场）随时间的衰减特性，通过观测该瞬变场在空间上的分布规律和随时间的变化规律来解决地质问题的电法勘探的分支方法。由于瞬变场的强度及延迟时间与地下地质目标体的电性、规模及产状等参数有关，地质体的导电性越好，瞬变场的强度就越大，且热损耗就越小，故衰减越慢，延迟时间越长。因此，根据瞬变场的特征，就可以判断地下地质体的电性和规模，根据剖面测量结果可推断出其赋存位置、埋深及产状等。

2. 瞬变电磁法的探测方法

瞬变电磁法的仪器如图 3-10 和图 3-11 所示。探测时要确定的内容有：

图 3-10　PROTEM 数字接收机

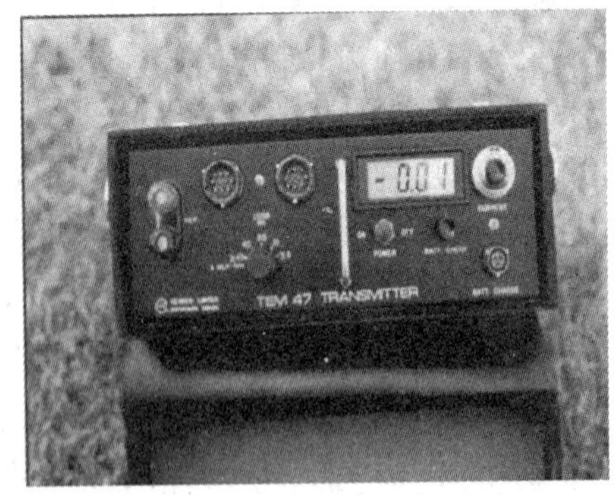

图 3-11　TEM47HP 发射机

（1）工作装置确定：瞬变电磁法工作装置种类繁多，由发、收线圈相对位置的不同组合，可产生不同工作装置。选择何种工作装置，主要是要根据欲解决的地质任务而定，但也受使用的仪器、设备性能的制约。目前国内的仪器大多功率较小，主要适合做重叠回线装置。重叠回线装置为瞬变电磁法特有的组合，它与目的物耦合最紧，发射线圈逐测点移动，不会有激发盲区，发射磁矩和接收磁矩均较大；其次，中心回线（探头）装置也较常用。

(2)发射线圈边长确定：一般应根据被探测对象的几何形态和大致产状，选择最佳边长计算公式进行计算。如，探测球体计算公式为：

$$b=0.7d \tag{3-7}$$

式中：b——回线边长；

d——球体中心埋深。

以计算值为原则加以考虑，最终线圈边长的大小是要通过实地试验(已知区)或模拟试验结果确定。

(3)采样延时：从理论上讲，采样延时愈长，获得的信息量愈多，勘探深度越大。可是，采样延时过长，会降低工作效率，采样延时合适的计算公式为：

$$t_e = 1.59 \times 10^{-6} \sigma d^2 \tag{3-8}$$

式中：d——最大探测深度；

σ——地层的电导率。

(4)仪器工作参数：包括脉冲关断时间、第一测道采样延时、发射电流脉宽、叠加次数、发射电流强度等。其中，脉冲关断时间、发射电流强度与仪器性能相关。一般关断时间越短，电流强度越大，所产生的一次场能量越强。第一测道采样延时设置的越合理，获得的异常强度就越大。叠加次数的选择应根据工作区域内干扰水平确定，但至少等于或大于25次。

3. 瞬变电磁法的解释方法

瞬变电磁法对溶洞比较敏感。高感应电压所对应的溶洞应为充水或充泥溶洞，低感应电压所对应的溶洞应为空的干溶洞，如图3-12所示。

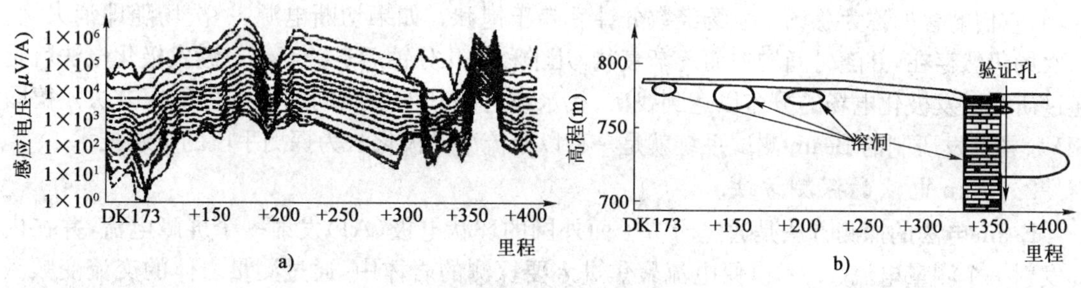

图3-12 多测道感应电压曲线图及实际推断验证图

对于该方法的探测能力首先要考虑瞬变电磁的探测深度。瞬变电磁的探测深度与发送磁矩、覆盖层电阻率及最小可分辨电压有关。

$$d = 0.55(M\rho_1/\eta)^{1/5} \tag{3-9}$$

式中：M——发送磁矩；

ρ_1——电阻率；

η——最小可分辨电压，它的大小与目标层几何参数和物理参数有关，还与观测时间段有关。

瞬变电磁场在大地中主要以扩散形式传播，在这一过程中，电磁能量直接在导电介质中由于传播而消耗。由于趋肤效应，高频部分主要集中在地表附近，较低频部分传播到深处。

4. 瞬变电磁法的特点

(1)断电后观测纯二次场，可以进行近区观测，减少旁侧影响，增强电性分辨能力。

(2)可采用加大功率的方法增强二次场信号，提高信噪比，从而增加勘探深度。

(3)穿透高阻地层能力强。

(4)由于采用人工源方法，随机干扰影响小。

(5)采用重叠回线装置工作，可以避免地形影响。

(6)线圈形状、方位要求相对不严格，测地工作简单，工效高。

(7)由于测磁场，受静态位移的影响小。

(8)通过多次脉冲激发，场的重复观测叠加和空间域多次覆盖技术的应用，可以提高信噪比和观测精度。

(9)可以通过选择不同的时窗窗口进行观测，有效地压制各种噪声，可以获得不同勘探深度，使剖面与测深工作于一体。

五、Beam电法

德国GEOHYDRAULIK DATA公司(以下简称GD公司)开发研制的Beam系统(Bore-Tunneling Electrical Ahead Monitoring)是当前国际上一种较新的电法类隧道超前预报方法。Beam系统通过测取与岩体空隙有关的电能储存能力参数PFE(Percentage frequency effect)和视电阻率的变化，预报前方岩体的完整性和含水状况。目前，该项技术在我国应用极少。

1. Beam电法的探测原理

Beam电法就是一种交流激发极化电法。通过测试处于激发极化状态下的掌子面前方岩体的电阻率来探知岩体状况、空洞和水体。岩体在人工电场作用下会发生复杂的电化学过程，并形成一个随时间增加而增长的极化电场，它叠加在人工电场和由于电性差异而产生的异常电场上。习惯上把人工电场以及因电性差异而产生的电场称为一次场，而把极化电场称为二次场，它们的叠加称为总场。总场经数分钟后趋于饱和。如果切断电源，一次场随即消失，但二次场仍然存在，并随时间增加而逐渐衰减，几十秒至几分钟后衰减至零。激发极化电法就是通过研究激发极化电场的分布以达到找矿、找水或解决其他地质问题的一种物探方法。德国GD公司开发研制的Beam测试系统就是一种以交流激发极化法为探测手段的全新技术。

2. Beam电法的探测方法

Beam电法的探测方法是通过沿掌子面外围的环状电极(A1)发射一个屏障电流，并在内部发射一个测量电流(A0)，以便电流聚焦进入要探测的岩体中，通过测量岩体的交流变频激发极化特征，计算出岩体视电阻率和一个与岩体孔隙有关的电能储存能力参数PFE的变化，来预报前方岩体的完整性和含水性(图3-13、图3-14)。

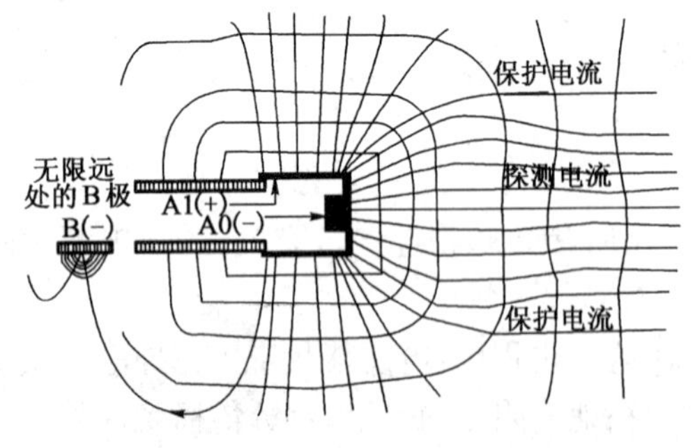

图3-13　Beam工作原理示意图

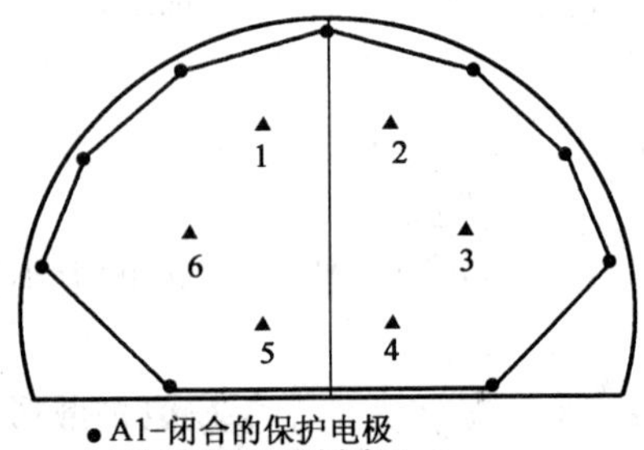

图3-14　掌子面探测电极布置示意图

Beam系统由主机、数据采集解译软件、连接线路、数据转换盒、A0电极、A1电极和B电极组成，能够将整个极化过程中岩层电阻系数的变化过程记录下来。特殊水体或空洞、高孔隙率的地下介质如洞穴等对激发极化的参数有相当大的影响。因此，Beam电法能够对这些工程地质问题作出准确的预测。相对传统的电法探测，Beam 电法的核心在于改善了电法测试的灵敏度和稳定性，利用同性电极相排斥的原理，通过在隧道掌子面环形布置的正电极 A1 建立的保护电场，使正电极 A0 产生的电流呈放射状向隧道纵深传播得更远，B 极一般作为接地电极(负极)。

现场数据采集时在掌子面四周或离掌子面后方 5m 处布置一环形供电电极(A1 极)发射互斥的电流，环形供电电极不少于 9 支，等间距布置在掌子面外沿，打孔安置并注少量水耦合；测量电极(A0 极)共 6 支也按环形布置，半径小于供电环 1m 左右(A1、A0 布置在同一个掌子面时)；离掌子面 300～600m 远处布置 1 根负极(即 B 极)作为无穷远极，与 A1、A0 极构成回路。该环形电极接入 1 个组合控制开关，由 Beam 系统按一定的程序可对测取的数据进行自动解译，并且以可视化的形式将岩体质量以及是否含水以颜色深浅来表示，这样比较直观、清晰，便于现场技术人员操作使用。

3. Beam 电法的解释方法

通过探测取得掌子面前方岩体的视电阻率和频率效应百分比(PFE)。岩体及其含水性不同，电性和极化特征不同，因此频率响应也不同。Beam 系统供电提供了两个频率(f_1 和 f_2)的电流分别是 I_1 和 I_2，测量取得电位 U_1 和 U_2 之后通过下式计算视电阻率 $R(\Omega_m)$ 和频率效应百分比 $PFE(\%)$：

$$R_{f_1} = U_1/I_1; R_{f_2} = U_2/I_2 \tag{3-10}$$

$$R_{f_1} = U_{f_1}/I_{f_1} \tag{3-11}$$

$$R_{f_2} = U_{f_2}/I_{f_2} \tag{3-12}$$

$$PFE = (R_{f_1} - R_{f_2})/R_{f_1} \times 100\% \tag{3-13}$$

式中：U_1、U_2——分别为对应 f_1、f_2 的电压；

R_{f_1}、R_{f_2}——分别为对应 f_1、f_2 的电阻。

4. Beam 电法的特点

(1)Beam 能对隧道掌子面前方富含水洞段进行较为准确的预报，对岩性变化界面、岩石破碎带及含水情况预报具有一定的准确性和有效性，对于裂隙、岩溶、断层也有良好的反应，但对于它们的性质却难以判断。

(2)由于 Beam 电法主要针对 TBM 掘进方式而设计，用于钻爆法施工的隧道会有测试设备安装时间过长影响施工进度的问题，故还需对其测试设备的安装操作方式进行适当改进。如采用饼状电极外包裹盐水海绵套、电极采用绝缘杆支撑附着在洞壁上的测量方式，则可以适当缩短电极安装时间。

(3)Beam 电法只能做近距离预报，最大预报距离为隧道跨度的 5 倍，测量精度与测试的频度有关，即测试次数越密，精度越高，预报的效果越好。

(4)Beam 电法同样不能对含水层或水体进行准确定位和定量，对掌子面前方大规模水体的预测预报效果还有待进一步探索。

因此，Beam 电法现阶段只能是与地质雷达法和 TSP 法配合使用，形成相互补充、互为印证的超前预报技术。

第三节　隧道地质超前综合预报方法

一、各种地质超前预报方法在隧道中的适应性

鉴于工程施工和费用原因，对于一个具体的隧道工程，不可能采用所有的地质超前预报方

法，必须有针对性地选择地质超前预报方法。表 3-2 为隧道常用地质超前预报方法的适应性对比表。

地质超前预报方法适应性一览表 表 3-2

方 法	种 类	探测距离（m）	探测耗时（h）	用 途	优 缺 点
地质分析法	地质素描	10	0.5	利用地质理论和作图法，结合勘察资料，进行开挖面前方地质条件的预测预报	设备简单，操作方便，费用低，不影响施工，占用时间约 30min，但对地质专业技术要求高
电法	直流电法	500	—	地面勘探或超前预报，超前预报时探测距离较近	隧道内使用时原理和方法局限性大，给解释带来很大困难；对水敏感，但不能准确定位和估算水量
	高密度电法	500	—	地面勘探或超前预报，超前预报时探测距离较近	隧道内使用时原理和方法局限性大，给解释带来很大困难；对水敏感，但不能准确定位和估算水量
	激发极化法	30～50	—	地面勘探或超前预报	对水敏感，但不能准确定位和估算水量
	瞬变电磁法	50～100	—	掌子面超前预报	对水敏感，但不能准确定位和估算水量
	Beam 电法	60～80	—	掌子面超前预报	针对 TBM 掘进方法设计的隧道电法预报仪，探测含水体、破碎带等，不能准确定位、定量，对钻爆开挖法在掌子面探测费时过长，较其他电法价格昂贵，国内使用极少，因此未获得大量应用的有关数据、资料
电磁波法	地质雷达	0.2～40	1	地面勘探、超前预报、结构检测	对洞穴、富水区预测有独到之处，可判定强风化破碎带，探测时间约 1h，但预报距离短，有多解性，需专业人员判别
	红外探测法	20	0.5	辅助探水预报	有无水的预报准确率高，探测速度快，约 30min，但无法定量测水，只能反映大致距离
弹性波法	TSP 202/203	100～200	1.5	隧道超前预报	预报距离长，效果好，适用范围广，预报时间约 1.5h，但费用高，有多解性
	陆地声纳	100～130	—	隧道超前预报	长距离超前预报
	多波探测	50～80	—	隧道超前预报	短距离超前预报
	瑞利波法	50～80	—	隧道超前预报	较短距离超前预报
水平钻探法	超前钻孔	5～100	8～20	隧道超前预报	效果好，判识率高，但费时费工，约 8～20h，效率较低

从表 3-2 可知每种地质超前预报方法都有自己的优势和局限性，而隧道施工过程中将会遇到各种复杂工程地质条件与水文地质条件，单靠表 3-2 中某一种超前预报方法进行地质超前预报将会导致预测准确度有限或费用太高等问题。为了提高地质超前预报的准确度、节约费用和缩短工期，需将几种超前预报方法结合使用，来综合地预报掌子面前方围岩地质情况，

利用各种超前预报方法的仪器特点和适用范围来探测几种常见的不良地质体，这就是隧道超前地质综合预报方法。

二、隧道地质超前预报的组合物探技术

采用地震波法与地质雷达结合，可解决施工过程中的相应地质问题，如围岩风化破碎带、断层破碎带、围岩局部富水区域、石灰岩岩溶发育情况等。日常预报工作以物探为主，在遇到疑难问题时预报报告中会提出打超前探孔。物探方法中，首先使用地震预报方法（TSP）进行长距离预报（100～150m），使用电磁波法（地质雷达法）进行短距离预报（30m左右），根据实际围岩地质情况，可灵活组合，二者可单独使用，也可结合使用，并相互确认和认证。

电磁波法（地质雷达）与弹性波法（TSP）二者结合，其优点是可得到两种不同类型的波的参数和特征图像资料，在有可能出现不良地质情况时应进行临近监测预报，并使用超前钻探作为控制风险的最终手段。

实施综合超前地质预报技术必须清楚地掌握隧道超前预报各阶段所能达到的准确度和目的。

因而，预报分3个阶段：长距离预报（100m＜预报距离＜150m）；短距离预报（预报距离＜30m）；临近勘测预报（图3-15）。根据每个阶段及手段的准确性和可靠性，把超前地质预报分为3类，见表3-3。

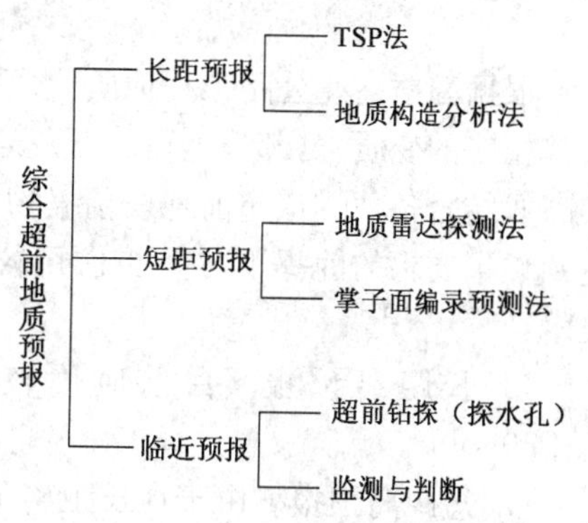

图3-15　隧道地质超前预报的阶段

隧道地质超前预报的阶段及预报准确度　　表3-3

类　别	预报阶段	预报准确度
1类	长距离预报	①能初步确定前方主要灾害体存在，且能初步确定主要灾害体的位置、大小、性质； ②对前方与前后围岩性质差异不大或局部小型灾害体不能准确判断或无法查明； ③能初步确定前方的围岩级别
2类	短距离预报	①能比较准确查名前方灾害体的位置、形状、大小； ②能排除前方不明灾害体的存在； ③对前方灾害体的物性有比较准确的判断
3类	临近勘测预报	①能查明前方灾害体的准确位置、形状、大小； ②对前方灾害体的物性、灾害特点有准确的判断和认识

超前地质预报是隧道信息化施工的有机组成部分，在隧道信息化施工中占有重要的地位。超前地质预报工作可以减少隧道地质灾害的发生，降低隧道建设成本，保证隧道施工安全。建设单位根据超前地质预报成果组织协调各相关单位采取相应的工程处理方案；超前地质预报结果可为设计单位设计变更提供重要的参考；施工单位根据预报成果采取合理的施工方法及相应的工程应对措施。超前预报的准确性是其工程应用基础。

现场地质超前预报，是理论结合实际的重要步骤，也是超前预报技术应用于生产实践的直接体现。相对于TSP、超前地质钻孔、红外探水仪等超前地质预报方法而言，地质雷达探测和地质素描具有成本低、操作简单、对施工干扰小等优点，既能保证超前预报准确性，又便于操作，因而具有广泛的应用基础。

实用型超前地质综合预报方法是以工程地质报告为基础，主要是结合地质雷达探测与地质素描，同时参考现场监控量测的数据，对施工期间隧道掌子面前方的地质情况进行预报。该

预报方法主要包括洞内观测、地质素描、监控量测及地质雷达探测四个方面。其中，地质素描的主要任务是通过收集资料、现场地质素描宏观地掌握掌子面前方及相关围岩岩性、地质构造及含水情况；监控量测的主要内容包括地表下沉、拱顶下沉、水平收敛等。

广义的隧道超前地质预报是综合方法的运用，包括地质分析法、物探法、钻探法；而通常所谓的地质超前预报是指仅应用物探法进行的狭义日常超前地质预报，偶尔辅以超前钻孔作为控制风险的最终手段。隧道超前地质预报的任务：一是预报不良地质；二是划分和认证围岩级别，减少地质灾害的突发性和不可预见性。

隧道施工中所遇到的有危害性的不良地质现象，主要发生在溶洞或地下暗河、强风化带、断层破碎带、软弱围岩、浅埋段地层，另外还有比较特殊的膨胀性围岩、黄土、流沙、含瓦斯地层等。

根据云梧高速公路工程地质、水文地质等特征[隧道围岩主要为碎屑岩（砂岩、粉砂岩等）及其相应的变质岩，部分地段为石灰岩，地下岩溶通道及地下水并不十分发育，地下水位一般较高]，结合各种隧道超前地质预报物探方法以往使用的经验及效果，并考虑探测效果，按照在达到预报要求的前提下尽量少占用仪器资源的原则，隧道超前地质预报采用如下组合物探技术：

（1）长距离预报。目前应用较为成熟的是组合物探技术 TSP203plus，因此选用 TSP203plus。

（2）短距离预报。由于在长距离预报法中已选用了 TSP203plus 地震波法，地震波法的分辨率较地质雷达低，且与地质雷达法的预报距离基本为一个数量级，另外为了从电磁波的角度反映围岩的电磁特性，对地震波法反映围岩的弹性波特性起到补充和验证作用，故应选用地质雷达法进行短距离超前地质预报。

（3）瞬变电磁法与 Beam 电法均为电法，二者都对水反应敏感，探测距离相近，但 Beam 电法在掌子面操作复杂，现场费时长，因此在探水预报时应选用瞬变电磁法。

（4）地质雷达与 TSP 结合进行长短结合物探法超前地质预报，在隧道围岩含水较丰富，可能涌水或突水地段再增加瞬变电磁法或红外探水辅助方法。但在现有资源的情况下，建议选择 TSP203plus、地质雷达、瞬变电磁法或红外探水法进行超前地质预报。

三、隧道地质超前综合预报方法

虽然隧道施工的超前预报方法和手段多种多样，但是目前被广泛采用的主要有 TSP 地震波法、地质雷达法、超前地质钻孔法、红外探水法等，其各自的特点及适用范围见表 3-2。而隧道施工过程中会遇到各种复杂工程地质条件与水文地质条件，单靠某一种超前预报方法的话，其探测结果的精度是有限的。针对当前单一超前预报准确度不高的情况，人们寄希望于结合几种超前预报方法，来综合地预报掌子面前方围岩地质情况，利用各种超前预报方法和手段的特点来探测几种常见的地质灾害。如利用红外探水法来探测掌子面前方地下水情况、利用地质雷达来探测掌子面前方岩溶地质情况，这样必然会提高超前预报的准确度。但同时也带来另外的弊端，一方面这样会占有大量的时间；另一方面也会造成大量的人力和财力浪费。

因此，在隧道施工超前地质预报中需要一种实用的超前预报综合方法。简单地说，隧道施工超前预报就是利用一些仪器来探测隧道掌子面前方围岩的地质构造、工程地质条件与水文地质条件等。超前地质预报主要需要两个方面的知识：物探知识与地质理论知识。超前地质预报仪器只是探测掌子面前方围岩中的异常情况，难以具体判定出是哪种不良地质情况。由于地质基础理论知识和地质工作经验方面的欠缺，盲目相信探测结果，往往易导致预报结果对界面性质的判断失误或错误，而不进行界面产状的修正又造成隧道掌子面前方界面距探测面所在位置距离不准。因此，单纯地依靠物探方法来预报隧道掌子面前方围岩情况是不可靠的。同理，基于地质理论知识的超前预报方法，如地质素描法、工程地质综合分析法等，如单纯地依靠地质理论知识与工作经验来预报隧道掌子面前方围岩地质情况也是不科学的。由于所掌握的物探知识有限，往往表现为对探测结果的茫然，而固守于对地质条件的掌握和经验，难以作出大胆的判断。只有把两者结合起来才能提高超前预报的准确度，又能保证超前预报快速进行，少占用隧道施工时间，这才是一种实用的超前预报综合方法。故在实际操作过程中把超前预报方法与地质素描法、超前地质预报与地质分析方法有机地结合起来不失为一种很好的选择。地质素描为超前预报探测结果提供地质理论基础，尽可能地消除超前预报中的不唯一性，提高通过超前预报来探测隧道掌子面前方地质灾害的精度；而超前预报又加深地质素描预报的深度和范围。

综上所述，广梧高速公路采用如下隧道超前地质综合预报方法：

(1)搜集前期地质勘察资料和既有勘测成果。研究、熟悉并掌握隧道通过地层的岩性、构造概貌、不良地质出现的规律，把握隧道所要穿过的高风险地段的位置、长度、地质类型、特点，分析勘察工作的详细程度。

(2)掌子面地质描述或地质编录。当前掌子面处于设计图上的哪个位置(桩号)，围岩岩性及结构、构造，硬度或强度，处于构造的哪个部位，风化程度，节理裂隙发育程度，渗漏水情况，围岩完整性与稳定性等，并初步推测或判断掌子面前方的不良地质出现的可能性，从而为接下来的超前地质预报提供基础资料和依据。该观察描述同时也为下一次预报时调整所使用仪器及工作参数、工作方式提供依据。

(3)选用有效探测手段进行掌子面超前探测。在较宏观和较微观上分别以前期地勘资料和掌子面观察描述为基础和依托，进行掌子面超前探测，并依据探测成果资料和所处地质背景进行超前地质解释及预报。即使用有效探测手段，工作在掌子面、现场与既有地勘资料之间，这是施工隧道超前地质预报的全部工作范畴。

该方法所强调的是以较宏观的既有地质勘探资料和较微观的动态的掌子面地质资料为依托，在运用所选择的有效物探手段进行探测之后的基础上进行超前地质预报，三者缺一不可。本方法与以往所提出的综合超前地质预报方法的不同是：以往所提出或使用的综合超前地质预报法所强调的是长短距离的物探方法结合，物探与钻探的结合，轻视或忽略了怎样与地质结合；而该方法所强调的是恰当的物探方法怎样与宏观地质及微观地质结合，钻探仅作为控制风险的主要手段。

四、地质超前综合预报的原则

为了对隧道掌子面前方地质体的规模、位置及其性质进行探测预报，从而为采取正确的施工方法提供决策性依据，在较为复杂的地质条件下，如断层较多，或围岩破碎(地层结构性破碎、构造破碎、不同言行的接触带破碎、风化破碎)，浅埋段风化破碎，围岩级别变化频繁，有明显承压水，石灰岩岩溶较为发育，或有可能涌水突泥等，应采取由两种物探方法构成的超前地质预报方法的组合技术。其基本组合方式，对一般破碎围岩采用 TSP 和地质雷达组合，对与水有关的围岩采用 TSP 和瞬变电磁法或红外探水仪组合，并重视和加强地质工作。

根据上节综合超前预报技术，为了达到长短结合、取长补短、相互印证、提高预报准确性的目的，应基本遵循以下原则和实施方案：

(1)超前地质预报开始之前，应根据地质勘察报告及相关地质调查结果，将隧道所穿越地层按工程地质和水文地质复杂程度分为地质构造简单、中等和复杂三种，制订详细的超前地质预报方案。

(2)认真、深入运用综合预报方法，将所掌握的整体的、宏观的地质情况与具体的掌子面微观地质情况结合起来，将预报地段的地质背景条件与运用有效探测手段所取得的成果有机结合起来。

(3)首先运用 TSP 仪器探测出掌子面前方 150m 范围内(复杂情况下 100m 内)的不良地质体属性、位置与空间分布规模，然后结合地质学的地质构造分析法，作出长期预报。

(4)在上述基础上，利用地质雷达进一步探测掌子面前方 30m 范围内的不良地质体的准确属性、较准确位置与空间分布规模，以近距离印证 TSP 地震仪的预报结果，提高探测预报的准确度，结合掌子面的地质编录，作出短期预报。根据现场情况和实际需要，地质雷达法可采用点测法或连续探测法。

(5)在水文地质较为复杂地段，进一步采用瞬变电磁法或红外探测法。

(6)长距离超前地质预报应在隧道中不良地质体的宏观地质分析预报的基础上进行，要在隧道施工过程中连续进行，贯穿于全隧道。短距离超前地质预报，主要在长距离超前地质预报的基础上，选择在隧道开挖和掘进的地质复杂区段中断续进行。当然，不同区段，依据地质复杂程度，可以采用其中的一种预报方法，也可以采用两种方法，实施超前地质组合预报。

(7)超前钻探是临近勘测预报的重要手段。通过超前钻探(可取芯)可较为直接地鉴别围岩岩性、风化程度、破碎程度、节理裂隙发育程度、是否含水或含有害气体等，从而有效地鉴别前方一定范围(30～60m)内的不良地质和围岩级别，并作为控制和降低风险的最后有效手段。由于隧道开挖炮眼数量较多，且风钻或掘岩台车打眼比较方便，对其中的几个炮眼加深至 5～8m 作为预报探测孔，实践证明这样做会收到较好的效果。有以下情况之一需对掌子面前方实施超前钻孔探测：

①用其他方法无法准确判断不良地质体的属性、位置与空间分布规模，详勘资料划定的富水地段；

②根据以上物探方法综合判断出不良地质体可能有严重涌水、突泥或崩塌等施工隐患的目标地段；

③当前掌子面渗水或涌水严重的地段。

施工时，建议全断面布置 3～5 个(探孔图3-16)，探孔长 30～50m，周边探孔的终孔宜超出开挖轮廓线 1～1.5m。钻孔采用小孔径钻机取芯，以降低预报费用，建议对拱顶探孔(图 3-16 中的探孔 1)采用 ϕ75mm 孔钻机取芯，其余探孔采用 ϕ50mm 孔钻机取芯。为减小对工程进度的影响，可采用高效率钻机(如每小时钻 30m 左右的设备)。

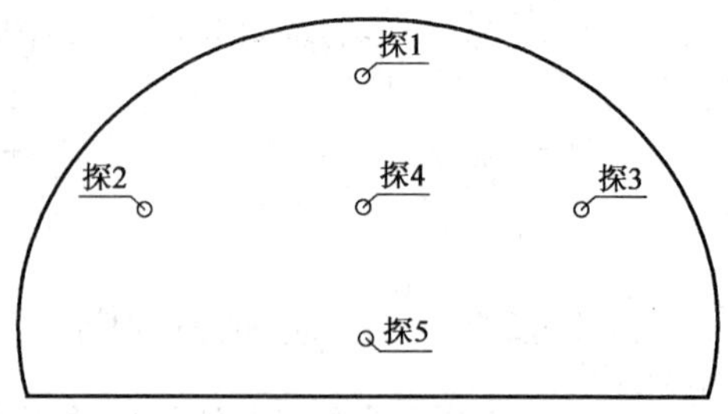

图 3-16　超前探孔布置示意图

(8)根据以上预报分析结果，并结合断面的监控量测信息、炮眼或炮眼延伸孔所探明的情况，得出地质超前综合预报的结论。

五、工作流程

(1)隧道施工地质工作包括跟踪地质调查掌子面素描和洞内观察和超前地质预报。施工地质工作的目的是为了做好超前地质预报工作。超前地质预报包括熟悉研究地勘资料、跟踪地质调查(掌子面素描和洞内观测)及使用有效探测手段等三方面的有机结合。即包括地质分析法、地球物理法(无损探测)、钻探法、局部探孔及其有机结合。

地质分析法,包括掌子面素描,地层分界线、构造线及地下地表相关条件分析判断与计算,地质作图等。应首先查阅有关地质勘察资料和施工设计图件,并对隧址区进行地质调查,掌握全区的地形、地貌、地质、水文地质特征及水文地质单元、地质构造及其复杂程度、工程地质情况。岩性对应不同地质的工程及水文地质特征,如除可溶性的石灰岩外,火成岩(花岗岩、凝灰岩、玄武岩)、砂岩等岩体中的主要不良地质是较大的导水断层破碎带造成突水、突泥,其次是浅埋全～强风化或不均一差异风化,侵入岩脉的破坏,岩脉与火成岩、火成岩与其他原岩(沉积岩、变质岩等)侵入接触带内较发育的节理裂隙,围岩破碎,以及构造节理裂隙,围岩地下水主要为裂隙潜水或承压水。泥岩和未熔结的凝灰岩主要是遇水易软化和坍塌。石灰岩往往发育岩溶,造成突水、突泥。因此,应根据初步所掌握的地质资料划分出一般地段和重点复杂地段,对应进行长期预报、短期预报及其有机结合。

由于隧道开挖炮眼数量较多,且风钻或掘岩台车打眼比较方便,对其中的几个炮眼加深至5～8m作为预报探测孔,实践证明会收到较好的效果。

鉴于某些地质情况的复杂性,现场工作条件、工作密度和超前地质预报技术的局限性,一种预报方法还不能圆满解决所有的地质问题,仍需不断总结经验教训,提高预报水平。针对具体的预报目的,采用恰当的组合方法,发挥各种预报方法的优点,相互补充,相互印证。

(2)根据施工设计图,对地质超前预报工作进行探测布置,再根据施工实际进度安排探测时间,以便能及时调整施工方法。使用隧道地震探测仪(TSP 法)探测,前后两次探测应重复交叉 10m,以免漏探。在使用 TSP 方法经过反射层提取 2D 成果及一些力学参数反演后仍难以确认的围岩复杂地段,应加强地质雷达探测,以便相互印证。

(3)TSP 探测布置方法如下:

①地质条件简单时的探测。当隧道地质条件简单时,比如地层岩性单一,构造不复杂,采用常规的观测系统。预报距离可达 150m。数据采集时,检波器的三个分量 X、Y、Z 分量同时接收,采样间隔 62.5μs,记录长度 451.125ms(采样数为 7 218)。目的是采集到更高频率的地震信号,确保探测的分辨率。

②地质条件复杂时的探测。在地质条件复杂的地段,例如岩溶发育区、风化带、含水层以及破碎带、断层等,将采用特殊的观测系统进行探测。即在隧道的左边墙或右边墙激发地震波,两个检波器(地震传感器)在隧道的左右边墙同时接收。目的是采集更多的地震信息,排除多解性,提高预报的准确度。为确保预报结果的可靠性,预报距离宜在 100m 左右。

(4)现场探测时,进行地质观测、描述(或素描)和编录,包括掌子面及其附近的岩性、围岩节理裂隙发育程度、有无断层与褶皱、风化破碎程度、渗漏水情况、围岩完整性与稳定性及判断围岩级别(类别)等。

(5)进行地质调查并查阅有关地勘资料和施工设计图件,分析预报段的地质、地质构造、水文地质特点。

(6)在对探测图像资料处理后,通过对比分析和地质解释,及时提交超前地质预报报告,提出掌子面前方围岩类别及其分段、不良地质体及其位置和规模,提出支护措施建议。

(7)提交超前地质预报报告后,根据所预报段围岩的实际地质状况经常到掌子面跟踪观察,此项任务需超前地质预报组长或主要技术人员长期驻扎工地,以便深入认识和把握该隧址区的地质规律，正确把握围岩条件，及时指导施工。

长距离超前地质预报的预报距离，一般为掌子面前方100m或100m以上，它的主要任务是较准确地预报掌子面前方100m或更远距离范围内的主要不良地质体的性质、位置和规模，粗略地预报围岩的级别和地下水的情况。长距离超前地质预报所采用的方法和技术手段，建议采用TSP(隧道地震波勘探)仪器探测。

长距离超前地质预报应在对隧道所在地区不良地质宏观地地质分析预报的基础上进行。实施综合长期超前地质预报，应当达到如下技术指标：

(1)预报的距离，一般可达掌子面前方150m。

(2)预报断层破碎带等大多数不良地质体的性质基本正确。

(3)预报不良地质体的位置基本准确。

(4)预报富水带的存在，但不能准确预报地下水量的绝对大小。

(5)预报围岩相对变好或变坏。

在预报实践中，应与地质学中地质构造分析法结合分析、解译，以达到取长补短、相互印证、提高预报效果的目的。

第四节　隧道工程中不良地质的评定方法

一、隧道地质超前预报中不良地质的评定策略

根据超前地质预报的适应性和超前预报组合技术，为了准确地预报隧道围岩中的不良地质体，应按图3-17所示预报策略开展综合超前预报工作。

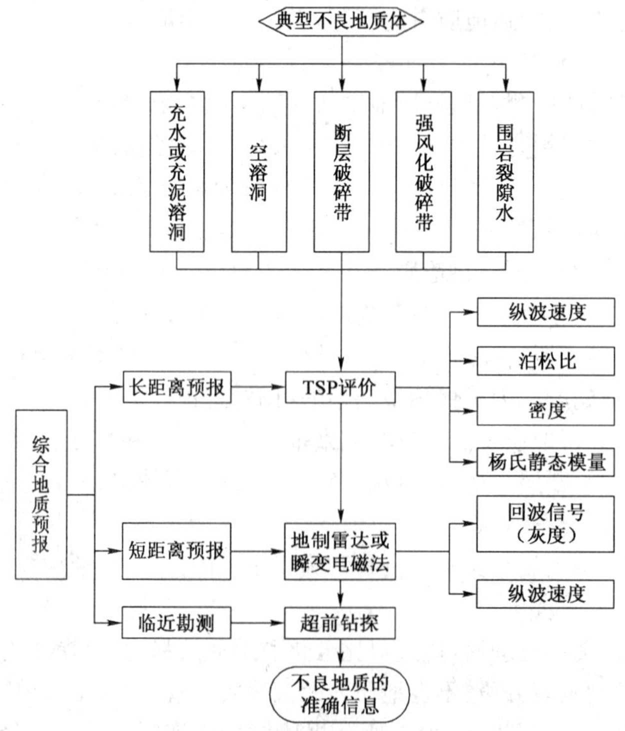

图3-17　不良地质体的预报策略

二、典型不良地质体的评定方法

本节重点论述地质分析法判定岩溶、富水、断层破碎带等不良地质体以及围岩级别的依据和方法。

1. 不良地质和围岩级别的判定依据

1)地质分析法的判定依据

该判定依据主要是按照从未知到已知、由粗到细的原则,即在任何地质情况不明的情况下,首先通过地面地质调查和观测进行地面地质填图,通过岩矿鉴定、同位素测定、地层层序对比、地质构造判断,从而基本确定某地区的地层岩性及地质组合、地质时代、较大地质构造(褶曲、断层、各大类岩石的粗略分布),在此基础上根据工程需要可进一步开展详查或精查勘探。使用物探方法进行超前地质预报对获取的信号进行解译则应遵循由已知到未知的原则,即首先熟悉隧道区基本地质情况,逐渐找到典型的地质体所对应的回波信号及组合特征,以便对未知区进行回波信号的地质解释。

2)TSP 法的判定依据

该判定依据是通过使用仪器进行处理、计算所得到的纵波速度 V_p 或纵横波速比、密度、泊松比等,按其解释技术进行不良地质体和围岩级别的判别。

3)地质雷达法的判定依据

该判定依据是雷达回波的组合特征和信号衰减变化。一定的目标体对应着一定的回波特征,当遇到水或软弱破碎带时信号应有明显衰减。当然,仪器对多大的地质异常有所反应,则应取决于异常的大小、构成异常的介质差异大小、仪器的探测深度。探测深度越大,分辨率越低,反之亦然。地下水对地质雷达信号有显著衰减影响,因此根据雷达信号的衰减相对大小,可定性判断围岩的含水量的相对大小,同时可分析判定围岩强风化破碎带或断层破碎带等不良地质现象。

4)瞬变电磁法的判定依据

该判定依据是瞬变场的强度及延迟时间与地下地质目标体的电性、规模及产状等参数有关,地质体的导电性越好,瞬变场的强度就越大,且热损耗就越小,故衰减越慢,延迟时间越长。因此,充水或充泥溶洞、含水层、含水裂隙带、软弱泥岩或泥岩、强～全风化带等应对应高感应电压,完整的花岗岩、石灰岩、砂岩、空的干溶洞等应对应低感应电压。

2. 典型不良地质体的判定方法

1)充水或充泥溶洞

石灰岩中岩溶形态有:溶蚀孔洞、溶蚀裂隙、溶槽或溶缝、岩溶漏斗、落水洞、溶洞、地下暗河。其充填状态也不同,有充填砂砾、黏土、充水或充水充泥,有无充填、半充填、充满或带压。

未充填的干溶洞与空洞的物理性状、地球物理特性、特征是相似的。

(1)TSP 对较大溶洞的反应:充水或充泥溶洞对应部位(图 3-18 中阴影区)的纵波速度、泊松比、密度、杨氏静态模量等参数首先变高,然后变低,这一点与地质雷达相似(见后述),也与理论符合,并在解释图上有明显异常反应。但所反应出的溶洞纵向范围较大(15m 左右),由于波长较长和分辨率较低的原因,TSP 不能直观地分辨出溶蚀孔洞、溶蚀裂隙等这些尺寸较小的反射目标。

由于地下水对纵波、横波的阻隔影响不同,即纵波为压缩波(弹性波),围岩的密度一般为 2.2～2.8kg/m^3,纵波速度为 3 000～5 500m/s;而水的密度为 1 kg/m^3,纵波速度为 1 460m/s。

当纵波穿过含水层时，纵波在围岩与水体界面应产生明显反射，同时一部分能量透过含水层。而横波为剪切波，水的剪切模量为零，理论上讲横波不能通过强含水层，因此在岩石与水体的交界面处应形成强的横波反射，且进入或经过水体后横波衰减为零。所以，通过对横波、纵波各自反射幅度的对比分析，可定性判定掌子面前方是否有含水层或含水溶洞。

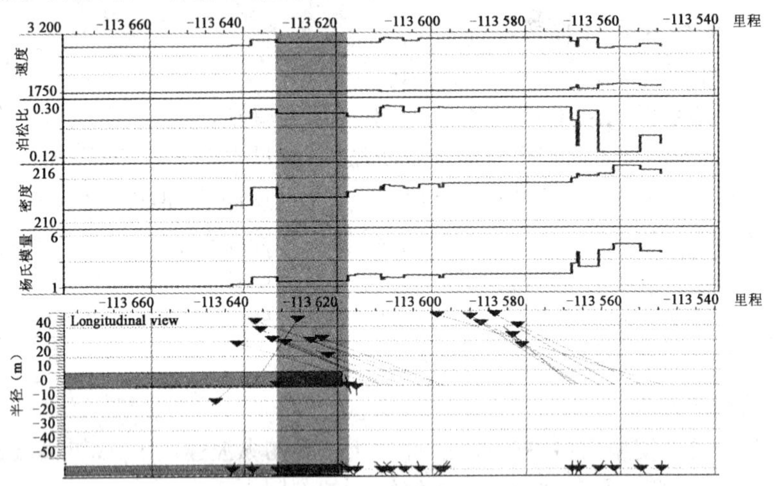

图 3-18 溶洞的 TSP 有关参数特征

(2)地质雷达对溶洞的反应：地质雷达对溶蚀孔洞或溶蚀裂隙、溶槽或溶缝、溶洞或地下暗河所反应出的图像特征是不同的（图 3-19）。另外，对干的空溶洞与充水、充泥的溶洞的反应也是截然不同的，充水、充泥的溶洞的雷达回波信号是显著衰减的。

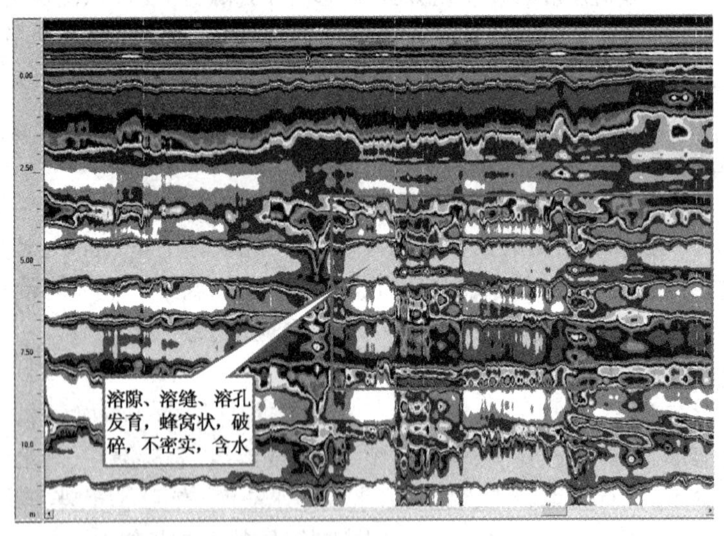

图 3-19 溶隙、小溶缝、溶孔发育段雷达图像

(3)瞬变电磁仪对溶洞的反应：由于瞬变场的强度及延迟时间与地下地质目标体的电性、规模及产状等参数有关，地质体的导电性越好，瞬变场的强度就越大，故充水或充泥溶洞应对应高感应电压，空的干溶洞应对应低感应电压。

2)空洞或未充填溶洞

(1)TSP 对空洞的反应：空气的密度为 1.29kg/m^3，波速 C_s 为 344.2m/s，弹性模量为 0.15MPa；水的泊松比为 0.5，密度为 1kg/m^3，纵波速度为 1 460m/s，弹性模量为 2.13MPa；围

岩的泊松比一般为0.14～0.36，但围岩有水时会出现负值，密度一般为2.2～2.92g/cm^3，弹性模量为50～90GPa。空洞或未充填溶洞中的物质为空气或真空，在TSP的2D成果及有关力学参数反演曲线上对应的纵波速度、泊松比、密度、杨氏静态模量等参数相对变低(图3-20)。

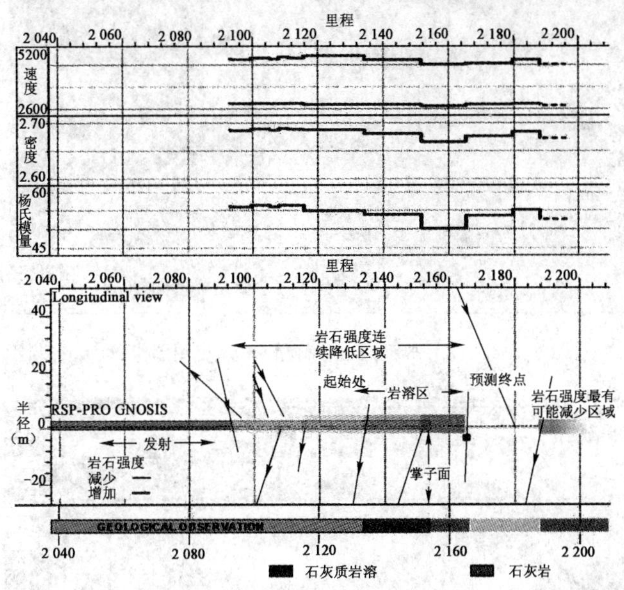

图3-20　未充填溶洞的TSP有关参数特征

(2)地质雷达对空洞的反应：图3-21是一个地质雷达探测坎儿井的回波幅度衰减曲线，坎儿井宽度为60cm，高度1.3m，顶界埋深6m，使用频率160MHz。这时，地质雷达在空气中的波长为1.875m，而进入坎儿井所处的砂砾层(其相对介电常数约为9)的波长变为0.62m。从图中看出，在坎儿井对应的平面部位和顶界深度出现明显衰减。

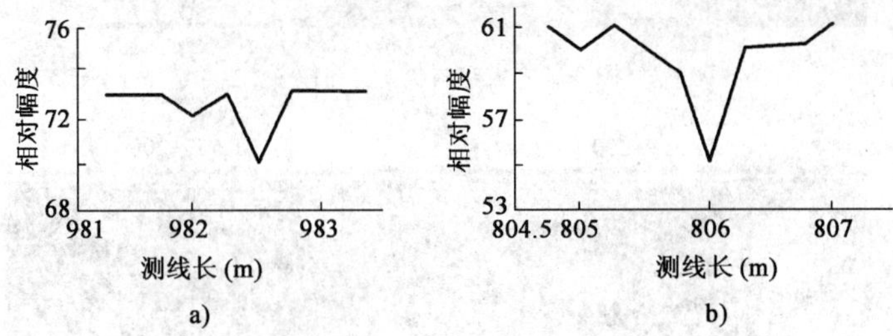

图3-21　坎儿井的横向衰减曲线

实际应用中，当使用的雷达频率很低时，即其波长相对于探测对象尺寸很大时，雷达灰度图上基本无反应或至多是一个强反射点(白点)，不易于分辨解释；当使用的雷达频率较高时，即其在相应介质中的波长显著小于探测对象尺寸时，雷达灰度图上出现典型的反射弧，如图3-22所示；当空洞尺寸规模远远大于所使用的工作波长时，反射图像出现强反射条带，有时由于受初次反射表面的影响出现波浪形或锯齿形，如图3-23所示。

空洞或溶洞的反射波形特征本应是相似的，但由于工作频率、空洞尺寸规模以及空洞的赋存条件不同，其特征有显著差异，须认真鉴别，如图3-24和图3-25分别为衬砌脱空和未充填溶洞的雷达图像特征。

溶洞和空洞有着相似的雷达回波特征：衬砌背后的空洞在灰度波形图上表现为一组弧形强反射波，这组强反射的后面往往还紧跟着一组幅度较低的强反射波(多次反射)。较小的空

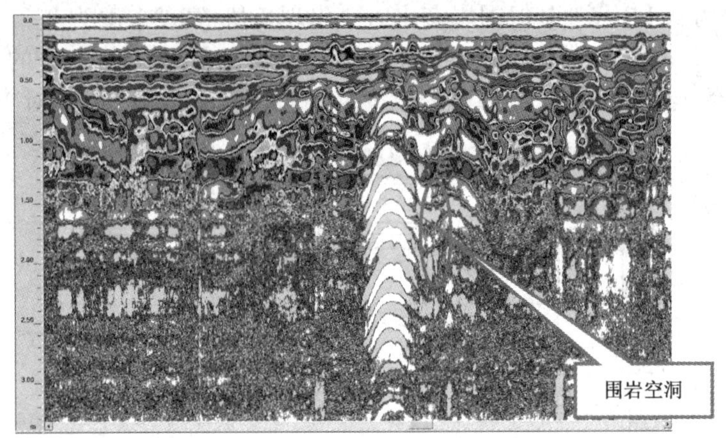

图 3-22　典型的小空洞(溶洞)灰度图图像

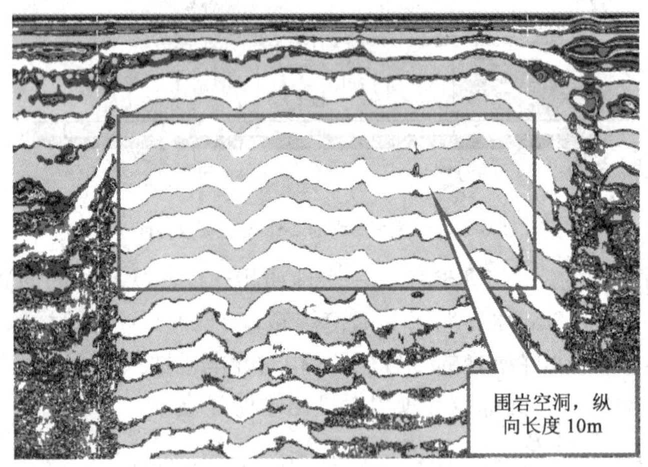

图 3-23　大空洞灰度图图像

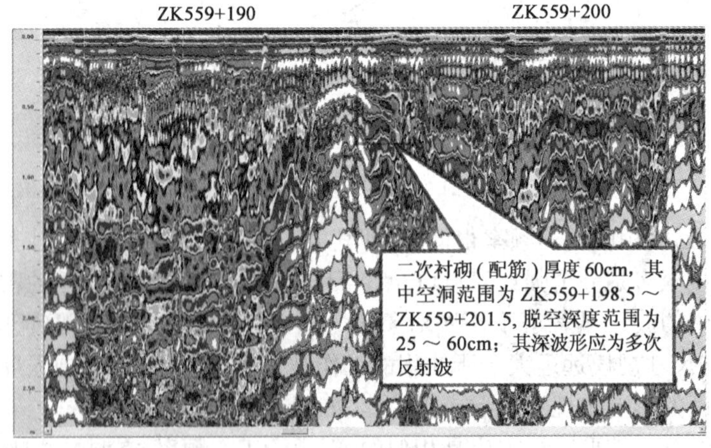

图 3-24　衬砌脱空的雷达图像

洞弧形表现明显,较大的空洞往往呈现出波浪形的强反射或呈亮白色。计算空洞的起止深度时,小的空洞可采用围岩的电磁波速度或相对介电常数,大的空洞要采用空气的速度。判别空洞时要注意排除因天线抖动或脱离衬砌表面所造成的假空洞(可以剔除)。

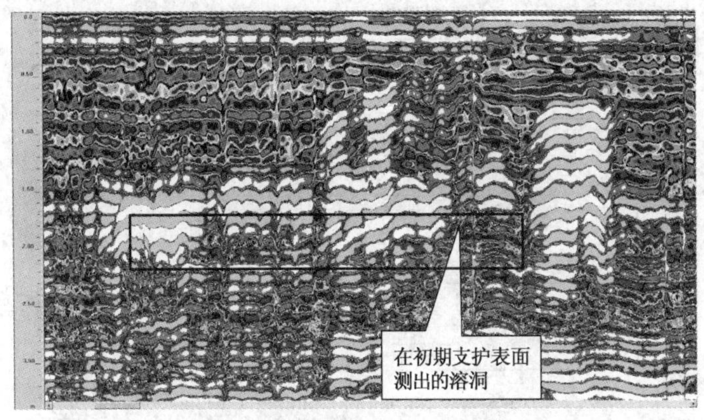

图 3-25　未充填溶洞的雷达图像

3)断层破碎带

(1)TSP 对断层破碎带的反应：断层破碎带所对应的部位的纵波速度、密度、杨氏静态模量等参数首先变高，然后变低，其实际位置对应于变低部位，泊松比整体变高，这与理论基本相符。如果断层是在发育石灰岩中，则极有可能发育成为溶洞(图 3-26)。

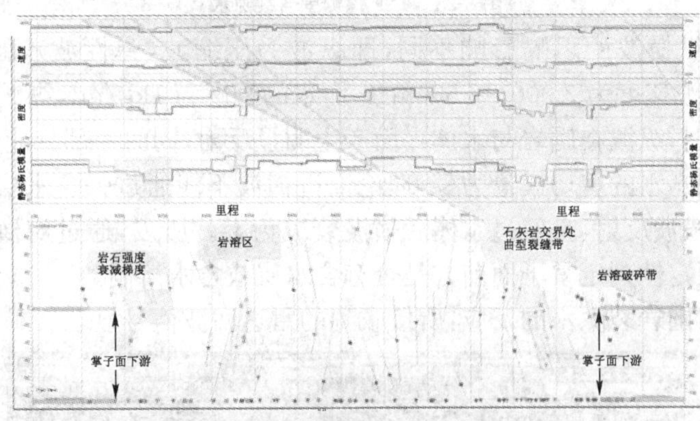

图 3-26　TSP 探测断层、溶洞

(2)地质雷达对断层破碎带的反应：因断层破碎带的破碎程度、风化程度、糜棱岩化、硅化或钙化程度不同，其雷达图像特征也有显著差异。例如，破碎风化较强则雷达信号衰减强，反之亦然。糜棱岩硅化或钙化后衰减很弱，另外波形组合特征也不同。

4)强风化破碎带

(1)TSP 对强风化破碎带的反应：纵波速度低(显著低于 3 000m/s)，密度低。

(2)地质雷达对强风化破碎带的反应：所接收到的雷达回波信号强烈衰减(图 3-27)。

5)围岩裂隙水

(1)TSP 对围岩裂隙水的反映：由于裂隙发育是不均一的，在隧道纵向上往往呈条带状局部分布，隧道开挖后呈涌水状、淋水状或滴水状。表现为纵横波速度比或泊松比的明显交替变化(图 3-28)，围岩含水时 TSP 所提取的泊松比会出现负值。

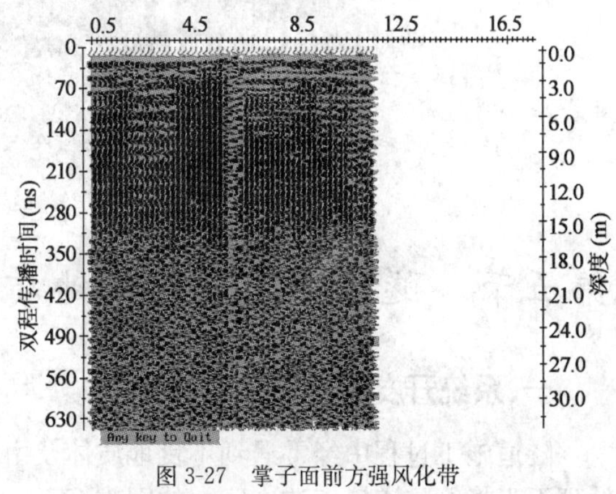

图 3-27　掌子面前方强风化带

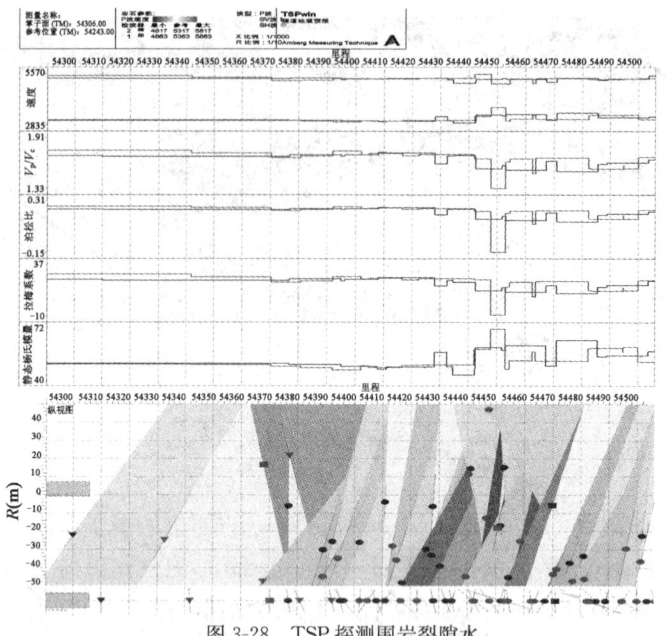

图 3-28　TSP 探测围岩裂隙水

由于地下水对纵横波的阻隔影响不同，即纵波为压缩波（弹性波），围岩的密度一般为 2.2～2.8kg/m^3，纵波速度为 3 000～5 500m/s；而水的密度为 1kg/m^3，纵波速度为 1 460m/s。当纵波穿过含水层时，纵波在围岩与水体界面产生明显反射，同时一部分能量透过含水层。

而横波为剪切波，水的剪切模量为零，理论上讲横波不能通过强含水层，因此在岩—水交界面处应形成强的横波反射，且经过水体后横波衰减为零。所以，通过对横波、纵波各自反射幅度的对比分析，可定性判定掌子面前方是否有含水层或含水溶洞。

(2)地质雷达对围岩裂隙水的反应：所接收到的雷达回波信号显著衰减，如图 3-29 所示。

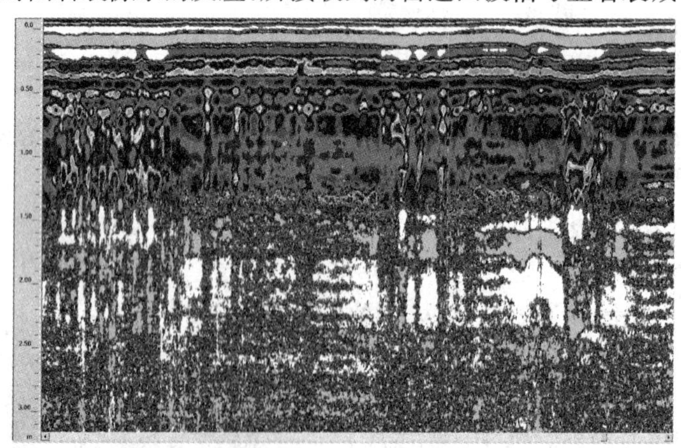
图 3-29　围岩含水示例图

第五节　隧道不良地质及地质灾害处治措施数据库管理系统

一、系统开发的意义

隧道施工过程中经常遇到不良地质体及由其引起的地质灾害等工程地质问题。这些问题处理不当将给隧道施工造成巨大的困难，不仅增加工程投资、减缓施工进度，而且造成巨大的人民生命财产损失，给国家和社会造成诸多不良的负面影响。

不同的地质条件和地质灾害的处治措施和方法不同，即使类似的地质条件和地质灾害，处治方法也不尽相同。因此，目前对不良地质及地质灾害的处治没有明确的规范和指导性的手册，从而使得设计和施工的盲目性增大。一般等到不良地质体出现或地质灾害出现后才根据具体情况提出相应的处理措施，尤其在塌方处理上目前均是“就塌治塌”。显然，这种做法是不利于保证安全和加快施工进度的。

为此，急需建立一套切实可行的方法，使得在隧道施工遇到不良地质及出现地质灾害时，能提前或迅速地制订合理的对策，使得不良地质段出现地质灾害的可能性尽量减少，同时出现地质灾害后能及时得到处治，最大限度地减小灾害的扩展。

鉴于此，公路隧道施工不良地质体灾害处治措施数据库管理系统建设是非常必要的。

二、系统整体框架

隧道施工不良地质灾害处治措施数据库管理系统主要是为隧道在施工过程中遇到不良地质和地质灾害等现象提供施工技术指导。在隧道前方遇到不良地质体时，首先可以在系统中查找该不良地质体的特征和总体预处治措施，然后可以在工程案例中查找与该工程不良地质体相类似的工程的处理措施，最后结合现场情况、总体处治措施、其他典型工程的处治措施三个方面综合确定本工程不良地质的处治措施。该系统的总体框架如图 3-30 所示。

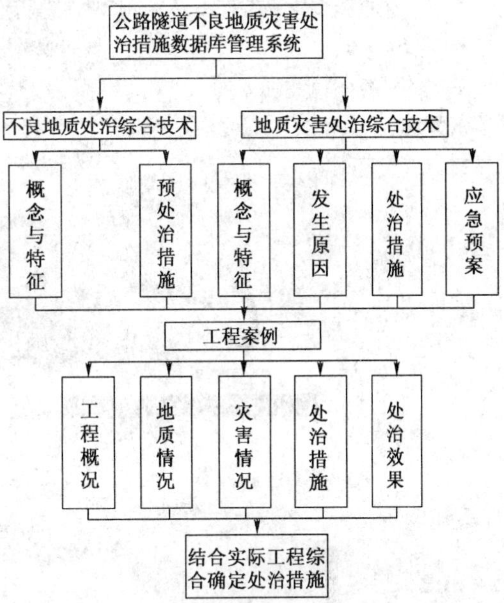

图 3-30 系统整体框架

三、系统功能介绍

1. 登陆窗口

系统的登陆窗口设有管理员和普通用户。普通用户只能录入和查询相关信息，所录入的信息待管理员审核后才能在网上发布。管理员不仅可以录入相关信息，而且可以对普通用户录入的信息进行审核、修改和删除，还可以对用户进行设置。

2. 系统界面

用户进入系统后可以添加和查询不良地质体或地质灾害类型以及工程案例的信息。图 3-31 为不良地质体的界面图。

3. 查询和用户管理系统

用户可以查询不良地质、地质灾害和典型工程案例，可以实现全系统搜索；同时，系统管理员可以通过管理系统对所有用户进行编辑，而用户可以通过不良地质体和地质灾害对话框添加不良地质体和灾害类型的概念与特征及其发生原因、处治措施和应急预案。图 3-32 为系统查询界面图。

4. 工程案例

用户可以添加工程案例的工程概况、地质情况、灾害情况、处治措施和处治效果等信息，具有丰富和完善该系统数据库的作用。

图 3-31　系统总界面(不良地质体界面)

图 3-32　查询界面

第六节　工 程 应 用

广梧高速公路隧道超前预报研究段包含 10 多座隧道。茶林顶隧道围岩由残坡积土、全～弱风化砂岩和灰岩以及白云质灰岩等组成,存在围岩软弱、断层破碎带和含水溶洞等多种不良地质体,可能发生坍塌冒顶、涌水、涌泥等多种地质灾害,地质条件较为复杂。

采用探测长度较大的 TSP 法进行地质超前预报。该预报段围岩纵波速度范围为 1 080～2 500m/s,泊松比范围为 0.23～0.33,密度范围为 1.81～2.03 g/cm^3。TSP 预报成果和隧道实际开挖后对比结果见表 3-4。

TSP 地质超前预报推测结果一览表 表 3-4

序号	里程桩号	长度(m)	推断结果	推断围岩级别	开挖后实际情况
1	LK71+699～LK71+706	7	该段岩体与当前开挖面相同,主要为黏土,强度低,自稳条件差	V	V
2	LK71+706～LK71+730	24	岩体主要为黏土及全风化灰岩,总体强度低,但比之前变硬,局部软弱,局部有存在小溶洞的可能	V	V
3	LK71+730～LK71+771	41	岩体总体较完整,但强度较低	V	V
4	LK71+771～LK77+792	21	岩性较之前变硬,局部节理裂隙较发育	IV	V
5	LK71+792～LK71+828	36	岩体总体强度较之前变强,节理裂隙发育,局部破碎含水	IV	V

从表 3-4 对比结果可知,结合地质勘察和掌子面地质素描资料的 TSP 预报技术,对于不复杂围岩地质体的预报是切实可行且可进行围岩级别的划分。但是随着隧道施工向前推进,围岩岩性交替变化并出现灰岩。为了确保地质超前预报的精度,查明围岩不良地质体——溶洞位置及其含水情况,在 TSP 法的基础上又采用了地质雷达法进行组合预报。表 3-5 和图 3-33分别为地质雷达预报结果表和分析成果图。

茶林顶隧道进出口段地质雷达探测解释结果表 表 3-5

掌子面	探测里程段	探测解释结果
进口左线	LK71+714.5～LK71+744.5	里程 LK71+723～LK71+727 隧道上部岩层松散,里程 LK71+739～LK71+743 沿开挖方向隧道右侧部位岩层松散或有空洞
进口右线	RK71+872～RK71+902	里程 RK71+893 附近岩层存在垂向分布岩石碎块,未发现有大范围松散区
出口左线	LK74+058～LK74+028	岩层局部存在软硬不均,未发现有大范围松散区或空洞
出口右线	RK74+020～RK73+995	存在垂直于隧道走向方向岩层界面,未发现有大范围松散区或空洞

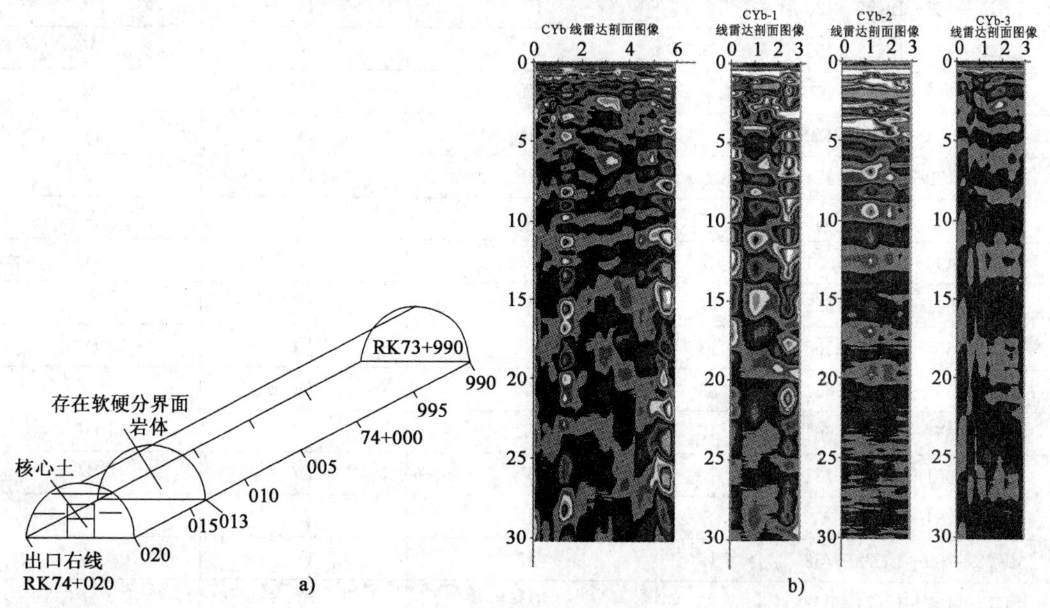

图 3-33 地质雷达预报分析结果图

a)地质预报分析成果图 ;b)雷达回波彩图(灰度图)

以地质勘察资料为基础，借鉴掌子面地质素描资料的 TSP 法和地质雷达法的长短结合，很好地解决了茶林顶隧道一般性围岩段的地质超前预报工作。不仅探明了不良地质体的类型和位置，而且为地质灾害的预防和整治提供了科学依据。但是在围岩较为复杂的灰岩溶洞区域，本隧道段还有选择地采用了水平超前钻探测技术，很好地解决了隧道溶洞区的坍塌、涌水和涌泥等地质灾害。

根据地质综合超前预报原理开展的茶林顶隧道左线预报的围岩和开挖揭示的围岩情况对比结果见表 3-6。

茶林顶隧道左线围岩级别预报成果表 表 3-6

里程桩号	长度(m)	勘察结果围岩级别	综合超前预报围岩级别	实际开挖揭示围岩级别
LK71+708～LK71+771	63	IV	V	V
LK71+771～LK71+870	99	IV	IV	V
LK71+870～LK71+988	118	III	V	V
LK71+988～LK72+040	52	IV	IV	V
LK72+040～LK72+144	104	IV	V	V
LK72+144～LK72+166	22	III	IV	V
LK72+166～LK72+192	26	III	V	V
LK72+192～LK72+244	52	IV	IV	V
LK72+244～LK72+306	62	III	V	V
LK72+306～LK72+348	42	III	V	V
LK72+348～LK72+390	42	IV	IV	IV
LK72+390～LK72+408	18	III	IV	IV
LK72+408～LK72+425	17	III	IV	IV
LK72+425～LK72+430	5	III	IV	V
LK72+430～LK72+451	21	III	V	V
LK72+451～LK72+455	4	III	IV	V
LK72+455～LK72+470	15	III	IV	IV
LK72+470～LK72+471	1	III	IV	V
LK72+471～LK72+496	25	IV	III	V
LK72+496～LK72+501	5	IV	III	IV
LK72+501～LK72+555	54	IV	IV	IV
LK72+555～LK72+568	13	IV	III	IV
LK72+568～LK72+651	83	IV	IV	IV
LK72+651～LK72+661	10	IV	III	IV
LK72+661～LK72+731	70	IV	IV	IV
LK72+731～LK72+739	8	III	V	V
LK72+739～LK72+758	19	III	IV	IV
LK74+127～LK74+062	65	IV	V	V
LK74+062～LK74+029	33	IV	IV	V

续上表

里 程 桩 号	长度(m)	勘察结果围岩级别	综合超前预报围岩级别	实际开挖揭示围岩级别
LK74+029～LK74+000	29	IV	V	V
LK74+000～LK73+947	53	IV	IV	V
LK73+947～LK73+941	6	III	IV	V
LK73+941～LK73+930	11	III	IV	IV
LK73+930～LK73+900	30	III	IV	V
LK73+900～LK73+892	8	III	IV	IV
LK73+892～LK73+860	32	III	III	IV
LK73+860～LK73+830	30	IV	IV	V
LK73+830～LK73+817	13	III	IV	V
LK73+817～LK73+747	70	III	IV	IV
LK73+747～LK73+734	13	III	IV	V
LK73+734～LK73+714	20	III	V	V
LK73+714～LK73+677	37	III	IV	V
LK73+677～LK73+651	26	III	V	V
LK73+651～LK73+626	25	III	V	V
LK73+626～LK73+621	5	III	V	V
LK73+621～LK73+617	4	IV	V	IV
LK73+617～LK73+520	97	III	IV	IV
LK73+520～LK73+493	27	III	V	IV
LK73+493～LK73+469	23	III	IV	IV
LK73+469～LK73+452	17	III	IV	IV
LK73+452～LK73+442	10	III	V	V
LK73+442～LK73+439	3	III	IV	IV
LK73+439～LK73+397	42	III	IV	IV
LK73+397～LK73+393	4	IV	III	IV
LK73+393～LK73+352	41	IV	IV	V
LK73+352～LK73+342	10	III	IV	V
LK73+342～LK73+327	15	III	III	IV
LK73+327～LK73+286	41	III	V	V
LK73+286～LK73+271	15	III	IV	V
LK73+271～LK73+253	18	III	V	V
LK73+253～LK73+230	23	III	V	IV
LK73+230～LK73+222	8	III	IV	IV
LK73+222～LK73+121	101	III	V	IV
LK73+121～LK73+034	87	III	IV	IV

从表 3-6 可知，茶林顶隧道左线实施地质综合超前预报长度为 2 142m，其中通过预报手段划分围岩级别长度与实际开挖揭示出来的围岩级别一致的共 1 338m，约为总预报长的 65%；而前期地质勘察报告提供的与开挖揭示出来的围岩级别一致的仅 214.9m，仅占总长的 10%。另外也可以看出，在地质预报不准的部分段落，地勘的结果却与实际一致，因此再一次验证了超前地质预报应结合前期勘察分析资料的思想。虽然超前地质预报围岩级别的准确率看似不高，但是打破了超前预报不能预报围岩级别的传统思想，并且误差在一个围岩级别范围内，基本能满足工程需要。

次步隧道段围岩纵波速度范围为 1 149～3 655m/s，泊松比范围为 0.1～0.38，密度范围为 1.83～2.16 g/cm^3。预报成果见表 3-7。

次步隧道 TSP 地质超前预报推测结果 表 3-7

序号	里程桩号	长度(m)	推断结果	推断围岩级别	开挖后实际情况
1	LK132+827～LK132+866	39	该段纵横波速变化平缓，密度和模量较低，与掌子面岩性相同，主要由亚黏土组成，含有大量灰白色全风化花岗岩，岩石呈半土状，手捏即碎，强度较低	V	V
2	LK132+866～LK132+918	52	纵横波速变化幅值较大，密度和动态杨氏模量较前者增大，岩体强度较前段提高，反射面较多，主要由亚黏土和强风化花岗岩组成，自稳性较差	V	V
3	LK132+918～LK132+935	17	纵横波速大幅下降且均匀，密度和模量较前者下降，说明岩性均匀，但强度较低	V	V
4	LK132+935～LK132+960	25	纵横波速变化幅值、密度和动态杨氏模量波动较大，岩体强度变化剧烈，反射面较多，主要由亚黏土和强风化花岗岩组成，自稳性差	V	V
5	LK132+960～LK133+025	65	该段纵横波速、密度和模量较前者下降，主要由亚黏土和全风化花岗岩组成，强度较低；局部密度和模量剧增，岩性主要为强风化花岗岩，强度较高	V+	V
6	LK133+010～LK133+025	15	主要为坡积亚黏土，强度较低，自稳性较差	V+	V

息村大山隧道段围岩纵波速度范围为 2 762～5 979m/s，泊松比范围为 0.0～0.34，密度范围为 2.62～3.02 g/cm^3。预报成果见表 3-8。

表 3-9 是在石牙山隧道变质砂岩段左线 LK114+875～LK115+065 段进行的 TSP 地震波法探测结果，在一次预报距离为 200m 的地段，围岩中多处含有裂隙水，开挖后拱顶淋水，围岩级别为 II 级。

息村大山隧道 TSP 地质超前预报推测结果表 表 3-8

序号	里程桩号	长度(m)	推断结果	推断围岩级别
1	LK114+875～LK114+887	12	与掌子面岩性相同，主要由弱风化砂质板岩组成，节理裂隙发育，岩石强度高	II
2	LK114+887～LK114+906	9	泊松比较前段增大，密度和静态杨氏模量较前段降低，岩石强度减小，反射面较多，节理裂隙较发育，局部极发育呈破碎状	III

续上表

序号	里程桩号	长度(m)	推断结果	推断围岩级别
3	LK114+906~LK114+914	8	密度和静态杨氏模量与前段基本相同，但反射面较少，节理裂隙发育，局部较发育	III
4	LK114+914~LK114+928	14	密度和静态杨氏模量与前段明显增大，反射面为正反射且反射面较少，岩体完整性好，节理裂隙局部发育，岩石强度较高	II
5	LK114+928~LK114+949	21	密度和静态杨氏模量较前段减小，反射面较少，岩体完整性好，节理裂隙局部发育，岩石强度高	II
6	LK114+949~LK114+964	15	密度和静态杨氏模量较前段增大，但反射面较多，节理裂隙较发育，局部极发育呈破碎状，含水，岩石强度高	III
7	LK114+964~LK115+008	44	反射面较少，岩体完整性好，节理裂隙局部发育，岩石强度高	II
8	LK115+008~LK115+014	6	反射面较多，节理裂隙极发育，岩石强度高	III
9	LK115+014~LK115+049	35	反射面较少，岩体完整性好，节理裂隙局部发育，岩石强度高	II
10	LK115+049~LK115+065	16	密度和静态杨氏模量较前段增大，反射面增多，节理裂隙发育，局部较发育，岩石强度高	II

石牙山隧道TSP地质超前预报推测结果表　　表3-9

序号	里程桩号	长度(m)	推断结果	推断围岩级别
1	RK54+306~RK54+392	86	节理不太发育，围岩完整稳定，基本无地下水渗出	II
2	RK54+392~RK54+403	11	节理有所发育，围岩局部有少量地下水	II
3	RK54+403~RK54+433	30	节理裂隙不太发育，围岩结构较完整，基本无地下水	II
4	RK54+433~RK54+443	10	节理有所发育，围岩局部有少量地下水，开挖后可能局部淋水	II
5	RK54+443~RK54+483	40	节理有所发育，围岩局部有少量地下水	II
6	RK54+483~RK54+506	23	节理裂隙不太发育，围岩结构较完整，基本无地下水	II

第四章　隧道施工关键工艺参数

第一节　概　　述

随着我国公路隧道建设的发展，新奥法建设山岭隧道的理念已经越来越被隧道设计和施工技术人员所接受，并在隧道建设中付诸实施。新奥法的精髓是充分发挥围岩的自承能力，新奥法的四个主要要点分步开挖、光面爆破、锚喷支护、监控量测也都是围绕着围岩的自承能力而采取的技术措施。分步开挖和光面爆破是减少对围岩的扰动而保持其自承能力，喷锚支护是有效地提高围岩的自承能力，而监控量测是根据监测结果确定隧道合理的支护时机，在确保围岩的稳定的前提下尽可能地发挥围岩的自承能力。新奥法的这四个要点是互相有机联系在一起的，一次开挖过大或光面爆破做得不好，对围岩扰动大，围岩自承能力会降低，就需要加强喷锚支护来提高围岩的自承能力。为了在安全的前提下充分发挥围岩的自承能力，新奥法强调通过监控量测结果来确定支护的合理时机，即适时支护。支护过早不能充分发挥围岩的自承能力，支护得晚了会发生松脱压力，轻则增加衬砌上的压力，重则发生塌方事故或压坏衬砌而使隧道破坏。因此，确定合理的开挖方案及其相应的施工参数、确定隧道合理支护时机对充分发挥围岩的自承能力、提高隧道的安全性是极其重要的。

由于掌握适时支护的时机在监控技术和管理上有一定的难度，所以，设计单位为了安全，便加大喷锚支护的力度，甚至在只需用喷锚支护的围岩段采用了钢拱架等支护措施；这或为施工单位偷工减料预留了空间，或造成了比较大的浪费，同时也使监控量测只起到了施工安全监测的作用，而没有起到为确定支护的合理时机提供科学依据的作用，这也是目前监控量测工作没有起到应有作用，甚至可以不实施的根本原因。另一方面，即使设计时隧道衬砌设计得再安全保守，若爆破时野蛮施工，或者为了减少开挖出渣、初衬施工和二衬施工各工序之间的相互干扰，推迟二衬的施工，将大大地扰动围岩，而使围岩的自承能力大幅度地降低，也会造成二衬支护后作用在二衬上的围岩压力过大，使隧道的安全度降低。

我国《公路隧道施工技术规范》(JTG/T F60—2009)规定：复合式衬砌中二次衬砌应满足各监控量测项目的位移速率明显收敛、围岩基本稳定，已产生的各项位移已达到各项预计位移总量的 80%～90%，周边位移速率小于 0.1～0.2mm/d 或拱顶下沉速率小于 0.07～0.15mm/d，这些规定在一定程度上对二衬合理支护时机进行了量化，但偏于笼统。

在实际施工过程中，工程人员更希望能够获得在不同围岩级别中不同埋深的隧道的台阶长度和核心土大小、衬砌与掌子面的间距以及围岩变形预警值等具体隧道施工工艺参数。本章将通过理论分析、现场实测和数值模拟计算论述这些问题并给出结果。

第二节　隧道台阶法施工的合理台阶长度

两车道公路隧道的主要施工方法有全断面法、上下台阶法、上下台阶留核心土法、三台阶法、单侧壁导坑法。除全断面法外的其他分部施工方法，都是为了尽量减少对围岩的扰动，通过对隧道断面的分割，化整为零，减少每次开挖的面积，都能给隧道施工带来更大的安全性。但是目前更多的是关注开挖顺序的选取上，即开挖断面平面内的问题，而往往忽略了开挖的空间效应。如上下台阶法施工和上下台阶留核心土法施工中台阶及核心土长度的确定，台阶过长，不利于初期支护的及时封闭成环和二次衬砌的及时施作，台阶过短，又将导致不能最大限度地发挥台阶对掌子面的约束作用，起不到真正台阶法施工的效果。

一、计算方案和计算模型

图 4-1 是隧道台阶法施工时台阶留设与开挖示意图。为了分析台阶长度对掌子面的约束效应，采用 ANSYS 软件对广梧高速公路 V 级围岩条件下采用上下台阶及上下台阶留核心土法的不同下台阶长度和不同核心土长度下的施工方案进行三维数值模拟计算。按表 4-1 中的 11 种计算方案分别计算其围岩的应力和变形、掌子面的变形情况。计算参数根据地质勘察报告及公路隧道设计规范综合确定，V 级围岩中隧道衬砌断面图如图 4-2 所示。计算参数见表 4-2。三维数值模拟计算模型高 72m，宽 80m，纵向长度为 60m，隧道埋深取 30m。有限元网格划分如图 4-3 所示。

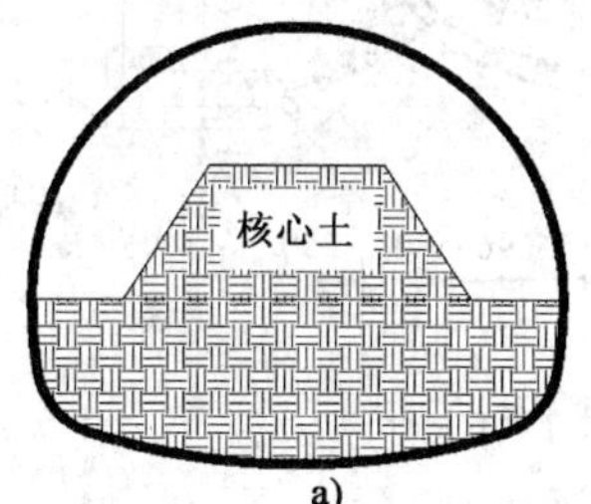

a)

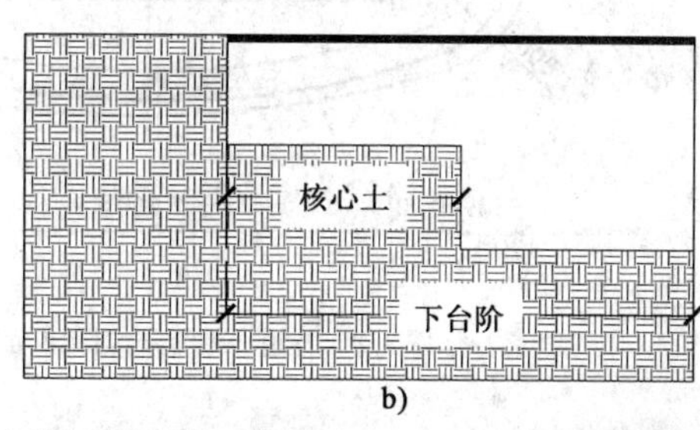

b)

图 4-1 台阶留设与开挖示意图

计 算 方 案 表 4-1

编 号	1	2	3	4	5	6
下台阶长度(m)	0	0.25D	0.50D	0.75D	1.00D	1.25D
核心土长度(m)	0	0	0	0	0	0
编 号	7	8	9	10	11	—
下台阶长度(m)	0.25D	0.50D	0.75D	1.00D	1.25D	—
核心土长度(m)	0.25D	0.50D	0.75D	1.00D	1.25D	—

注：D 为隧道的开挖宽度，D=12.51m。

计 算 参 数 表 表 4-2

名 称		E(kPa)	μ	γ(kN/m³)	c(kPa)	φ(°)	抗拉强度(kPa)	K
V 级围岩		1.0×10^6	0.35	23.0	50.0	20.0	20.0	0.3
V 级	喷射混凝土	—	0.2	C25				
	锚杆	2.0×10^8	0.3	78.5	长 3.5m，直径 0.025m，间距 1.0m			

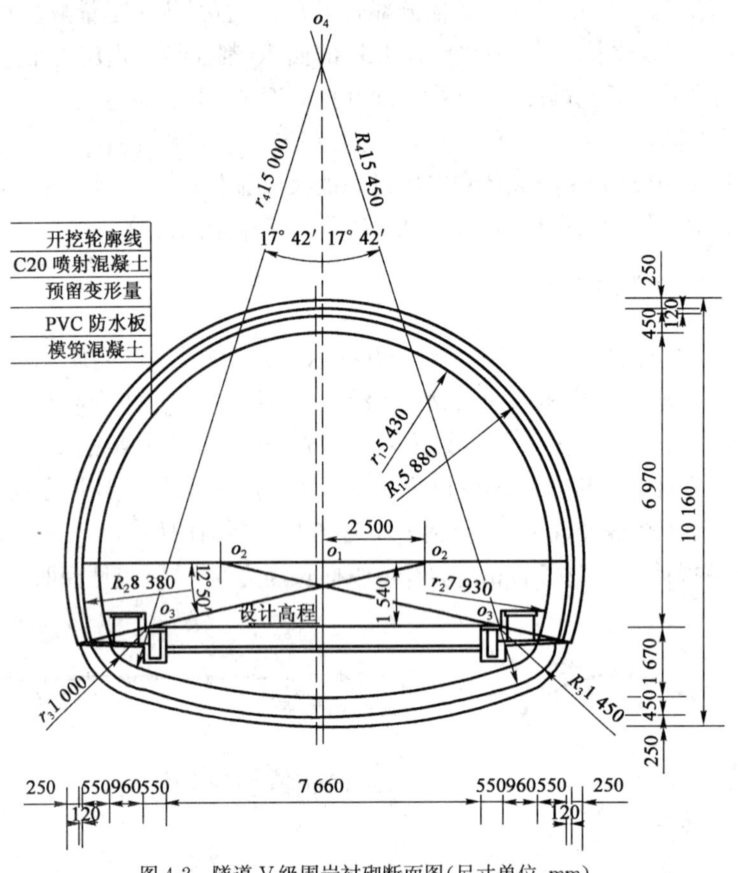

图 4-2　隧道Ⅴ级围岩衬砌断面图(尺寸单位:mm)

二、计算结果分析

当采用全断面开挖时,隧道掌子面拱顶下沉为－3.03mm(下沉为负,下同);采用上下台阶法无核心土施工,当下台阶长度分别为 0.25D、0.50D、0.75D、1.00D、1.25D 时,隧道掌子面拱顶下沉分别为－3.02mm、－2.96mm、－2.90mm、－2.82mm、－2.74mm(图 4-4),比全断面法开挖分别减少 0.5%、2.4%、4.4%、7.0%、9.7%。因此,从数值上看,上下台阶法对隧道掌子面的拱顶下沉影响不明显。

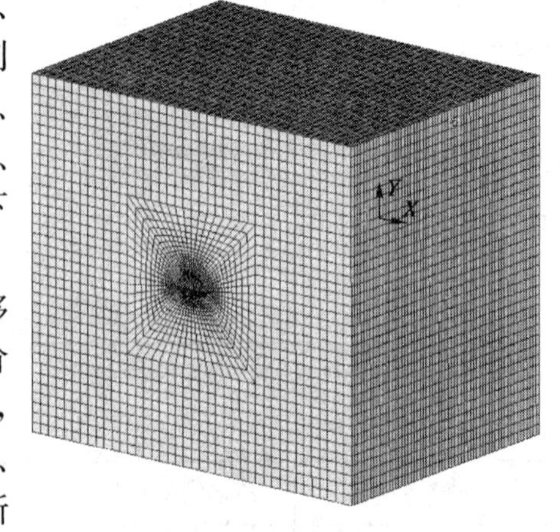
图 4-3　三维有限元网格划分

当采用全断面开挖时,隧道掌子面最大水平位移为 5.03mm,采用上下台阶法无核心土施工,当下台阶长度分别为 0.25D、0.50D、0.75D、1.00D、1.25D 时,隧道掌子面水平位移分别为 3.87mm、3.61mm、3.54mm、3.52mm、3.50mm(图 4-5、图 4-6)。比全断面法开挖分别减少 23%、28%、30%、30%、31%。因此,从计算结果看,下台阶对隧道掌子面的水平约束较明显。但当下台阶长度＞0.75D 时,随着台阶长度的增加,约束效应基本变化不大,而且台阶过长,不利于仰拱及二衬的及时跟上。考虑到台阶的端头放坡,因此,下台阶取 1.0D 是较合理的。

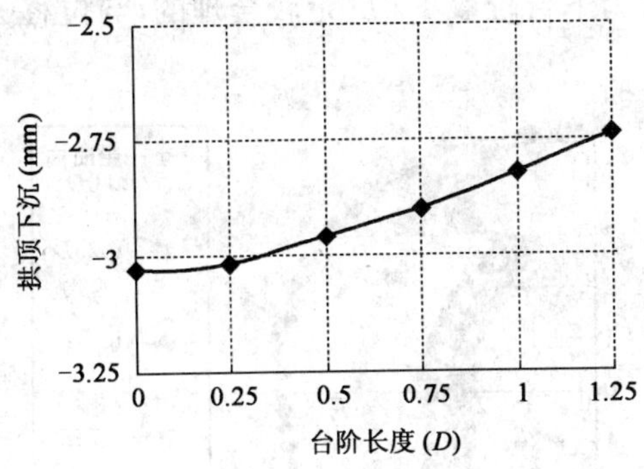

图 4-4 上下台阶法不同台阶长度下的拱顶下沉

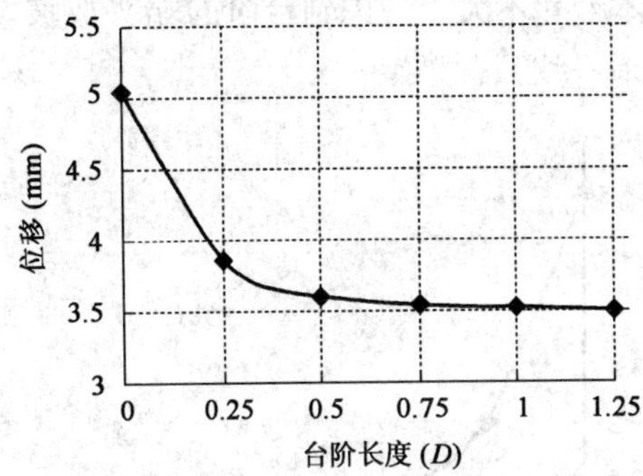

图4-5 上下台阶法不同台阶长度下的掌子面水平位移

采用上下台阶留核心土法施工，当核心土长度分别为 0.25D、0.50D、0.75D、1.00D、1.25D 时，隧道掌子面拱顶下沉分别为 −2.54mm、−2.47mm、−2.40mm、−2.33mm、−2.35mm(图 4-7)，比全断面法开挖分别减少 16%、18%、20%、23%、23%。因此，从计算结果看，上下台阶留核心土法对隧道掌子面的拱顶下沉具有明显的影响，比上下台阶法施工时掌子面的拱顶下沉有明显的减少。

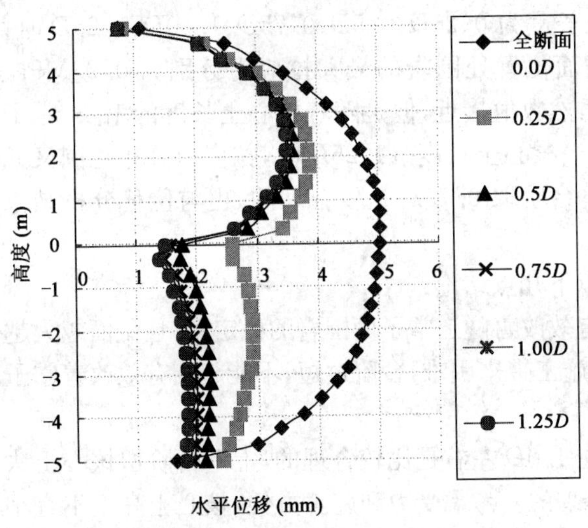

图 4-6 上下台阶法不同台阶长度下的掌子面中心线水平位移

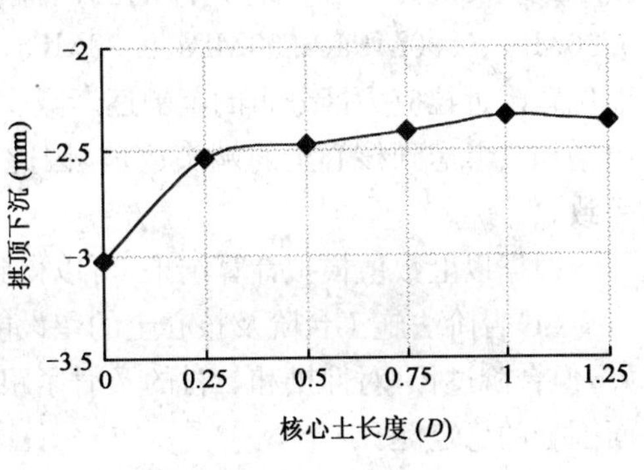

图 4-7 上下台阶留核心土法不同核心土长度下的拱顶下沉

采用上下台阶留核心土法施工，当核心土长度分别为 0.25D、0.50D、0.75D、1.00D、1.25D 时，隧道掌子面水平位移分别为 2.99mm、2.32mm、2.07mm、2.01mm、1.96mm(图 4-8、图 4-9)，比全断面法开挖分别减少 41%、54%、59%、60%、61%。因此，从计算结果看，核心土对隧道掌子面的水平约束较明显。但当核心土长度>0.50D 时，随着核心土长度的增加，约束效应基本变化不大，而且核心土过长，不利于台车及侧墙支护的施作。考虑到核心土的端头放坡，因此，核心土取0.75D是较合理的。

当采用上下台阶法施工下台阶长度为0.25D、0.5D、0.75D、1.00D、1.25D 时，围岩最大压应力均在围岩允许范围内，掌子面位置处围岩的最大拉应力分别为 0.93MPa、0.91MPa、0.91MPa、0.91MPa、0.91MPa。虽然数值接近，但是随着台阶长度的增长，掌子面位置附近拉应力区分布的范围逐渐减少。当下台阶长度>0.75D时，随着台阶长度的增加，拉应力分布范围基本变化不大。考虑到台阶的端头放坡，因此，认为下台阶取 1.0D 是较合理的，与位移分析结果一致。

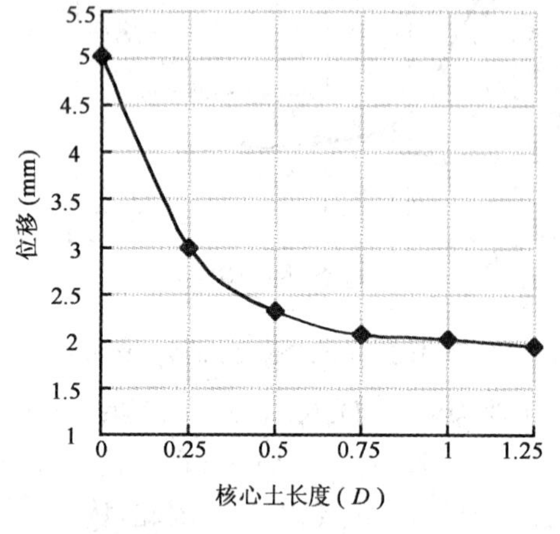

图 4-8　上下台阶留核心土法不同核心土长度下的掌子面水平位移

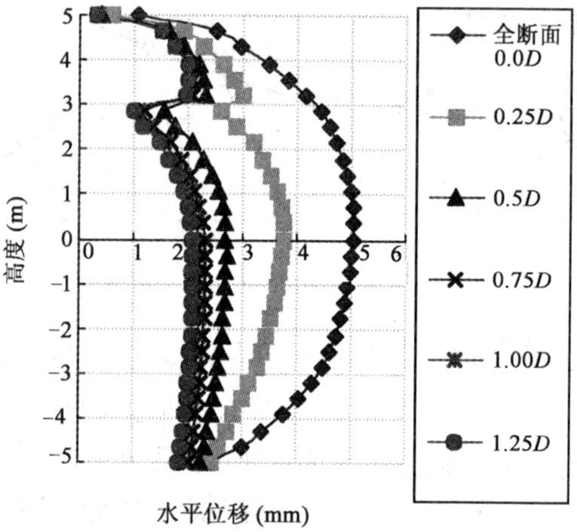

高度 (m)
水平位移 (mm)
全断面 0.0D
0.25D
0.5D
0.75D
1.00D
1.25D

图 4-9　上下台阶留核心土法不同核心土长度下的掌子面中心线水平位移

当采用上下台阶留核心土法施工核心土长度为 0.25D、0.5D、0.75D、1.00D、1.25D 时，围岩最大压应力均在围岩允许范围内，掌子面位置处围岩的最大拉应力分别为 0.93MPa、0.90MPa、0.90MPa、0.90MPa、0.93MPa。虽然数值接近，但是随着核心土长度的增长，掌子面位置附近拉应力区分布的范围逐渐减少。当核心土长度>1.25D 时，拉应力分布范围又开始增加。考虑到核心土的端头放坡，因此，下台阶取 0.75D 是较合理的，也与位移分析结果一致。

根据以上数值模拟计算结果，可以得到以下几点结论：

(1)台阶法施工台阶及核心土的留设能有效改善隧道掌子面围岩的稳定性，且截面越大越好，但台阶过长，对仰拱和二衬的及时紧跟和施工带来困难，台阶过短，不能起到有效改善掌子面围岩的稳定性。

(2)上下台阶法施工下台阶的长度控制在 1.0D 左右是比较合理的，上下台阶留核心土法施工核心土长度控制在 0.75D 左右是比较合理的。考虑受力和施工方便，核心土高度不宜小于上台阶高度的 2/3，宽度不宜小于隧道开挖宽度的 2/3。

(3)留设核心土能显著地减小掌子面的水平位移，同时也有抑制掌子面前方地层的垂直位移的作用。留设核心土可使工作面前方土体处于三向应力状态，核心土的留设可有效降低掌子面围岩的松弛范围。因此依托工程在围岩差的地段，宜尽量选用上下台阶留核心土法施工。

第三节　隧道二衬合理支护时机

一、概述

Ⅰ、Ⅱ级围岩自承能力强，可以不用二次衬砌支护，但由于隧道初衬会因时间的增加、环境的腐蚀等因素而弱化，适当的采用二次衬砌也是必要的，同时也起到美观和装饰作用。因而，对于Ⅰ、Ⅱ级围岩来说，适时支护的提法便显得不那么重要，二衬支护时机主要考虑避免爆破对二衬的影响以及施工工序间的方便。

对 III 级及更差的围岩中围岩的变形可以认为是岩体流变特性参数和围岩应力状态的函数,并且隧道的开挖和支护过程对围岩的应力状态有重要的影响。隧道开挖对变形的影响主要是逐步解除掌子面前未开挖岩体对已开挖部分隧道围岩变形的限制作用,即掌子面的空间效应。对许多围岩而言,由于岩体流变的时间效应,即使在掌子面的空间效应减弱之后,围岩变形仍然在随时间继续发展,围岩内应力也会持续调整。因此,支护结构在软岩中具有限制围岩变形随时间持续发展,并调整围岩内应力的作用。

在较软弱的岩体中,掌子面附近将伴有空间和时间两种效应的联合作用。在距离掌子面一定距离处,开挖的洞壁如果得不到及时的支护和处理,则随着掌子面约束作用的逐步消失和围岩介质本身的流变效应,围岩的变形将会得不到有效的控制,最终导致岩体的失稳和破坏。而合理科学地选择支护时机,就可以比较充分地发挥支护结构的这种调节作用并充分发挥围岩的自承能力,从而既安全又可以节省支护材料。因而,支护时机的确定对于软岩工程尤其具有重要意义。

对软岩隧道围岩向的临空区运动的合力 P_O可以表示为:

$$P_O = P_D + P_R + P_S \tag{4-1}$$

可见,围岩向临空区运动的合力 P_O并不完全由衬砌支护力 P_S承担,而是由三部分共同分担的,首先由变形释放掉一部分 P_D,这部分转化一般被认为是弹塑性转化,即围岩由原来的弹性状态过渡为开挖后的塑性状态或弹塑性混合状态,这种转化外在表现就是伴随着变形的发生岩石做功消耗能量。第二部分由围岩承载拱承载的一部分 P_R,这部分的大小取决于围岩的性质及支护时间的确定。除去前两部分荷载,剩余部分才由衬砌支护力和锚喷支护力 P_S承担。

塑性区不断扩展过程的外在表现为围岩不断变形,因此,由变形释放掉的荷载的大小是与围岩变形量的大小以及塑性区的扩展范围相对应的。从围岩变形释放荷载特性曲线和围岩自承能力特性曲线可以将围岩分为以下几种情况:

(1)图 4-10a)中,围岩自承载能力 P_R始终大于围岩释放掉的荷载 P_D,围岩能自稳,不需要支护。

(2)图 4-10b)中,围岩释放荷载曲线与围岩自承载能力曲线趋于重合,表明围岩自承载能力降至和围岩释放掉的荷载相等时稳定,围岩自承载能力没有盈余,也不需要支护就可以稳定。

(3)图 4-10c)中,围岩自承载能力从开始就一直小于围岩释放掉的荷载,这种围岩自承载能力很差,会随挖随塌,需要采用超前支护才可以稳定。

(4)图 4-10d)中,是比较常见的围岩应力释放和围岩自承载能力的演化过程,只有这种情况才存在合理支护时间,即两条曲线合理的交点。合理支护时间点在理论上就是衬砌上承受压力最小和隧道围岩变形较为合理的点,在工程上就是节约工程材料的理想点,这就是合理支护时间的工程意义。

从围岩变形释放荷载特性曲线和围岩自承载能力特性曲线的分析中可以看出,对于围岩释放荷载和自承载能力的规律如图 4-10a)、4-10b)所示的隧道,谈论其支护时机是没有意义的,这种隧道的围岩即使在不支护的情形下也能保证良好的稳定;对于围岩释放荷载和自承载能力的规律如图 4-10c)所示的隧道,为防止围岩坍塌初期支护得随挖随做,快速封闭围岩临空面;对于如图 4-10d)所示的隧道围岩具有一定的自承载能力,因而就需要通过确定合理的支护时机,以便充分发挥围岩的自承载能力。

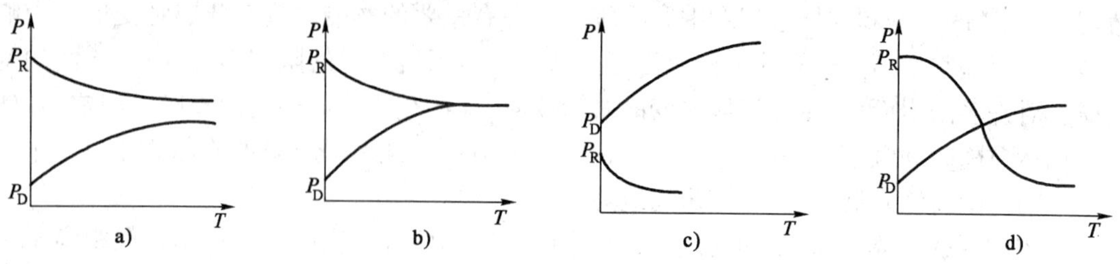

图 4-10 围岩自承载能力和围岩变形释放荷载之间的关系

二、隧道二衬合理支护时机的确定准则

确定二衬的合理支护时机必须有个标准,这个标准就是二衬合理支护时机的确定准则,主要有以下三个准则。

1. 围岩变形量准则

围岩变形量准则是将隧道围岩变形发展到其预估总变形量的一定比值作为确定二衬合理支护时机的标准。我国《公路隧道设计规范》(JTG D70—2004)中规定构筑二衬的最佳时机为:已产生的各项变形达到各项预计变形总量的 80%~90%。这时围岩的大部分变形已经释放,围岩的自承载能力基本上得到较大的发挥。

2. 围岩变形速率准则

围岩变形速率准则是将隧道围岩变形速率达到一预定的值作为确定二衬合理支护时机的标准。隧道开挖并构筑初衬后,围岩变形一般会按图 4-11 所示的曲线发展,按照新奥法充分发挥围岩自承载能力的精神,二衬的合理支护时机应该在围岩快速变形段后围岩变形速率明显变小时为宜,即图中的 t_1 时刻。隧道围岩变形明显变小对应的时刻 t_1 主要根据监控量测数据确定。我国《公路隧道设计规范》(JTG D70—2004)规定复合式衬砌结构的二衬支护的合理时机为:周边位移速率小于 0.1~0.2mm/d 或拱顶下沉速率小于 0.07~0.15mm/d。

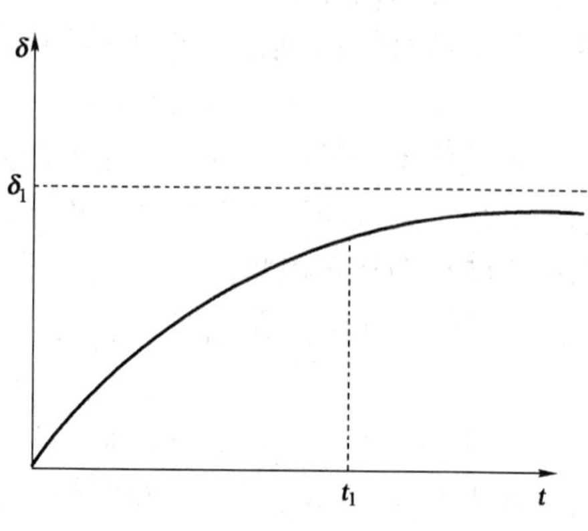

图 4-11 隧道围岩变形时程曲线

3. 屈服接近度准则

对于岩体材料,Drucher-Prager(D-P)屈服准则应用较多。Drucher-Prager(D-P)准则可以表示为:

$$f = \alpha I_1 + \sqrt{J_2} - k = 0 \tag{4-2}$$

$$\alpha = \frac{\sin\varphi}{\sqrt{3}\sqrt{3+\sin^2\varphi}};$$

$$k = \frac{\sqrt{3}c\cos\varphi}{\sqrt{3+\sin^2\varphi}};$$

式中:c、φ——分别为黏聚力和内摩擦角;

I_1、J_2——分别为应力张量第一不变量和应力偏量第二不变量。

对应 D-P 准则，将围岩屈服接近度定义为：

$$\eta=\frac{\alpha I_1+\sqrt{J_2}}{k} \tag{4-3}$$

在数值模拟分析中，一般规定当围岩屈服接近度 $\eta\geqslant 0.7$ 的区域为松动区，当松动区接近于锚喷支护加固范围时即为二衬合理支护时机。

与这三种二衬合理支护时机的确定准则相对应，就有三种二衬合理支护时机的确定方法：根据现场监测数据确定的经验法，经隧道收敛变形分析得到的收敛限制法以及用围岩屈服接近度准则确定的数值模拟方法。

三、隧道二衬合理支护时机的确定方法

1. 经验法

经验法是根据现场监控量测得到围岩变形与时间的关系曲线，按照围岩变形量准则或围岩变形速率准则确定二衬及仰拱的合理支护时机。当量测变形量达到最终变形量的 80%～90%时，或当满足周边收敛变形速率小于 0.1～0.2mm/d 或拱顶下沉速率小于 0.07～0.15mm/d，即认为隧道围岩的大部分变形已经释放，围岩变形速率明显变小，围岩的自承载能力基本上得到较大的发挥，可以施做二衬。

把隧道的周边收敛变形和拱顶下沉稳定与隧道二衬支护的合理时机联系起来的是隧道拱顶下沉或周边收敛时程图(图 4-12)，图中 $\delta(x,t)$ 轴表示隧道的收敛变形或拱顶下沉，x 轴表示掌子面与监测断面之间的距离，t 表示时间。假定在 t_1 时刻，隧道变形达到了规定的变形量或变形速率，则该时刻对应的掌子面与监测断面之间的距离 x_1 即为二衬合理的支护时机。

2. 收敛限制法

目前，解释隧道支护结构与围岩间相互作用的理论有许多，其中收敛限制法用围岩特性曲线和支护特性曲线的相互作用关系更能形象地说明其相互作用，可通过图 4-13 来说明：图中纵坐标既表示限制围岩变形所需提供的约束力，亦表示围岩作用于衬砌的压力，横坐标表示隧道围岩的径向变形量；图中 P_1～P_4 为围岩作用于衬砌的压力，δ_0 和 δ_0' 表示围岩产生的初始变形量，δ_1～δ_4 表示当支护结构与围岩完全接触时，围岩产生的变形量。

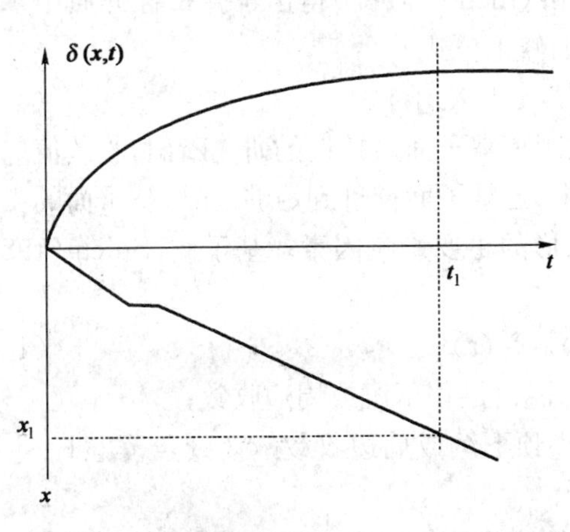

图 4-12　隧道围岩收敛变形时程图

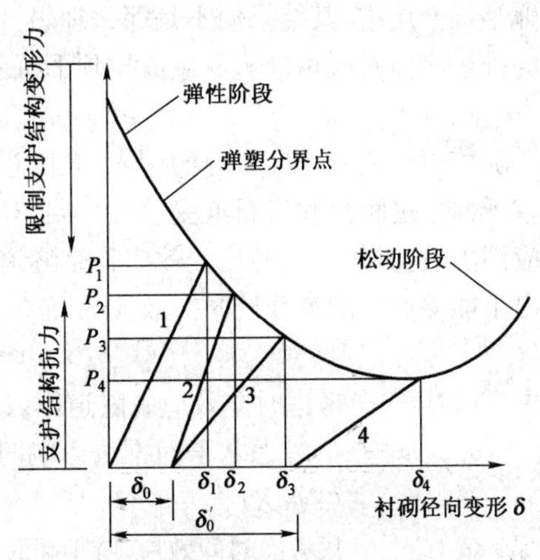

图 4-13　隧道围岩—衬砌相互作用图

围岩特性曲线在起始阶段呈现线弹性的变化，当达到一定的变形量时，开始出现塑性变形，并一直到开始出现松动区。在此期间，围岩需要提供的限制其变形而确保其稳定的约束力逐渐下降，但当岩体开始出现松动区时，围岩已开始破坏，这时要确保围岩的稳定，就需要提供更大的约束力。

图 4-13 中线段 1 表示在隧道开挖后就立即采取支护措施，支护结构需要承担很高的压力 P_1，这是由于在围岩的初始变形阶段释放掉的能量较少，因而会有大部分的能量需要支护结构来承担，若支护结构不能承担压力 P_1，就会破坏。线段 2、3 表示当围岩发生一定量的变形 δ_0，即释放掉一定的能量后采用不同刚度的支护结构的情况。对于线段 2，由于采用的支护结构刚度较大，虽然限制了围岩体产生较大的变形，但支护结构的刚度过大，造成了不必要的浪费；线段 3 表示当产生同样的初始变形后，不是一味地加大支护结构的刚度来确保围岩的稳定，而是控制围岩变形发展在一定的范围内，适当地减小了支护结构的刚度，从而，即保证了围岩的稳定，又不用采用刚度较大的支护结构，达到了优化支护的目的。这一点说明，即使在相同的时间采取支护措施，如果采用不同刚度的支护结构，围岩达到的稳定平衡状态也是不同的。线段 4 表示当围岩变形量达到 δ'_0时再采取支护措施，这使得支护结构的刚度不是很大，又恰能使支护结构承受围岩体稳定所需的最小支护力 P_4，同时也达到了洞周允许的最大收敛位移量，这就是对围岩进行支护的合理时机。如果当支护结构提供的约束力低于 P_4时，围岩就开始出现松动区，随着松动区的发展，围岩开始掉块、塌方，就错过了支护的合理时机。因此，对软弱围岩采取支护措施时，不仅要考虑支护结构的强度和刚度，而且还要考虑时机的选择把握。支护时间的选择对其稳定有很大的影响，适宜的支护时间将使支护结构所承受的荷载能既不是很大但也不是最小，达到了既保证支护稳定，又降低工程造价的效果。

Panet 和 Guadin 在 1979 年利用收敛限制法成功分析了隧道周边收敛和掌子面推进距离之间的关系，并拟合得出了一个经验计算公式：

$$\delta(x)=\delta_{\infty x}[1-\exp(-x/X)] \tag{4-4}$$

式中：$\delta(x)$——隧道变形，即隧道拱顶下沉或周边收敛；

$\delta_{\infty x}$——因掌子面的推进而产生的隧道收敛或拱顶下沉的极限值；

X——掌子面推进的影响距离。

这一公式的计算结果和弹性介质中隧道收敛的三维弹性有限元分析结果吻合得很好。但在弹塑性介质中，其结果便不是那么理想。Panet 和 Guenot(1982)得出了弹塑性介质中掌子面的推进距离对隧道周边收敛或拱顶下沉的影响的修正公式：

$$\delta(x)=\delta_{\infty x}\{1-[X/(x+X)]^2\} \tag{4-5}$$

随着岩石流变特性研究的深入，人们意识到在距离掌子面足够近的研究断面，收敛值应该是掌子面推进距离和岩石流变效应共同作用的结果；当掌子面推进到足够远时，掌子面的支承效应消失，这时候围岩的流变效应将是隧道围岩变形的主要影响因素。基于此，Sulem(1987)提出了能够反应隧道开挖时空效应的经验公式：

$$\delta(x,t)=\delta_1(x)+\delta_2(t) \tag{4-6}$$

式中：$\delta(x,t)$——考虑时空效应时隧道围岩变形，即隧道拱顶下沉或周边收敛；

$\delta_1(x)$——只考虑掌子面推进影响时，隧道拱顶下沉或周边收敛，$\delta_1(x)=\delta_{\infty x}\{1-[X/(x+X)]^2\}$；

$\delta_2(t)$——只考虑时间效应，隧道拱顶下沉或周边收敛，$\delta_2(t)=A\{1-[T/(t+T)]^n\}$。

Sulem 认为参数 A 实际上对掌子面的推进距离 X 有着依存关系，并将这一依存关系表达为：$m=A(x)/\delta_1(x)$，从而式(4-6)就可以统一为下式：

$$\delta(x,t)=\delta_{\infty x}[1-(X/(x+X))^2]\{1+m[1-(T/(t+T))^n]\} \quad (4\text{-}7)$$

式中：m、n——常数；

$\delta_{\infty x}$——不考虑流变特性时，因掌子面的推进而产生的瞬时收敛的极限值；

X——掌子面推进的影响距离；

T——围岩流变特性参数。

上式中的5个参数，可以通过实测的数据拟合得到，然后可以求得当X和t趋向极限时的隧道围岩变形的极限值。当施工时监测值接近于这一极限值时，便可以确定隧道二衬支护的合理时机。该方法具有可利用现场实测数据、计算简便、适应性强等优点，因而应用比较普遍。

3. 数值模拟计算方法

数值模拟计算方法在地下工程的稳定性分析中已经有相当广泛的应用，它能解决许多解析法不能解决的问题，可以分析施工工序对围岩和隧道支护结构的响应，进而总结出合理的施工方法和合理的支护时机。

从理论上说，三维数值模拟计算能够考虑到施工过程中的空间效应，但是，由于三维数值模拟建模和计算工作量大，而二维数值模拟一般情况下也能满足工程要求，所以通常采用平面模型。在平面模型中隧道二衬支护的合理时机是通过围岩应力释放系数来反应的，因此，需要把围岩应力释放与掌子面推进联系起来。具体的方法是：①先建立简单的三维模型求解不同级别围岩中围岩应力释放系数与掌子面推进之间的关系；②然后再结合二维平面模拟求解二衬支护的合理时机。

用数值模拟结果计算围岩的屈服接近度，根据围岩的屈服接近度$\eta \geqslant 0.7$的范围应控制在喷锚加固的范围之内的标准，由此对应的围岩应力释放率便可推算出掌子面与二衬之间的间距，即二衬支护的合理时机。

经验法需要依据大量的监测数据，收敛限制法和数值模拟方法在确定参数时都需要大量的数据和经验积累，所以，在确定隧道二衬的合理支护时机时，最好将这几种方法综合运用，以获得较为合理的结果。

四、经验法确定二衬合理支护时机

广梧高速公路茶林顶隧道和牛车顶隧道地质条件复杂，围岩包括II、III、IV和V四个级别。II级、III级围岩中采用全断面法施工，IV级围岩中采用上下台阶法施工，V级围岩中采用上下台阶留核心土法施工。施工过程中进行了隧道围岩及衬砌的变形和内力监测，以便根据现场监测数据确定隧道支护的合理时机。隧道围岩变形监测断面的间距为：II级围岩20m，III级围岩12m，IV级围岩8m，V级围岩5m。围岩变形监测项目包括拱顶下沉、周边收敛(图4-14)，为了弄清围岩及支护结构内力的发展规律，部分断面布设了围岩压力、衬砌内力等选测项目。

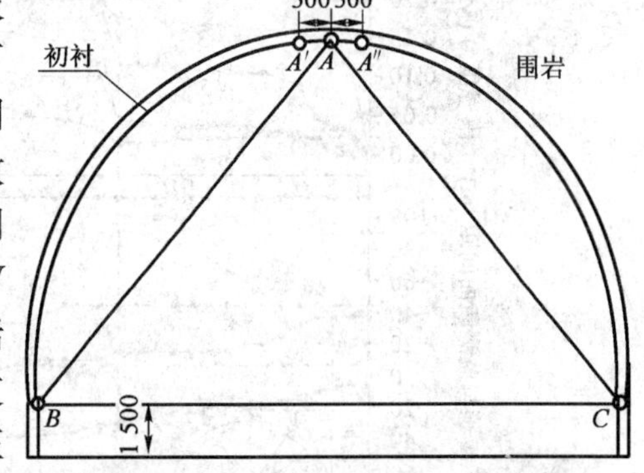

图4-14 隧道围岩变形监测断面测点布置图

用监测数据绘制围岩变形和掌子面与监测断面间距的综合时程图，根据周边位移速率小于0.1～0.2mm/d或拱顶下沉速率小于0.07～0.15mm/d的变形速率准则确定二衬支护的合理时机。同时结合围岩压力、初衬内力和掌子面与监测断面间距的综合时程图进行分析。本章中规定隧道拱顶下沉向下为正，周边收敛是基线长度变小为正，围岩压力、衬砌内力及衬砌之间压力均是受压为正。

以Ⅴ级围岩中牛车顶隧道LK71+787断面为例来说明用经验法确定二衬合理支护时机。图4-15是该断面各监测项目时程图。

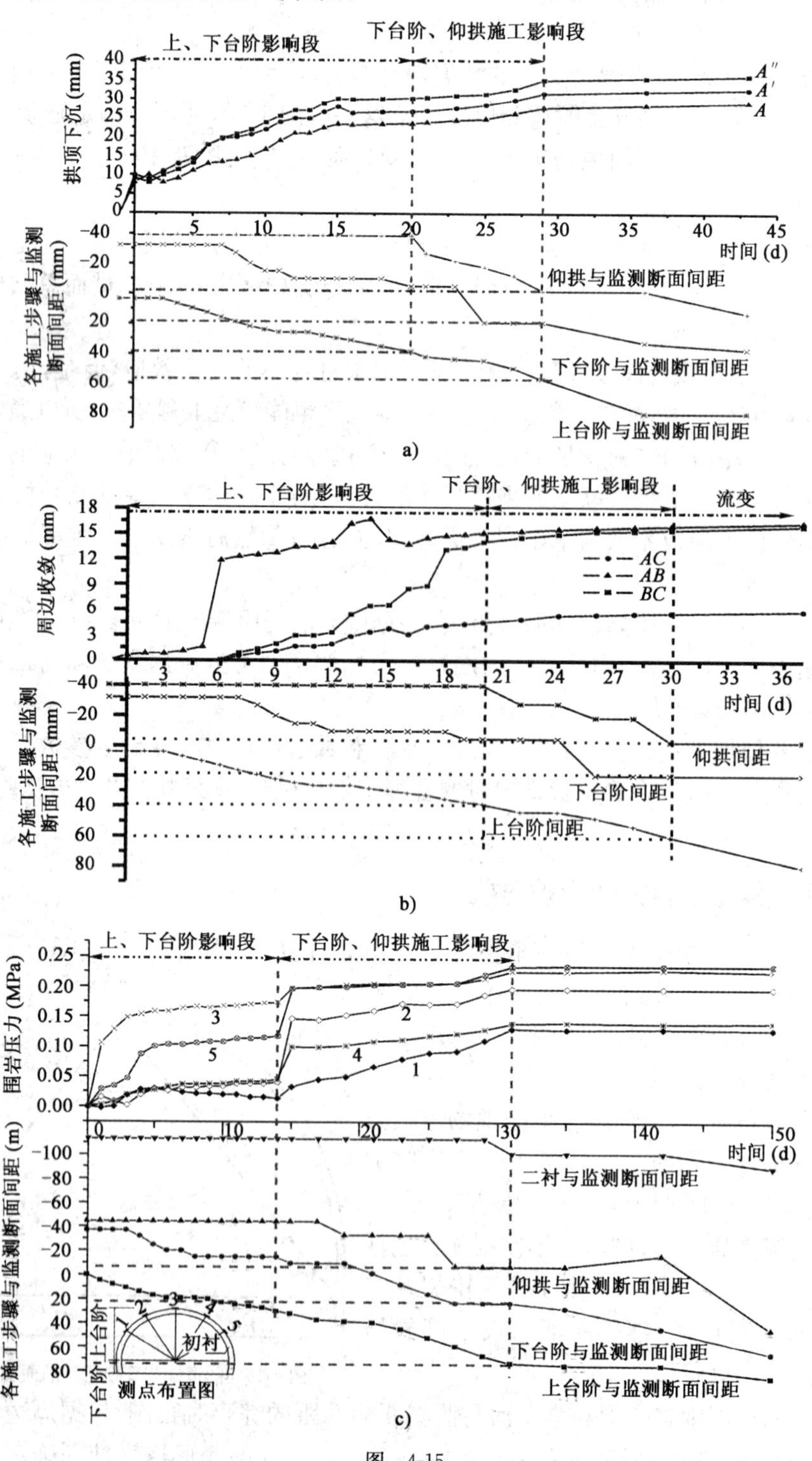

图 4-15

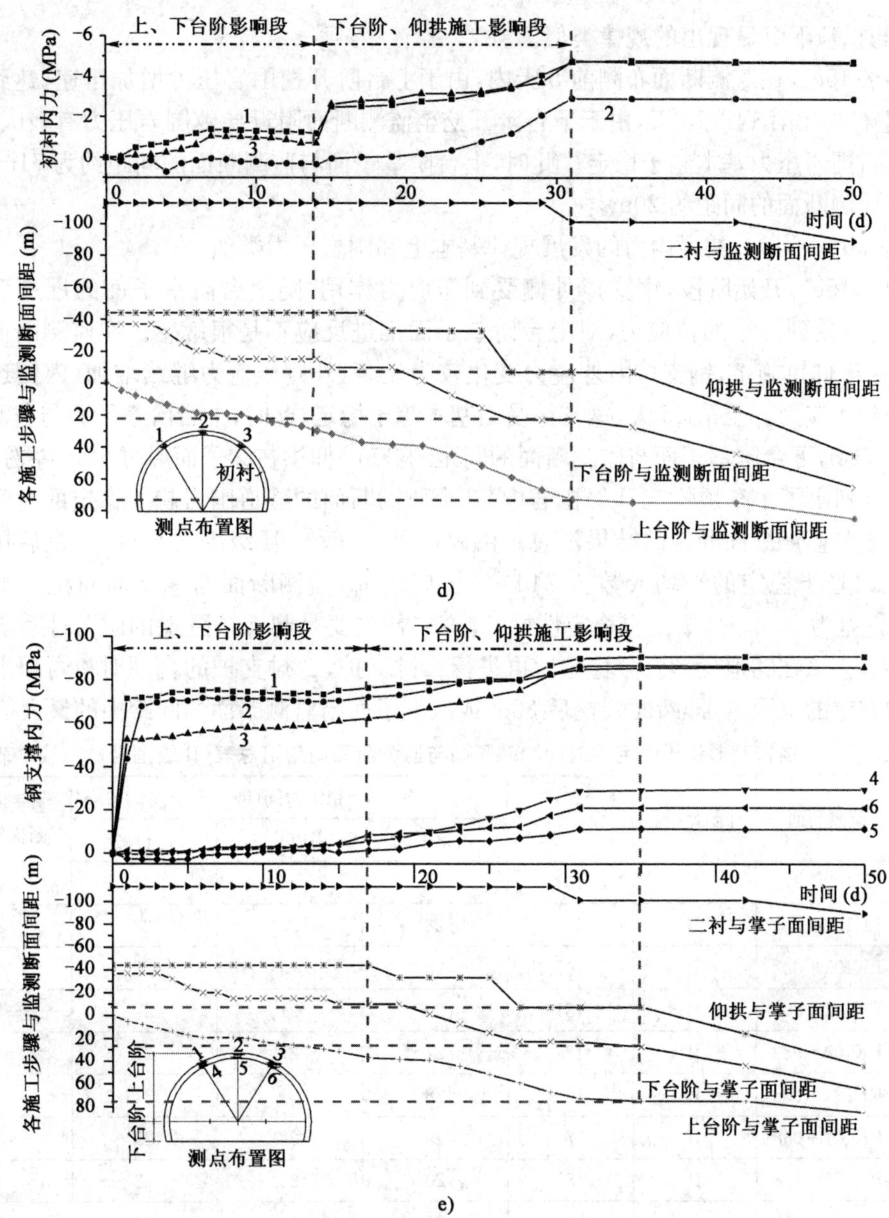

图 4-15　牛车顶隧道 LK71+787 监测项目时程图(Ⅴ级围岩)

a)拱顶下沉发展图;b)周边收敛发展图;c)围岩压力发展图;d)初衬内力发展图;e)钢支撑内外力发展图

由图 4-15a)看出,在上台阶开挖阶段,拱顶下沉量变化较大,当监测断面布测第 15 天时,拱顶下沉趋于稳定;第 20 天时,下台阶开挖到监测断面位置,拱顶下沉又明显上升;第 28 天时,上台阶的开挖对拱顶下沉的影响已经不明显。当拱顶下沉趋稳时,上台阶掌子面与监测断面的间距为 60m,下台阶掌子面与监测断面的间距为 20m,而仰拱处的开挖对拱顶下沉的影响较小。

由图 4-15b),当监测断面布测第 9 天时,由上台阶开挖引起的收敛值 AB 线已经占到其总收敛值的 60%,而 AC、BC 测线应测点被破坏,前面几天没有数据,因而上台阶开挖引起的周边收敛量是非常显著的。第 9 天后,下台阶开始开挖施工,三条测线周边收敛量都有所增加,但总体上,下台阶和仰拱处开挖引起的周边收敛与上台阶开挖相比要小得多。第 30 天,周边收敛趋于稳定,此时,上台阶掌子面与监测断面的间距约为 60m,下台阶掌子面与监测断面的间距约 20m，与拱顶下沉显现出的规律类似。

由图 4-15c)，在监测断面布测前 5 天内，由于上台阶开挖围岩压力增加迅速，达到其总量的 60%左右。在第 14～15 天，由于下台阶开挖至监测断面附近导致围岩压力有较大的增加，第 31 天后，围岩压力基本趋于稳定。此时，上台阶掌子面与监测断面的间距约为 71m，下台阶掌子面与监测断面的间距约 20m。

由图 4-15d)可知，初衬内力的发展规律基本上和围岩压力类似。

由图 4-15e)，开始阶段，钢支撑外侧受到压应力作用，随上台阶掌子面的推进而发展较快，其内侧只受到微小的拉应力，对上台阶掌子面推进反应不是很敏感。在监测断面布测第 17 天后，由于仰拱施工，钢支撑内外应力变化较为显著，外侧压应力继续增加，内侧逐渐由拉应力过渡到压应力。至第 35 天，钢支撑受力基本趋于稳定，此时，上台阶掌子面与监测断面的间距约为 71m，下台阶掌子面与监测断面的间距约 30m，仰拱在掌子面后方 10m 左右。

表 4-3 列出了牛车顶隧道 II 级围岩中 12 个监测断面的隧道围岩趋于稳定的时间以及对应的掌子面与监测断面间距的结果汇总。由表可见，一般对 II 级围岩来说，开挖后拱顶下沉和周边收敛趋于稳定的平均天数为 24d，均方差为 3d，监测断面与掌子面间距的平均值为 149m，均方差为 30m。II 级围岩稳定性好，隧道二衬主要是起保护隧道的耐久性和美观装饰作用，所以，应该在隧道变形充分稳定后再进行二衬支护，二衬支护的合理时机可以取平均值加三倍均方差的上限值，即断面开挖后 33d，或取掌子面与监测断面的间距中的最大值 200m。

围岩变形趋于稳定的时间和掌子面与监测断面间距汇总表(II 级围岩)　　表 4-3

序号	监测断面	围岩级别	埋深(m)	稳定时间(d)			掌子面与监测断面间距(m)
				拱顶下沉	周边收敛	综合评定	
1	LK102+378	II	151	22	21	22	200
2	LK102+581	II	130	28	27	28	171
3	LK102+622	II	117	25	25	25	100
4	LK102+861	II	131	22	21	22	159
5	RK100+983	II	128	27	27	27	161
6	RK101+008	II	150	28	31	31	159
7	RK101+058	II	170	25	23	25	139
8	RK101+118	II	188	20	22	22	121
9	RK101+218	II	190	20	24	24	108
10	RK102+226	II	184	25	25	25	162
11	RK102+460	II	154	20	20	20	126
12	RK102+540	II	160	20	23	23	180
13	均值			24	24	24	149
14	均方差			3	3	3	30

II 级围岩中，围岩压力、初衬内力和钢支撑内力趋于稳定的时间稍大于围岩变形趋于稳定的时间，但基本上还是能够相互印证。

表 4-4 列出了牛车顶隧道 III 级围岩中 10 个监测断面的隧道围岩趋于稳定的时间以及对应的掌子面与监测断面间距的结果汇总。由表可见，一般对 III 级围岩来说，开挖后拱顶下沉和周边收敛趋于稳定的平均天数为27d，均方差为3d，监测断面与掌子面间距的平均值为

105m。根据工程经验，III 级围岩的二衬支护的合理时机可以取平均值加两倍的均方差，即断面开挖后 33d，或取掌子面与监测断面的间距的平均值 105m。

围岩变形趋于稳定的时间和掌子面与监测断面间距汇总表(III 级围岩)　　表 4-4

序　号	监测断面	围岩级别	埋深(m)	稳定时间(d)			掌子面与监测断面间距(m)
				拱顶下沉	周边收敛	综合评定值	
1	LK100+908	III	96	22	23	23	91
2	LK102+186	III	163	20	22	23	102
3	LK102+213	III	158	23	24	32	108
4	LK102+781	III	140	27	25	29	99
5	RK100+927	III	95	25	25	25	95
6	RK100+983	III	126	22	24	24	97
7	RK101+158	III	184	29	32	32	98
8	RK102+160	III	192	25	30	30	142
9	RK102+180	III	186	21	25	25	120
10	RK102+206	III	182	21	25	25	96
11	均值			24	26	27	105
12	均方差			3	3	3	15

III 级围岩中，围岩压力、初衬内力和钢支撑内力趋于稳定的时间稍大于围岩变形趋于稳定的时间，但基本上还是能够相互印证。

表 4-5 列出了牛车顶隧道 IV 级围岩中 11 个监测断面的隧道围岩趋于稳定的时间以及对应的掌子面与监测断面间距的结果汇总。由表可知，一般对 IV 级围岩来说，开挖后拱顶下沉和周边收敛趋于稳定的平均天数为 36d，均方差为 2d，监测断面与掌子面间距的平均值为 72m。考虑到掌子面开挖对二衬的影响，IV 级围岩的二衬支护的合理时机可以取平均值减去三倍均方差的下限值，即断面开挖后 30d，或取掌子面与监测断面的间距平均值 72m。

围岩变形趋于稳定的时间和掌子面与监测断面间距汇总表(IV 级围岩)　　表 4-5

序　号	监测断面	围岩级别	埋深(m)	稳定时间(d)			掌子面与监测断面间距(m)
				拱顶下沉	周边收敛	综合评定值	
1	LK71+744	IV	54	34	40	40	66
2	LK71+818	IV	78	35	31	35	62
3	LK73+895	IV	121	37	31	37	82
4	LK73+908	IV	116	37	35	37	80
5	LK73+916	IV	112	35	34	35	68
6	LK73+932	IV	108	30	38	38	64
7	LK73+940	IV	104	32	38	38	66
8	LK74+008	IV	92	35	29	35	113
9	RK73+949	IV	108	34	20	34	60
10	RK73+972	IV	120	34	29	34	64
11	RK74+008	IV	104	33	22	33	69
12	均值			34	31	36	72
13	均方差			2	7	2	16

IV 级围岩中，围岩压力、初衬内力和钢支撑内力趋于稳定的时间稍小于围岩变形趋于稳定的时间，但基本上还是能够相互印证。

表 4-6 列出了牛车顶隧道 V 级围岩中 11 个监测断面的隧道围岩趋于稳定的时间以及对应的掌子面与监测断面间距的结果汇总。由表可知，一般对 IV 级围岩来说，开挖后拱顶下沉和周边收敛趋于稳定的平均天数为 30d，均方差为 2d，监测断面与掌子面间距的平均值为 67m，均方差为 15m。考虑到掌子面开挖对二衬的影响，IV 级围岩的二衬支护的合理时机可以取平均值减三倍均方差的下限值，即断面开挖后 24d，或取掌子面与监测断面间距的平均值减去均方差为 52m。

围岩变形趋于稳定的时间和掌子面与监测断面间距汇总表(V 级围岩)　　表 4-6

序　号	监测断面	围岩级别	埋深(m)	稳定时间(d)			掌子面与监测断面间距(m)
				拱顶下沉	周边收敛	综合评定值	
1	LK71+787	V	43	28	30	30	60
2	LK71+856	V	52	37	37	33	53
3	LK71+883	V	48	30	29	30	78
4	LK71+892	V	46	27	38	35	96
5	LK71+900	V	47	30	30	30	70
6	LK71+908	V	49	29	29	29	68
7	LK71+924	V	50	28	29	29	58
8	LK71+930	V	52	24	27	27	60
9	RK71+907	V	95	22	22	22	43
10	RK71+932	V	103	39	41	41	79
11	RK71+970	V	111	31	32	32	76
12	均值			30	31	32	67
13	均方差			5	5	2	15

V 级围岩中，围岩压力、初衬内力和钢支撑内力趋于稳定的时间稍小于围岩变形趋于稳定的时间，但基本上还是能够相互印证。

表 4-7 和表 4-8 分别是隧道围岩变形趋于稳定的时间和掌子面与监测断面的间距与围岩级别的关系汇总表，由表 4-7、表 4-8，并结合图 4-16、图 4-17 可知：①围岩级别越高，自稳能力越好，围岩变形稳定所需时间越短；②围岩越破碎，自稳能力越差，应及早构筑二衬，防止因围岩过量变形而导致初衬破坏。根据隧道围岩变形趋于稳定的时间和掌子面与监测断面的间距与围岩级别的关系的初步结果，建议：

(1)II 级围岩中，二衬支护时间不少于断面开挖后 33d，且二衬与掌子面间距不小于 200m。

(2)III 级围岩中，二衬支护时间不大于断面开挖后 33d，且二衬与掌子面间距不大于 105m。

(3)IV 级围岩中，二衬支护时间不大于断面开挖后 30d，且二衬与掌子面间距不大于 72m。

(4)V 级围岩中，二衬支护时间不大于断面开挖后 24d，且二衬与掌子面间距不大于 52m。

隧道围岩变形趋于稳定的时间与围岩级别的关系汇总表　　表 4-7

序号	围岩级别	围岩变形稳定时间(降序排列)(d)												平均值(d)	均方差(d)	推定值(d)
1	II	31	28	28	25	25	25	24	23	22	22	22	20	24	3	33
2	III	32	32	30	29	25	25	25	24	23	23	—	—	27	3	33
3	IV	40	38	38	37	37	35	35	35	34	34	33	—	36	2	30
4	V	41	35	33	32	30	30	30	29	29	27	22	—	30	2	24

不同级别围岩变形稳定时监测断面与掌子面距离统计表(m)　　表 4-8

序　号	围 岩 级 别			
	II	III	IV	V
1	200	142	113	96
2	180	120	82	79
3	171	108	80	78
4	162	102	69	76
5	161	99	68	70
6	159	98	66	68
7	159	97	66	60
8	139	96	64	60
9	126	95	64	58
10	121	91	62	53
11	108	—	60	43
12	100	—	—	—
最大值	200	142	113	96
最小值	100	91	60	43
平均值	149	105	72	57
均方差	30	15	15	15
推定值	200	105	72	52

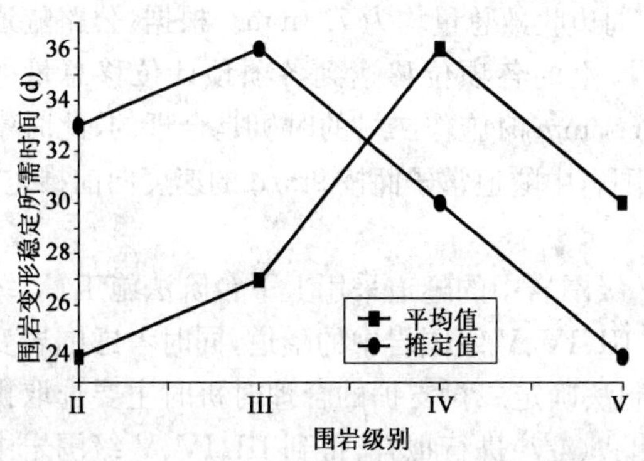

图 4-16　围岩变形稳定时间与围岩级别的关系曲线

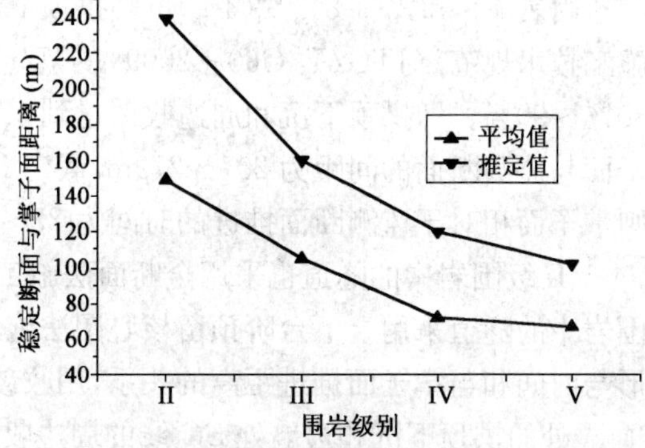

图 4-17　监测断面与掌子面的间距与围岩级别的关系曲线

五、收敛限制法确定二衬合理支护时机

II 级围岩中的隧道，不考虑围岩变形与时间的关系，仅考虑与掌子面推进距离的关系，用收敛限制法确定二衬支护的合理时机采用公式(4-4)，主要选取拱顶 A 处的拱顶下沉和边墙处 BC 线的周边收敛用该公式进行拟合，得到的拟合参数列于表 4-9。

拱顶下沉和周边收敛与掌子面间距的拟合参数(II 级围岩)　　表 4-9

项目	里程桩号	测点号	$\delta_{\infty x}$ (mm)	X(m)	项目	里程桩号	测点号	$\delta_{\infty x}$ (mm)	X(m)
拱顶下沉	LK102+378	A	4.8	140.2	周边收敛	LK102+378	BC	7.3	161.7
	LK102+581	A	4.7	144.1		LK102+581	BC	0.4	152
	LK102+621	A	1.1	145.7		LK102+621	BC	0.1	162.1
	LK102+861	A	1.6	146.1		LK102+861	BC	2	177.6
	RK100+983	A	4.6	158.2		RK100+983	BC	3.5	172.9
	RK101+008	A	1.3	147		RK101+008	BC	0.5	180.1
	RK101+058	A	1.7	160.5		RK101+058	BC	4.2	208.7
	RK101+118	A	2.9	153.8		RK101+118	BC	0.6	190.5
	均值		2.8	150		均值		2.3	176
	均方差		1.52	7		均方差		2.5	17
	推定值		7.4	120		推定值		7.4	125

表 4-9 中拱顶下沉极限值 $\delta_{\infty x}$ 的推定值取其均值加三倍的均方差，其掌子面推进的影响距离 X 的推定值取其均值减去三倍的均方差，均取了偏安全的值。周边收敛极限值 $\delta_{\infty x}$ 的推定值取其均值加三倍的均方差，其掌子面推进的影响距离 X 的推定值取其均值减去三倍的均方差，均取了偏安全的值。将表 4-9 中各拟合参数的推定值代入公式(4-4)，分别得到拱顶下沉和周边收敛与掌子面推进间距的关系式：

拱顶下沉：$$\delta(x)=7.4\times[1-\exp(-x/120)] \tag{4-8}$$

周边收敛：$$\delta(x)=7.4\times[1-\exp(-x/125)] \tag{4-9}$$

由表 4-9 和式(4-8)、式(4-9)可知拱顶下沉和周边收敛总量均为 7.4mm。根据《公路隧道施工技术规范》(JTG/T G60—2009)的规定：已产生的各项位移达到各项预计位移总量的 80%～90%。即拱顶下沉和周边收敛达到 5.9～6.7mm 时施作二衬的时机是合理的，此时掌子面与监测断面的间距为 207～279m，假定 II 级围岩中隧道掌子面按 9m/d 的速度向前推进，则掌子面相对于监测断面推进的时间为 23～33d。

III 级围岩中的隧道也采用全断面法施工，IV 级围岩中的隧道采用上下台阶法施工，V 级围岩中的隧道采用上下台阶预留核心图法施工。III、IV、V 级围岩中的隧道，同时考虑围岩变形与时间和与掌子面推进距离的关系，用收敛限制法确定二衬支护的合理时机时主要选取拱顶 A 处的拱顶下沉和边墙处 BC 线的周边收敛用式(4-7)进行拟合，得到 III、IV、V 级围岩中的拟合参数，列于表 4-10～表 4-12。

拱顶下沉和周边收敛与时间和掌子面间距的拟合参数(III级围岩)　　表4-10

项　目	里程桩号	测点号	$\delta_{\infty x}$(mm)	X(m)	m	T(d)	n
拱顶下沉	LK102+186	A	0.2	57.0	35.3	16.6	3
	LK102+213	A	0.3	53.5	22.5	20.4	2
	LK102+781	A	0.71	53.3	33.6	28.7	3
	RK100+983	A	0.1	50.0	26.9	25.7	2
	RK100+927	A	0.21	50.7	30.6	31.3	2
	RK102+160	A	0.33	47.5	28.7	35.1	1
	RK102+180	A	0.13	45.2	34.7	42.1	1
	RK102+206	A	0.1	55.9	30.1	32.3	2
	均值		0.3	51.6	30.3	29	2
	均方差		0.18	3.79	4.03	7.61	0.7
	推定值		0.84	63	42	52	4.1
周边收敛	LK102+186	BC	0.62	59.4	35.0	34.6	3
	LK102+213	BC	0.45	58.6	35.2	34.5	1
	LK102+781	BC	0.37	53.3	39.6	32.7	3
	RK100+983	BC	0.66	46.3	43.2	25.3	2
	RK100+927	BC	1.1	49.8	33.5	31.1	1
	RK102+160	BC	0.3	49.8	29.9	43.0	3
	RK102+180	BC	2.3	49.8	32.6	41.1	1
	RK102+206	BC	0.27	50.7	29.9	33.9	2
	均值		0.76	52.2	34.8	34.5	2
	均方差		0.63	4.31	4.3	5.19	1.07
	推定值		2.7	65	48	50	5.2

注:推定值为均值加三倍的均方差。

拱顶下沉和周边收敛与时间和掌子面间距的拟合参数(IV级围岩)　　表4-11

项　目	里程桩号	测点号	$\delta_{\infty x}$(mm)	X(m)	m	T(d)	n
拱顶下沉	LK71+781	A	0.8	35.7	53.8	49.1	10
	LK71+818	A	7.9	20.3	9.7	12.2	1
	LK73+895	A	1.3	41.7	25.6	37.5	5
	LK73+908	A	1.5	14.9	21.0	20.0	2
	LK73+932	A	1	0.7	26.6	28.4	3
	LK73+940	A	0.6	0.1	37.6	32.0	6
	LK74+008	A	17.8	40.7	6.9	5.7	0
	RK73+954	A	9.4	81.4	14.8	3.7	1
	RK73+972	A	3.5	26.0	41.7	34.5	7
	RK74+008	A	1.8	30.8	30.5	78.2	8
	均值		1.4	30.7	64.7	96	10.7
	均方差		1.0	4.47	9.12	8.6	2.0
	推定值		4.4	44	92	122	16.7

续上表

项　目	里程桩号	测点号	$\delta_{\infty x}$(mm)	X(m)	m	T(d)	n
周边收敛	LK71+781	BC	1.2	22.4	35.4	45.1	6
	LK71+818	BC	6.4	11.3	10.4	21.8	5
	LK73+895	BC	1	18.6	37.1	49.3	7
	LK73+908	BC	4	9.6	9.6	20.9	1
	LK73+932	BC	2.2	5.0	12.5	23.4	1
	LK73+940	BC	1.2	21.9	32.5	26.7	3
	LK74+008	BC	0.6	32.2	64.4	89.1	4
	RK73+954	BC	1.8	17.1	35.2	55.1	9
	RK73+972	BC	2.4	24.8	34.0	22.7	1
	RK74+006	BC	2.8	33.7	56.6	97.5	7
	均值		1.1	31.4	53.4	91.9	12.2
	均方差		0.68	7.31	14.7	12.5	3.12
	推定值		3.1	53	97.5	129	21.5

注:推定值为均值加三倍的均方差。

拱顶下沉和周边收敛与时间和掌子面间距的拟合参数(Ⅴ级围岩)　　表 4-12

项　目	里程桩号	测点号	$\delta_{\infty x}$(mm)	X(m)	m	T(d)	n
拱顶下沉	LK71+856	A	1.6	48.7	29.2	73.5	13
	LK71+883	A	0.85	40.3	45.2	75.4	10
	LK71+892	A	1.3	37.7	30.0	58.0	13
	LK71+900	A	2.6	32.7	14.6	76.0	11
	LK71+918	A	4.3	35.9	35.6	65.9	12
	LK71+930	A	7	49.2	33.4	78.2	15
	RK71+907	A	4.1	42.9	43.6	71.0	10
	RK71+932	A	3.4	41.2	34.7	83.1	12
	RK71+970	A	2.3	40.6	44.9	58.0	19
	均值		3.05	41.0	34.5	71	12.7
	均方差		9.14	5.4	9.14	8.25	2.66
	推定值		8.8	57	62	96	20.7
周边收敛	LK71+856	BC	1.14	45.9	52.2	78.5	13
	LK71+883	BC	2.3	33.2	42.4	86.5	14
	LK71+892	BC	1.95	23.0	62.7	74.4	18
	LK71+900	BC	3.5	51.7	58.7	74.2	9
	LK71+918	BC	4.2	40.0	59.0	76.4	10
	LK71+930	BC	5.4	19.9	35.8	64.9	12
	RK71+907	BC	1.3	34.2	56.2	72.6	8
	RK71+932	BC	2.62	40.0	46.4	71.7	13
	RK71+970	BC	2.3	40.0	52.5	79.6	11
	均值		2.7	41.2	51.7	75.4	12
	均方差		1.3	1.2	8.24	5.63	2.82
	推定值		6.6	45	76	92	20.5

注:推定值为均值加三倍的均方差。

将表 4-10～表 4-12 中各级围岩中相应的拟合参数的推定值代入公式(4-7)，分别得到拱顶下沉和周边收敛与掌子面推进间距的关系式：

(1)III 级围岩中：

拱顶下沉：$$\delta(x,t)=0.84\times\left[1-\left(\frac{63}{x+63}\right)^2\right]\times\left\{1+42\times\left[1-\left(\frac{52}{t+52}\right)^{4.1}\right]\right\} \tag{4-10}$$

周边收敛：$$\delta(x,t)=2.7\times\left[1-\left(\frac{65}{x+65}\right)^2\right]\times\left\{1+48\times\left[1-\left(\frac{50}{t+50}\right)^{5.2}\right]\right\} \tag{4-11}$$

(2)IV 级围岩中：

拱顶下沉：$$\delta(x,t)=4.4\times\left[1-\left(\frac{44}{x+44}\right)^2\right]\times\left\{1+92\times\left[1-\left(\frac{122}{t+122}\right)^{16.7}\right]\right\} \tag{4-12}$$

周边收敛：$$\delta(x,t)=3.1\times\left[1-\left(\frac{53}{x+53}\right)^2\right]\times\left\{1+97.5\times\left[1-\left(\frac{129}{t+129}\right)^{21.5}\right]\right\} \tag{4-13}$$

(3)V 级围岩中：

拱顶下沉：$$\delta(x,t)=8.8\times\left[1-\left(\frac{57}{x+57}\right)^2\right]\times\left\{1+62\times\left[1-\left(\frac{96}{t+96}\right)^{20.7}\right]\right\} \tag{4-14}$$

周边收敛：$$\delta(x,t)=6.6\times\left[1-\left(\frac{45}{x+45}\right)^2\right]\times\left\{1+76\times\left[1-\left(\frac{92}{t+92}\right)^{20.5}\right]\right\} \tag{4-15}$$

根据《公路隧道施工技术规范》(JTG/T F60—2009)的规定：已产生的各项位移达到各项预计位移总量的 80％～90％的二衬支护的合理时机的确定准则，III、IV、V 级围岩中的隧道二衬的合理支护时机见表 4-13。

各级围岩二衬合理支护时机 表 4-13

围岩级别 \ 项目	时间(d)	与掌子面间距(m)	掌子面推进速度(m/d)
II 级围岩	—	207～279	9
III 级围岩	31～38	186～228	6
IV 级围岩	35～48	70～96	2
V 级围岩	36～48	72～96	2

用收敛限制法结合位移准则给出了构筑二衬支护时机的合理时间段和与掌子面间距的区间值，与经验法确定值相比，确定的时间间隔偏大；但是就二衬与掌子面的间距，II、III 级围岩中，收敛限制法确定值大于经验法确定值，IV、V 级围岩中，收敛限制法确定值小于经验法确定值。

六、数值模拟法确定二衬合理支护时机

按照数值模拟计算方法确定二衬合理支护时机，需要弄清楚以下几点：①掌子面推进位置与位移释放系数之间的关系；②位移释放系数与围岩应力释放系数之间的关系；③围岩应力释放系数与掌子面推进位置之间的关系。所谓位移释放系数指距开挖面一定距离 x 处某点 p 在任一方向 n 上的洞壁位移 $U_n^p(x)$ 与距开挖面足够远处(在开挖面空间约束效应影响范围之外)的同一位置、同一方向上的洞壁收敛变形 $U_n^p(\infty)$ 之比 λ_n^p，即：

$$\lambda_n^p(x) = U_n^p(x)/U_n^p(\infty) \tag{4-16}$$

式中：λ_n^p——p 点在 n 方向上的“位移释放系数”。

位移释放系数反映了开挖面的空间约束程度，其数值愈大，开挖面的空间效应愈弱。

数值模拟计算方法确定二衬合理支护时机的技术路线如图 4-18 所示。其中的三维模拟采用 FLAC3D，二维平面分析将采用“同济曙光岩土及地下工程设计与施工分析软件（Geo FBA®2D）”，采用弹塑性有限元进行计算。

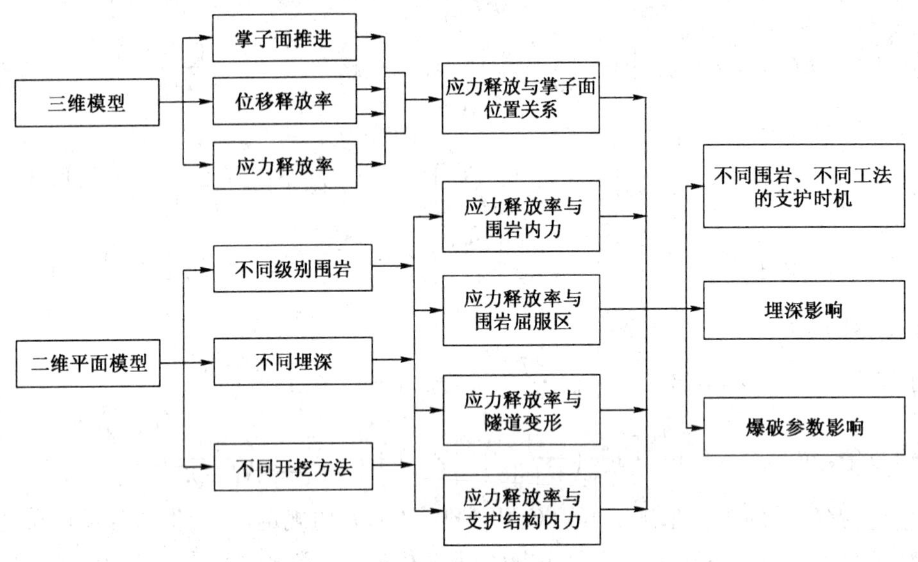

图 4-18　数值模拟计算方法技术路线

确定初衬施工后围岩应力释放系数和位移释放系数之间的关系需要采用如图 4-19 所示的三维模型，计算中只模拟初衬，考虑到现场施工实际情况，假定在掌子面推进到 0.5D（D 为隧道跨度）的时候初衬发挥作用。

茶林顶隧道和牛车顶隧道洞身围岩主要由弱风化白云质灰岩、全～强风化白云质灰岩砂岩等组成，裂隙局部发育，岩体完整，强度高，局部可能有溶洞，属于 II、III 级岩体。其中茶林顶隧道洞身段遇 F7 断层，该处围岩为 IV、V 级岩体。两隧道洞身所遇其他不良地质带围岩级别亦为 IV、V 级。洞口段围岩主要为坡积亚黏土，属于 V 级岩体。为使计算分析所得的规律具有普遍性，不同级别围岩力学参数主要依据《公路隧道设计规范》（JTG D70—2004）提供的围岩力学参数，同时参照茶林顶隧道和牛车顶隧道地质勘察报告，具体见表 4-14。

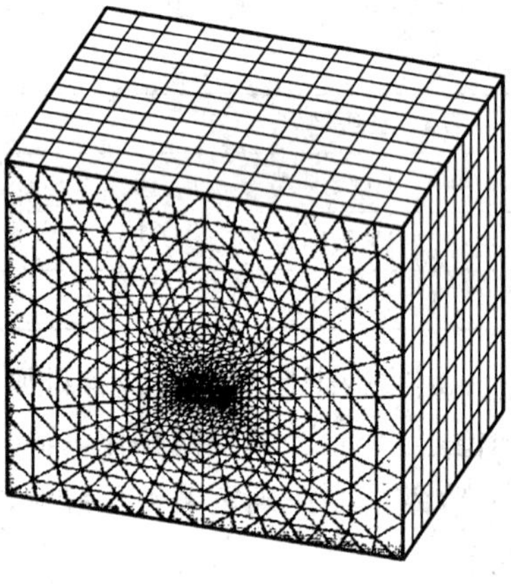

图 4-19　三维数值模型

各级围岩的物理参数及其中隧道的状态尺寸　　表 4-14

围岩级别	弹性模量	泊松比	重度	黏聚力	内摩擦角	跨度	高度（含仰拱）
	E(GPa)	μ	γ(kN·m^{-3})	c(kPa)	φ(°)	(m)	(m)
V 级围岩	0.1	0.4	19.8	28	25.6	12.5	10.16
IV 级围岩	1.4	0.33	22.64	640	37.5	12.24	9.73
III 级围岩	6.0	0.27	23.6	920	42.08	11.86	7.92

茶林顶和牛车顶隧道线形均为左右线分离式，各级围岩的设计轮廓尺寸见表 4-14，支护结构选取的参数见表4-15，其中衬砌材料均为 C20 混凝土。

各级围岩隧道结构支护参数　　表 4-15

围岩级别	名　称	弹性模量 E(GPa)	重度 γ(kN·m^{-3})	截面积 A(m^2)	惯性矩 I(m^4)
V 级围岩	系统锚杆	210	78	0.000 38	—
	初衬	25	23	0.21	—
	二衬	28.5	25	0.45	0.007 6
	仰拱	28.5	25	0.7	0.028 58
IV 级围岩	系统锚杆	210	78	0.000 38	—
	初衬	25	23	0.21	—
	二衬	28.5	25	0.40	0.005 33
	仰拱	28.5	25	0.40	0.005 33
III 级围岩	系统锚杆	210	78	0.000 38	—
	初衬	25	23	0.10	—
	二衬	28.5	25	0.30	0.002 25

经整理计算结果，得到隧道拱顶处的位移释放系数、应力释放系数与掌子面推进位置的关系见表 4-16。由表中数据可见，隧道的围岩位移释放系数和应力释放系数都随着围岩级别的增加而增大，在整个开挖推进过程中，它们与掌子面推进位置的关系表现出相同的规律，如图 4-20 所示。在掌子面推进到 0.5D 时的初衬发挥作用以前，III、IV、V 级围岩中的位移释放系数为 26%、29%、29%，应力释放系数为 53.8%、54.9%和 56.2%。

围岩应力释放率及隧道位移释放系数与掌子面推进位置关系　　表 4-16

III			IV			V		
L/D	位移释放系数	应力释放系数	L/D	位移释放系数	应力释放系数	L/D	位移释放系数	应力释放系数
−3.0	0%	0.0%	−3.0	0%	0.0%	−3.0	0%	0.0%
−2.5	1%	0.6%	−2.5	1%	2.3%	−2.5	2%	3.2%
−0.5	10%	13.3%	−0.5	13%	18.7%	−0.5	13%	24.2%
0.0	23%	25.4%	0.0	20%	27.3%	0.0	17%	30.4%
0.5	26%	53.8%	0.5	29%	54.9%	0.5	29%	56.2%
1.5	38%	67.2%	1.5	54%	72.9%	1.5	61%	75.0%
4.0	56%	80.6%	2.5	70%	82.0%	4.0	89%	88.0%
5.1	61%	83.0%	3.1	77%	84.9%	4.5	91%	88.7%
6.1	65%	84.7%	4.1	84%	87.4%	5.0	92%	89.1%
7.1	68%	85.9%	5.6	90%	89.2%	5.6	94%	89.6%
8.1	70%	86.8%	6.4	92%	89.8%	6.6	95%	90.1%
10.1	74%	88.2%	6.5	92%	89.9%	7.5	96%	90.4%
12.1	77%	89.1%	7.0	93%	90.1%	9.0	97%	90.7%
16.2	82%	90.3%	7.4	94%	90.2%	10.1	98%	90.9%

由图 4-20 可以看出：围岩应力随着掌子面推进而不断释放，其中 IV、V 级围岩表现出较小的空间效应，应力释放在较短的距离内完成，而 III 级围岩应力释放比较缓慢，空间效应比较明显。

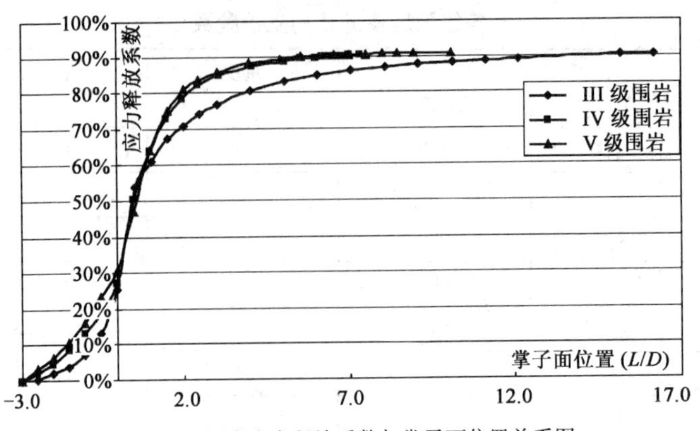

图 4-20　围岩应力释放系数与掌子面位置关系图

有了围岩应力释放系数与掌子面位置关系，就可以用平面模型，通过控制各种施工工况下的应力释放系数，计算获得不同应力释放系数时隧道支护结构的应力、应变和围岩的屈服情况，找到一种会出现支护结构应力接近强度极限或围岩松动区域接近喷锚加固范围的极限状态。结合表 4-16 便可根据极限状态下二衬支护施工工况的应力释放系数求得二衬与掌子面的间距，间距超过该值，由于围岩应力过大的释放将不利于隧道的安全，所以，综合安全和经济两方面因素，掌子面和二衬间距应小于等于这个值。

在 III 级围岩中，隧道施工的顺序为：全断面开挖→初衬→二衬。模拟计算的模型及施工工况分别如图 4-21 和图 4-22 所示。分析中主要以围岩的松动区（$\eta \geqslant 0.7$ 的区域）范围作为考察对象，并同时选取隧道的拱顶、拱腰等特征点处支护结构的内力和变形作为辅助分析对象，特征点布设如图 4-23 所示。

图 4-21　III 级围岩有限元计算模型

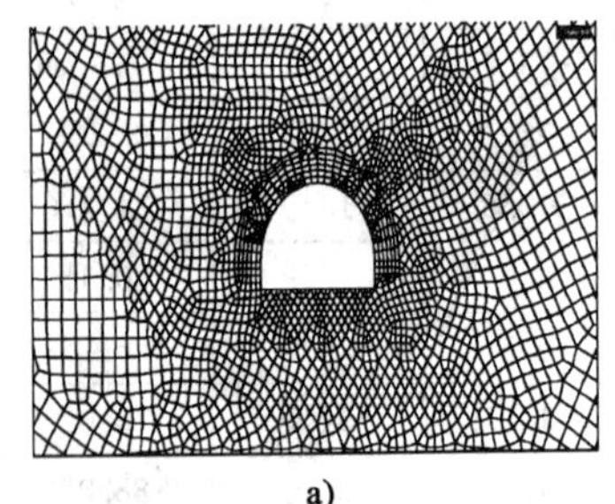

a)

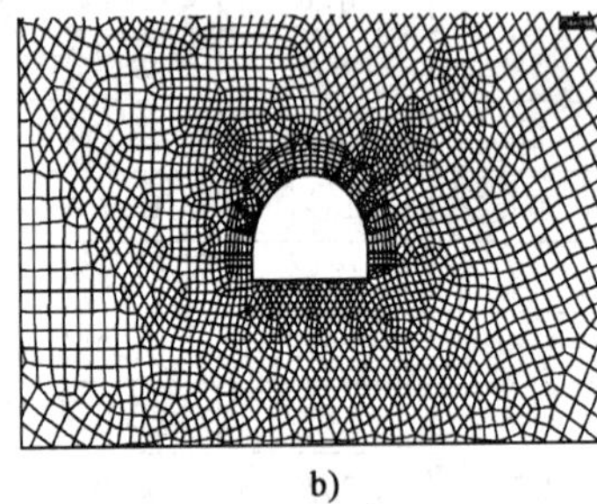

b)

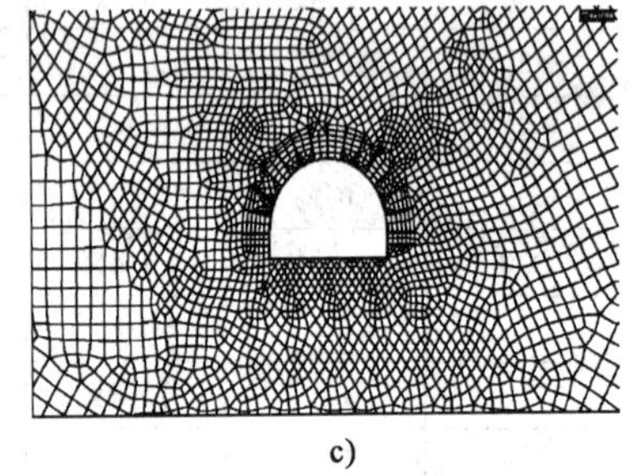

c)

图 4-22　III 级围岩中隧道施工工况的模拟

a)开挖；b)初衬施工；c)二衬施工

初衬　A　围岩　B　C

图 4-23　围岩特征点布置图

根据前面三维数值模拟计算结果，当掌子面推进到 0.5D 处施做初衬前的应力释放系数为 53.8%，因此，在平面模型中设定上台阶开挖步应力释放系数分别为 50% 和 60%，根据开挖和初衬施工时取不同的应力释放系数分三个方案进行计算，见表 4-17，计算结果见表 4-18 和图 4-24～图 4-26。

根据表 4-15 衬砌参数，C20 混凝土初衬的最大承受轴力能力为 2 000kN，二衬承受轴力的极限值为6 000kN，所以三个计算方案中衬砌结构都是安全的，而方案二较之其他两个方案更能够发挥衬砌的支护作用。

III 级围岩计算方案 表 4-17

施工工况	应力释放系数	
	开挖	初衬施工
方案一	50%	20%
方案二	50%	38%
方案三	60%	30%

III 级围岩不同应力释放系数的计算结果 表 4-18

方案	方案一			方案二			方案三		
特征点	*A*	*B*	*C*	*A*	*B*	*C*	*A*	*B*	*C*
初衬轴力(kN)	405.1	220.2	29.023	579.0	339.2	35.8	712.4	406.0	44.8
二衬轴力(kN)	114.7	166.3	289.17	126.2	177.7	300.7	156.7	208.6	331.7
二衬弯矩(kN·m)	1.27	−0.18	0.66	1.31	0.72	1.29	1.53	0.51	1.62
二衬剪力(kN/m)	−0.04	0.03	14.11	−0.08	0.29	15.27	−0.08	0.43	17.09
下沉与收敛(mm)	3.0	2.0	0.4	4.0	0.2	0.8	4.0	0.2	1.0
备注	安全			极限			破坏		

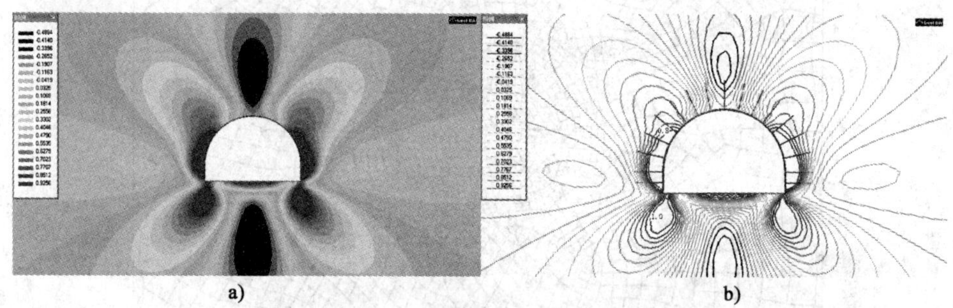

图 4-24 III 级围岩中计算方案一的围岩屈服接近度

a)屈服接近度云图；b)屈服接近度等值线图

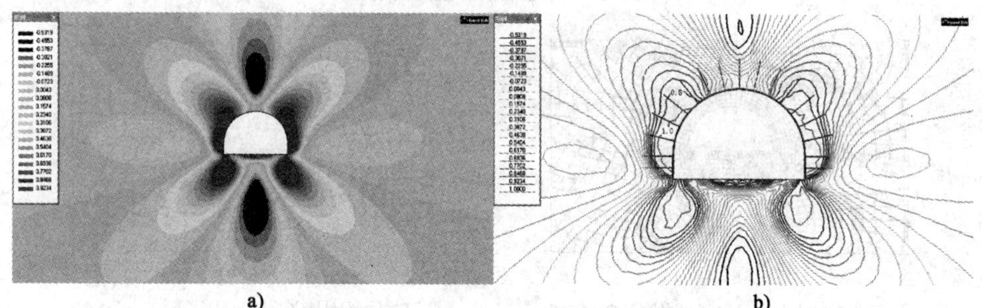

图 4-25 III 级围岩中计算方案二的围岩屈服接近度

a)屈服接近度云图；b)屈服接近度等值线图

在计算方案三中，围岩的整个松动区都大于锚喷加固范围(图 4-26)，在该方案的应力释放系数下会导致隧道的破坏。

在计算方案二中，松动区已经非常接近喷锚加固范围(图 4-25)，根据屈服接近度准则($\eta \geqslant 0.7$)，方案二时的应力释放系数达到二衬合理支护时机对应的工况。二衬施工时，其总的应力释放系数为 88%，根据表 4-16，对应的位移释放系数为 74%，对应掌子面距离为 10.1*D*，根据设计资料 D=11.86m，所以掌子面与二衬之间间距应控制在 120m 以内。

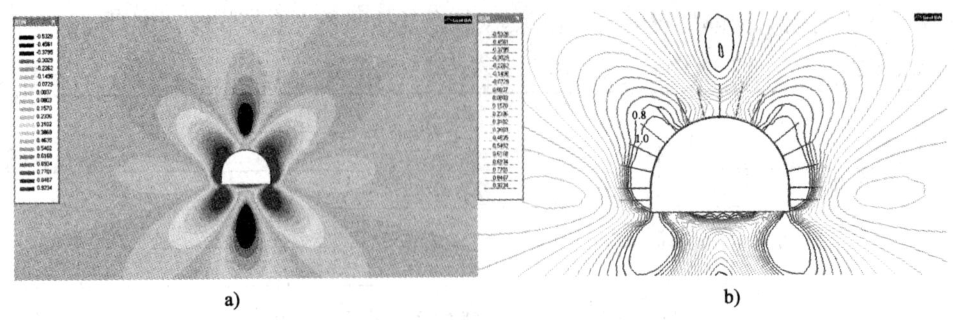

图 4-26 III 级围岩中计算方案三的围岩屈服接近度

a)屈服接近度云图;b)屈服接近度等值线图

在Ⅳ级围岩中,隧道施工的顺序为:上台阶开挖→上台阶初衬→下台阶开挖及仰拱支护→二衬。模拟计算的模型及施工工况分别如图 4-27 和图 4-28 所示。分析中主要以围岩的松动区($\eta \geqslant 0.7$ 的区域)范围作为考察对象,并同时选取隧道的拱顶、拱腰等特征点处支护结构的内力和变形作为辅助分析对象,特征点布设如图 4-23 所示。

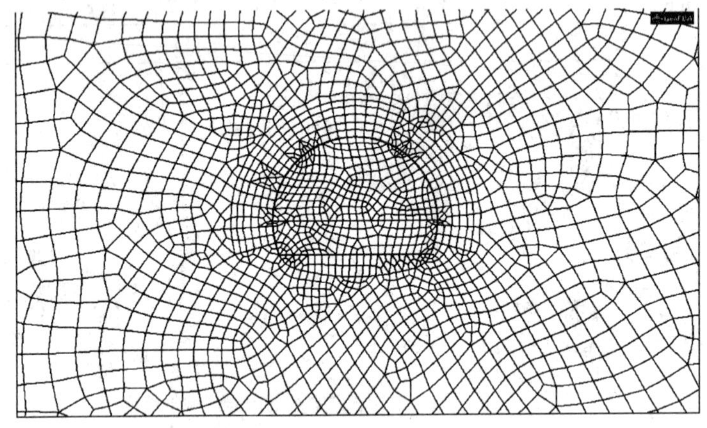

图 4-27 Ⅳ级围岩有限元网格划分

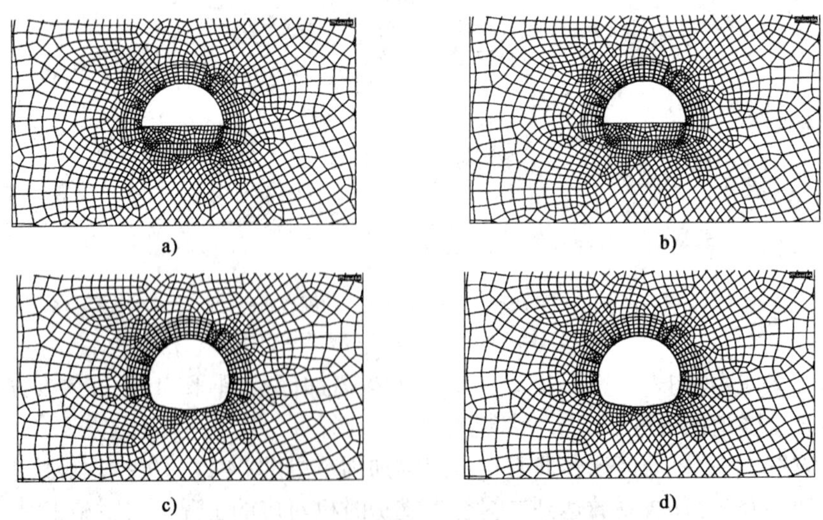

图 4-28 Ⅳ级围岩中隧道施工工况的模拟

a)上台阶开挖;b)初衬施工;c)下台阶开挖及仰拱支护;d)二衬施工

根据前面三维数值模拟计算结果，当掌子面推进到 0.5D 处施做初衬前的应力释放系数为 50.3%，因此，在平面模型中设定上台阶开挖步应力释放系数分别为 50%和 60%，根据开挖和初衬施工时取不同的应力释放系数分三个方案进行计算，见表 4-19，计算结果见表 4-20。

IV 级围岩计算方案 表 4-19

施工工况	应力释放系数		
	开挖	初衬施工	仰拱施工
方案一	50%	30%	5%
方案二	50%	30%	10%
方案三	60%	30%	7%

IV 级围岩不同应力释放系数的计算结果 表 4-20

方案	方案一			方案二			方案三		
特征点	A	B	C	A	B	C	A	B	C
初衬轴力(kN)	3 515.5	3 656.9	3 473.1	3 700	3 979	3 825.1	3 187.6	3 595	3 493.8
二衬轴力(kN)	865.5	896.0	1 000.9	279.8	306.8	410.8	172.0	198.0	304.6
二衬弯矩(kN·m)	37.93	12.05	−20.48	19.79	10.94	−9.50	23.05	20.40	−9.26
二衬剪力(kN/m)	1.38	−17.45	12.54	1.25	−6.17	−9.88	1.18	−2.63	−7.51
下沉与收敛(mm)	136.2	29.2	63.0	140.0	30.0	68.0	173.0	37.0	107.0
备注	安全			极限			破坏		

根据表 4-15 的衬砌参数，C20 混凝土初衬的最大承受轴力能力为 4 200kN，二衬承受轴力的极限值为 8 000kN，所以，从内力的角度来说三个计算方案基本都处于安全限度内。其中计算方案二的初衬的支护作用发挥得更多。而计算方案三中 C 点的收敛量较大，对于 IV 级围岩而言局部发生如此大的收敛对支护结构的安全是不利的。

由计算结果，当上台阶开挖施工工况的应力释放系数小于 50%时，围岩普遍偏于安全；等于 50%时，调整初衬和仰拱施工时的应力释放系数，松动区会随之变化。当上台阶开挖施工工况的应力释放系数为 60%时，无论如何调整初衬和仰拱施工时的应力释放系数，松动区都将处于锚喷加固范围之外。根据屈服接近度准则($\eta \geqslant 0.7$)，方案二应视为二衬支护合理时机所对应的工况。二衬施工时，其总的应力释放比例为 90%，根据表 4-16，对应位移释放为 93%，对应掌子面距离为 7D，根据设计资料 $D=12.24$m，所以掌子面与二衬之间间距应控制在 86m 以内；仰拱施工时释放系数为 80%，则掌子面与仰拱的距离应控制在 4.5D 以内，即 55m。

在 V 级围岩中，隧道施工的顺序为：上台阶开挖→上台阶初衬→核心土开挖→下台阶开挖及仰拱处施工→二衬。模拟计算的模型及施工工况分别如图 4-29 和图 4-30 所示，分析中主要以围岩的松动区($\eta \geqslant 0.7$ 的区域)范围作为考察对象，并同时选取隧道的拱顶、拱腰等特征点处支护结构的内力和变形作为辅助分析对象，特征点布设如图 4-23 所示。

根据前面的三维数值模拟计算结果，当掌子面推进到 0.5D 处施做初衬前的应力释放系数为 47.2%，因此，在平面模型中设定上台阶开挖步应力释放系数分别为 50%和 60%，根据开挖和初衬施工时取不同的应力释放系数，分三个方案进行计算(表 4-21)，计算结果见表 4-22。

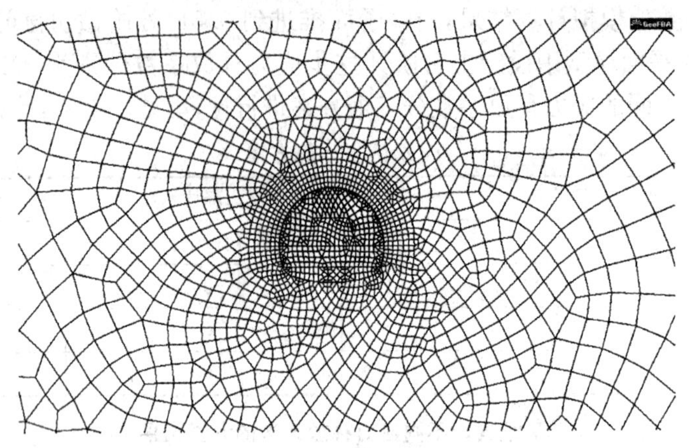

图 4-29 Ⅴ级围岩有限元模型

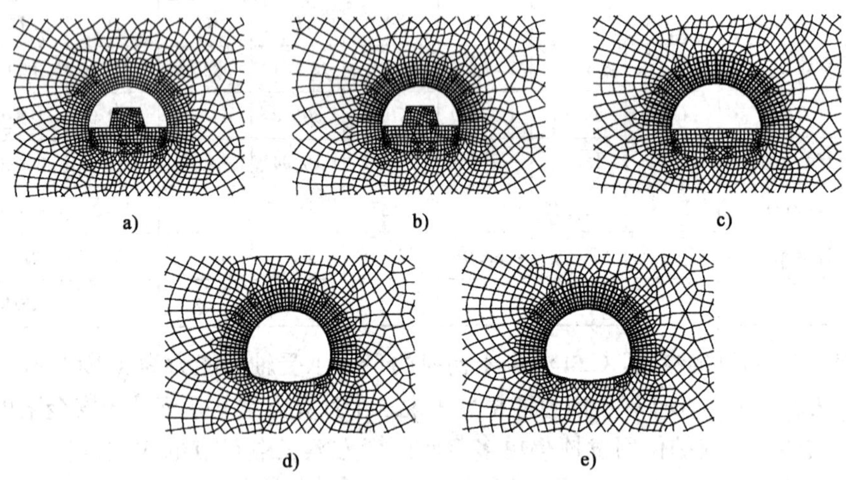

图 4-30 Ⅴ级围岩数值施工工况模拟

a)上台阶开挖；b)初衬施工；c)核心土开挖；d)下台阶开挖及仰拱施工；e) 二衬施工

Ⅴ级围岩计算方案 表 4-21

施工工况	应力释放系数			
	上台阶开挖	初衬施工步	核心土开挖	仰拱施工
方案一	50%	30%	5%	10%
方案二	50%	30%	5%	5%
方案三	60%	10%	10%	5%

Ⅴ级围岩不同应力释放系数的计算结果 表 4-22

方案	方案一			方案二			方案三		
特征点	*A*	*B*	*C*	*A*	*B*	*C*	*A*	*B*	*C*
初衬轴力(kN)	1 882	1 839	1 452	1 809	1 772	1 459	1 684	1 647	1 321
二衬轴力(kN)	66.8	95.2	193.0	146.0	176.0	272.0	71.9	100.0	195.0
二衬弯矩(kN·m)	7.05	4.67	10.50	9.80	7.14	5.78	1.53	10.08	8.03
二衬剪力(kN/m)	0.16	6.24	9.67	0.20	8.73	17.00	0.35	10.61	20.70
下沉与收敛(mm)	67.0	20.0	48.0	70.0	20.0	50.0	80.0	24.0	80.0
备注	安全			极限			破坏		

根据表 4-15 衬砌的参数，C20 混凝土初衬的最大承受轴力能力为 4 200kN，二衬承受轴力的极限值为 9 000kN，所以，从内力的角度来说，三个计算方案基本都处于安全限度内，其中计算方案二初衬的支护作用发挥得更多。

由计算结果，随着上台阶的开挖释放系数的增大，围岩出现屈服等不稳定状态的几率将大大增加。当上台阶开挖施工工况的应力释放系数小于 50%时，围岩普遍偏于安全；等于 50%时，调整初衬、核心土开挖和仰拱施工时的应力释放系数，围岩松动区会逐渐接近锚喷加固范围，出现极限状态。因而，计算方案二可视为极限状态，二衬施工时，其总的应力释放系数为 90%，根据表 4-16，对应的位移释放系数为 95%，对应的掌子面与二衬的距离为 6.6D，根据设计资料 D=12.5m，所以掌子面与二衬的间距应控制在 82.5m 以内；仰拱施工时，应力释放比例为 85%，由三维数值模拟计算的结果，对应的位移释放系数为 81%，则仰拱与掌子面的间距为 3.6D，即掌子面与仰拱之间的间距应控制在 45m 以内。

根据以上的计算结果和分析，得到各级别围岩中的隧道二衬及其仰拱与掌子面合理间距见表 4-23，并可以看到：松动区的范围随着开挖工况下的应力释放系数的增加而增大，尤其是在 IV、V 级围岩中，这种效应更加明显，所以应控制开挖→初衬施工时段内的应力释放系数，建议对 IV、V 级围岩可适当施做超前支护或采用扰动较小的开挖方式，例如 CD 法、CRD 法和上下台阶法。

二衬及其仰拱与掌子面合理间距 表 4-23

围岩级别	二衬与掌子面间距(m)	仰拱与掌子面间距(m)
III	≤120	—
IV	≤86	≤55
V	≤82.5	≤45

七、二衬支护时机的影响因素敏感性分析

支护时机受到多种因素的制约，其中包括围岩自身性质、隧道所处地形地质条件、支护结构性质及施工工艺和工法等。本节对隧道埋深、开挖工法和步骤、爆破参数及围岩的流变特性等几个比较重要的因素对二衬支护合理时机的影响作简要论述。

1. 埋深对二衬支护时机的影响

隧道的埋深因地形而变化，可以通过数值模拟方法，分析埋深对围岩和支护结构受力特性的影响，并进而研究埋深对二衬支护时机的影响。

在 III 级围岩中，按照前面 III 级围岩中围岩和支护结构的物理力学性质建模，只改变模型的埋深以分析埋深对于二衬支护时机的影响，取 48～192m 的埋深范围进行计算，开挖工况的应力释放系数取 50%，初衬施工工况的应力释放系数取 38%，计算得到埋深和二衬与掌子面间距的如下拟合公式：

$$L=\begin{cases}207 & h<48\text{m}\\ 79.1+150.2e^{-\frac{h-39.4}{53.1}} & 48\text{m}\leqslant h\leqslant 163\text{m}\\ 85 & h>163\text{m}\end{cases}\tag{4-17}$$

该拟合关系如图 4-31 所示，由图可知：在埋深较小时，III 级围岩中隧道支护时机受埋深影响较大；当埋深大于 163m 时，隧道二衬与掌子面的间距基本上不受埋深的影响；当埋深小于 48m 时，由于埋深的减小而使得二衬和掌子面合理间距的增加的趋势已不明显。

在Ⅳ级围岩中，按照前面Ⅳ级围岩中围岩和支护结构的物理力学性质建模，只改变模型的埋深以分析埋深对于二衬支护时机的影响，取30～121m的埋深范围进行计算，不同隧道埋深的应力释放系数取值见表4-24，计算得到埋深和二衬与掌子面间距的如下拟合公式：

$$L=\begin{cases}142 & h<30\text{m}\\ 61.6+89.2e^{-\frac{h-23.4}{63.2}} & 30\text{m}\leqslant h\leqslant 108\text{m}\\ 85 & h>108\text{m}\end{cases} \tag{4-18}$$

该拟合关系如图4-32所示，由图可知：Ⅳ级围岩中埋深对各开挖工况的应力释放系数有一定的影响，埋深增加时，开挖工况允许的应力释放系数减小，当埋深超过108m，二衬与掌子面的合理间距为85m，随后随埋深的增加，二衬与掌子面间的合理间距基本保持不变。

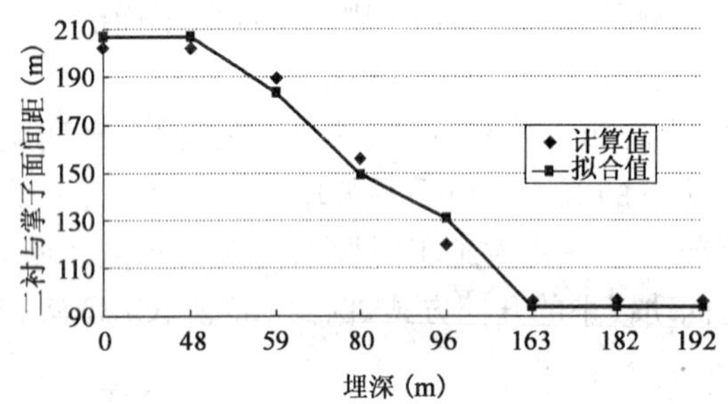

图4-31　Ⅲ级围岩二衬与掌子面间距和埋深的关系图

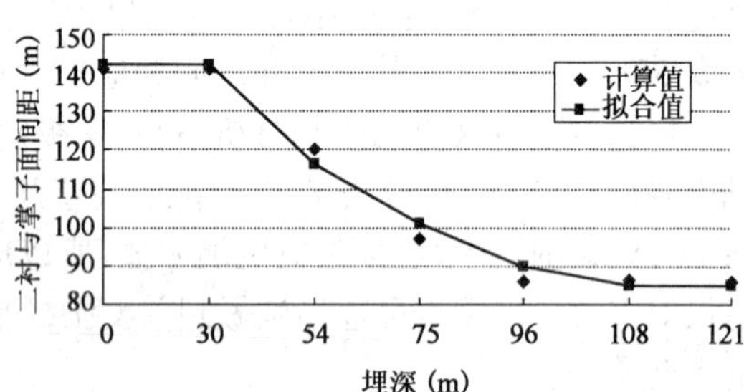

图4-32　Ⅳ级围岩二衬与掌子面间距和埋深的关系图

在Ⅴ级围岩中，按照前面Ⅴ级围岩中围岩和支护结构的物理力学性质建模，只改变模型的埋深以分析埋深对于二衬支护时机的影响，取43～111m的埋深范围进行计算，不同隧道埋深的应力释放系数取值见表4-24，计算得到埋深与二衬与掌子面间距的如下拟合公式：

$$L=\begin{cases}137 & h<28\text{m}\\ 18.2+131.8e^{-\frac{h-25.1}{30.8}} & 28\text{m}\leqslant h\leqslant 60\text{m}\\ 62.5 & h>60\text{m}\end{cases} \tag{4-19}$$

Ⅳ级围岩不同埋深计算方案　　　表4-24

埋深(m)	上台阶开挖	初衬施工	仰拱施工
54	60%	20%	12%
96	60%	10%	20%
108	50%	34%	6%
121	50%	30%	10%

该拟合关系如图4-33所示，由图可知：当隧道埋深为43m，达到极限状态时围岩的应力释放系数为90%，因而，二衬与掌子面之间的合理间距为82.5m。当隧道埋深为95m和110m时，达到极限状态时围岩的应力释放系数为89%，对应的二衬与掌子面间的间距为5D，即$5\times12.5=62.5$m。在各种埋深情况下，每个具体工况对应的围岩应力释放系数不相同。上台阶开挖工况对应的应力

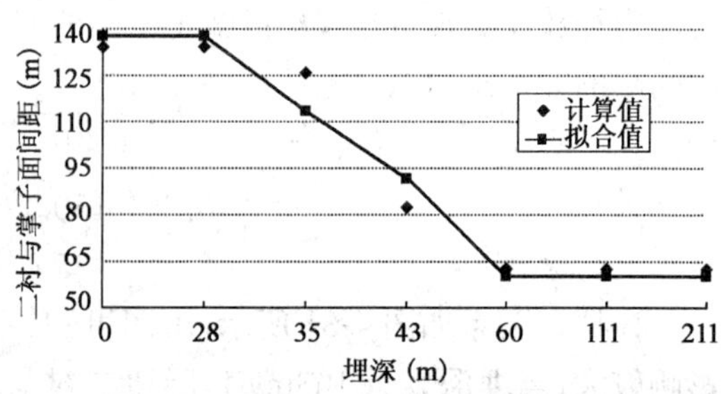

图4-33　Ⅴ级围岩二衬与掌子面间距和埋深的关系图

释放系数随着埋深增加而减小，所以当埋深增加时应尽早做支护以控制开挖工况的应力释放系数。核心土开挖工况围岩应力释放系数随着埋深增加而增加，所以，随着埋深的增加核心土应尽量晚一点开挖，为控制围岩的应力释放系数，随着埋深的增加仰拱应尽量早点封闭。

根据III、IV、V级围岩不同埋深情况下二衬支护的合理时机的计算结果见表4-25。由表可见，当埋深较小时，二衬与掌子面的合理间距随着埋深增加而减小；当埋深超过某一限值时，隧道二衬与掌子面的合理间距就基本上保持不变。其中IV、V级围岩支护结构含有仰拱，仰拱与掌子面的合理间距基本在40m左右，埋深对其影响较小。III、IV、V级围岩中构筑二衬时二衬与掌子面间的合理间距分别为85～207m、85～142m和62.5～137m。与经验法和收敛限制法获得的结果在相同的范围之内。

不同埋深二衬及仰拱与掌子面距离汇总 表4-25

围岩级别	埋深(m)	二衬与掌子面合理间距(m)	仰拱与掌子面间距(m)
III	48	207	—
	59	183	—
	80	149	—
	96	131	—
	163	94	—
	182	94	—
	192	94	—
IV	30	137	55
	54	113	55
	75	91	55
	96	60	55
	108	60	38
	121	60	31
V	28	137	45
	35	113	45
	43	82.5	45
	60	—	45
	111	62.5	45
	211	62.5	45

2. 施工工法对支护时机的影响

两车道公路隧道的基本施工工法有全断面开挖法、台阶开挖法和分部开挖法。其中，台阶法包括正台阶二步开挖法、三台阶开挖法；分部开挖法分为中隔壁法、交叉中隔壁法、双侧壁导洞法。实际中需根据隧道围岩级别选择合适的工法。本节采用数值模拟方法分别分析全断面法、中隔壁法、上下台阶法施工对III级围岩中隧道支护时机的影响；上下台阶法、中隔壁法施工对IV级围岩中隧道支护时机的影响。各级别围岩开挖方法及步骤见表4-26。

隧道施工工法表 表 4-26

围岩级别	施工工法	开挖顺序图例		
		(1)	(2)	(3)
III 级	(1)全断面法	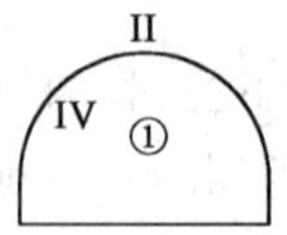 II IV ①	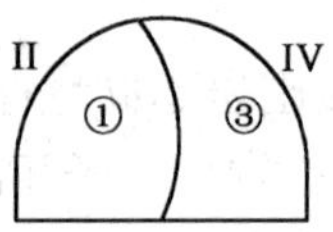 II IV ① ③	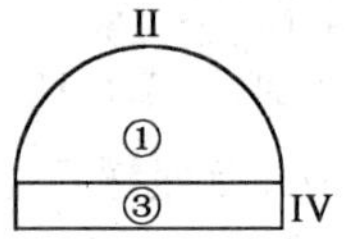 II ① ③ IV
	(2)中隔壁法			
	(3)上下台阶法			
IV 级	(1)上下台阶法	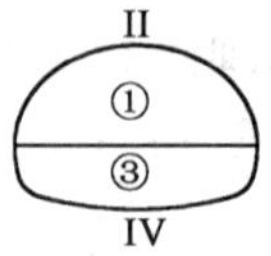 II ① ③ IV	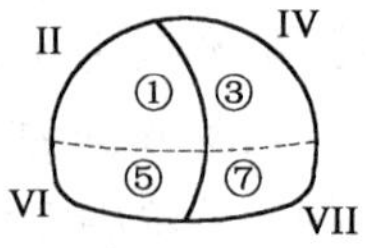 II IV ① ③ ⑤ ⑦ VI VII	—
	(2)中隔壁法			
V 级	(1)上下台阶留核心土法	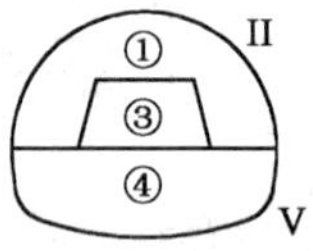 ① II ③ ④ V	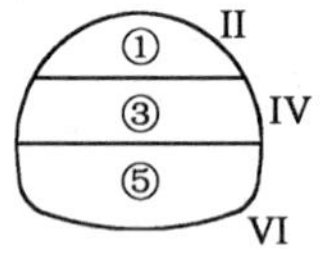 ① II ③ IV ⑤ VI	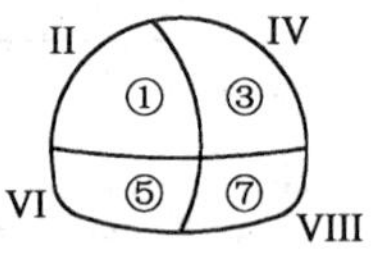 II IV ① ③ VI ⑤ ⑦ VIII
	(2)三台阶法			
	(3)交叉中隔壁法			

在 III 级围岩中，不同工法时的应力释放系数取值见表 4-27。对比三种施工工法，全断面法构筑二衬时允许应力释放系数为 88%，对应的二衬与掌子面间的距离为 $10.1D=10.1\times11.86=120$m；中隔壁法和上下台阶法在施加二衬时的应力释放系数都为 90%，对应的二衬与掌子面间的距离为 $15.2D=15.2\times11.86=180$m，比全断面开挖的二衬支护时间推后了许多。并且支护结构内力减少，尤其中隔壁法施工的衬砌结构内力最小，所以，采用中隔壁法施工最好，其次是上下台阶法，两者都优于全断面开挖法。表 4-28 列出了不同工法对应的二衬合理支护时机。

III 级围岩不同工况的应力释放系数 表 4-27

工法	应力释放系数		
	初次开挖	初衬施工	二次开挖
全断面法	50%	38%	无
中隔壁法	45%	40%	5%
上下台阶法	45%	40%	5%

III 级围岩不同工法对应的二衬与掌子面间距 表 4-28

工法	构筑二衬时允许围岩应力释放系数	对应的二衬与掌子面间距(m)
全断面法	88%	120
上下台阶法	90%	180
中隔壁法	90%	180

在 IV 级围岩中，不同工法时的应力释放系数取值见表 4-29。对于上下台阶法，二衬施工时，其总的应力释放系数为 90%，对应的位移释放系数为 93%，对应二衬与掌子面间距离为 $7D=7\times12.24=86$m；仰拱施工时围岩的应力释放系数为 80%，对应的位移释放系数为 70%，仰拱与掌子面间的距间距为 $2.5D=4.5\times12.5=55$m。对于中隔壁法，二衬施工时，其总的应力释放系数为 95%，对应的位移释放系数为 94%，对应的二衬与掌子面距离超过了 $7.4D=7.4\times12.5=91$m。从而，采用中隔壁法较之上下台阶法而言，可以允许二衬与掌子面间存在较大的间距，即二衬构筑可以稍微延后。表 4-30 列出了不同工法对应的二衬合理支护时机。

IV 级围岩不同工法计算方案 表 4-29

工法	上台阶开挖应力释放系数	初衬施工步应力释放系数	仰拱施工应力释放系数
上下台阶法	50%	30%	10%
中隔壁法	55%	30%	10%

IV 级围岩中不同工法对应的二衬与掌子面间距 表 4-30

工法	构筑二衬时允许围岩应力释放系数	对应的二衬与掌子面间距(m)
上下台阶法	90%	86
中隔壁法	95%	91

在Ⅴ级围岩中，不同工法时的应力释放系数取值见表4-31。计算结果表明：达到极限状态时，采用上下台阶留核心土法施工时允许的应力释放系数最大为90%，对应的二衬与掌子面的间距为6.6D=6.6×12.5=82.5m，仰拱与掌子面的间距为3.6D=3.6×12.5=45m。而采用三台阶法和交叉中隔壁法施工时允许的应力释放系数分别为90.5%和91%，对应的二衬与掌子面的间距分别为7.5D=7.5×12.5=94m和10.1D=10.1×12.5=126m。所以，采用三台阶法和交叉中隔壁法可以延缓二衬支护时间，但是，三台阶法和交叉中隔壁法施工工艺复杂、消耗资源多、不经济，所以，在实际施工中，在满足安全和施工便利的条件下应尽量采用上下台阶留核心土法。表4-32列出了不同工法对应的二衬合理支护时机。

Ⅴ级围岩不同工法计算方案 表4-31

工法	工况及应力释放情况			
上下台阶留核心土	上台阶开挖	初衬施工步	核心土开挖	仰拱施工
	50%	30%	5%	5%
三台阶法	上台阶开挖	初衬施工步	中台阶开挖	下台阶及仰拱施工
	45%	35%	5.5%	5%
交叉中隔壁法	上台阶左部	初衬施工	上台阶右部	下台阶左部
	40%	40%	6%	5%

Ⅴ级围岩中不同工法对应的二衬与掌子面间距 表4-32

工法	构筑二衬时允许围岩应力释放系数	对应的二衬与掌子面间距(m)
上下台阶留核心土	90%	82.5
三台阶法	92%	94
交叉中隔壁法	93%	126

隧道施工工法对二衬与掌子面的合理间距的影响是比较显著的，而对仰拱与掌子面间距的影响较小。随着开挖断面分步的增加，开挖对围岩的扰动减小，因而可以适当延缓构筑二衬的时间。若分别选取III、IV、Ⅴ级围岩中的全断面开挖法、上下台阶法和上下台阶留核心土法作为参考基准，则各级别围岩中二衬及其仰拱与掌子面的间距的工法修正值见表4-33。

二衬及其仰拱与掌子面间距的工法修正系数表 表4-33

围岩级别	二衬与掌子面合理间距(m)						仰拱与掌子面间距(m)
	全断面法	上下台阶法	中隔壁法	上下台阶留核心土法	三台阶法	交叉中隔壁法	
III	1	1.5	1.5	—	—	—	—
IV	—	1	1.06	—	—	—	1
V	—	—	—	1	1.14	1.53	1

注：本表所列最佳支护时机对应的深度分别为III级围岩96m、IV级围岩121m、Ⅴ级围岩43m。

3.围岩流变特性对合理支护时机的影响

岩石流变性是岩石的重要力学特性之一，广梧高速公路隧道段的岩体受到诸如裂隙、断层、节理和破碎带等因素的影响，形成了一种复杂的地质环境，这就导致围岩具有比较明显的流变现象。这种环境下的岩体流变往往是由弹性、塑性、黏弹性和黏塑性等多种变形共存的一个复杂过程。而传统的弹塑性分析方法无法考虑岩体的黏性对二衬合理支护时机的影响，下面将采用流变力学的观点进一步分析考虑岩体流变特性后隧道二衬支护的时机问题。

对于如图 4-34 所示的圆形隧道，当考虑围岩流变特性时，衬砌临空面的位移($r=r_1$)可以表示为：

$$u_{\mathrm{ccrep}}\big|_{r=r_1}=\frac{(1-\mu_c)\cdot r_1\cdot N}{2(r_0^2-r_1^2)\cdot f_{c0}}\left[\frac{1}{G_\infty}-\left(\frac{1}{G_\infty}-\frac{1}{G_0}\right)e^{-at}\right]R_0^2 \tag{4-20}$$

$$f_{c0}=(r_0^2-r_1^2)^{-1}\left[(1-2\mu_c)r_0^2+r_1^2\right]$$

式中：$N=\dfrac{2k}{3k+1+\dfrac{H}{G_c\cdot G_0}}$；

R_0、r_0、r、r_1——分别为围岩塑性区半径、隧道开挖半径、计算点半径、初衬内半径；

G_0、G_∞——分别为围岩初始刚度、围岩最终刚度；

a——围岩流变参数；

t——时间。

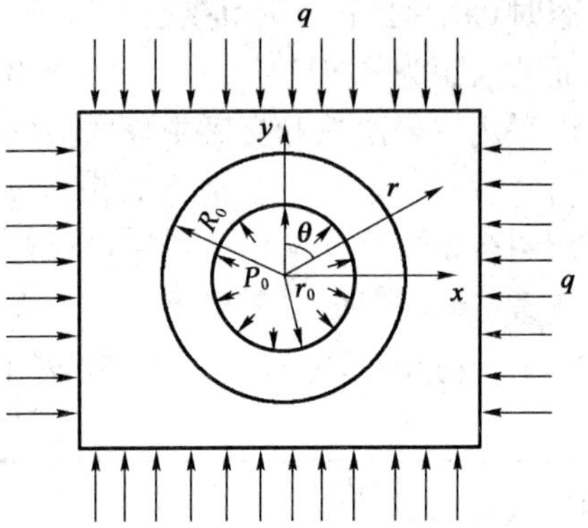

图 4-34　黏弹塑性解析图

上式中，N、f_{c0}可以根据开挖轮廓半径 r_0、初衬内半径 r_1 和衬砌的泊松比 μ_c 等计算确定；G_0、μ_c 可由试验、设计规范或勘察报告确定。由此式中只有 G_∞、a 和 R_0 三个待定参数，其中前两个参数可做一定量的流变试验获得，后一个根据围岩内部位移监测求得；或者由现场实测的变形值，通过拟合等手段反算这三个参数。本书拟采用拟合现场实测变形求解 G_∞、a 和 R_0。

公式(4-20)只适用于圆形隧道，对于城门洞型隧道，可以采用下式的隧道断面等效替代方法把城门洞型轮廓转化为圆形隧道：

$$r=\sqrt{h^2+B^2}\Big/\left\{2\cos\left[\arctan\left(\frac{B}{h}\right)\right]\right\} \tag{4-21}$$

式中：r——外接圆半径；

h——断面高度；

B——隧道跨度的一半。

表 4-34 为等效后开挖轮廓半径和初衬内半径。

隧道等效开挖轮廓半径和衬砌内半径　　表 4-34

围岩级别	设计隧道轮廓半径 r'_0(m)	等效隧道轮廓半径 r_0(m)	等效衬砌内半径 r_1(m)
III	5.93	6.2	6.1
IV	6.12	6.8	6.59
V	6.25	7.0	6.79

表 4-35 为牛车顶隧道不同级别围岩中的几个拱顶下沉监测资料按式(4-19)的拟合值，由此得到考虑围岩流变特性时，不同围岩级别的隧道的拱顶下沉表达式如下：

III 级：$u_{\mathrm{III}}=6.51-6.5e^{-0.0932t}$

IV 级：$u_{\mathrm{IV}}=119.1-117.6e^{-0.0782t}$

V 级：$u_{\mathrm{V}}=208.5-204.4e^{-0.0764t}$

当 $t\to\infty$，得到 III、IV、V 级围岩中隧道拱顶下沉的最终值分别为 6.51mm、119.1mm 和 208.5mm。III、IV、V 级围岩中满足拱顶下沉达到总下沉量 80%的时间分别为 25d、21d 和 20d。即，各级别围岩中二衬的支护合理时机见表 4-36。

牛车顶隧道各级别围岩的拟合参数值　表 4-35

围岩级别	G_{∞}(MPa)	R_0(m)	a	拱顶下沉断面
III	7 043 178	7.8	0.092 3	RK100＋927、RK100＋983
IV	6 590 639	8.7	0.078 2	RK73＋949、RK73＋972
V	6 115 036	9.6	0.076 4	LK71＋930、RK71＋907

各级别围岩中隧道二衬支护时机 表 4-36

围岩级别	二衬支护时机
III	≥25d
IV	≥21d
V	≥20d

八、工程应用

在广梧高速公路隧道的施工过程中，V 级围岩采用上下台阶留核心土法施工，前期施工过程中核心土留设普遍偏短，多次导致掌子面塌方，随后，按照根据研究成果编写的《复杂地质条件下隧道施工不良地质及地质灾害处治技术指南》(本书附录 B)选取核心土和台阶的合理长度，由于核心土过短造成的掌子面塌方事故明显减少。

为了验证数值模拟计算法确定二衬支护时机的合理性，分别在 V 级、VI 级和 III 级围岩中各取两个断面，一个断面用数值模拟计算法的成果确定二衬支护时机，另一个断面用经验法确定二衬支护时机(表 4-37)，对两个断面监测得到的初衬与二衬间的接触压力以及二衬内力进行了比较。

监测断面及其采用的二衬支护时机的确定方法　表 4-37

围岩级别	断面里程	位置	数值模拟计算法	经验法	现场实际
V 级	K72＋200	左线	≥20d √	—	21d
		右线	≥20d,≤63m	≥30d,≥95m √	32d
IV 级	K73＋416	左线	≥21d,≤80m	≥25d,131m √	26d
		右线	≥21d √	—	22d
III 级	K73＋597	左线	≥25d √	—	25d
		右线	≥25d,≤106m	≥26d,≤182m √	27d

注:"√"为施工中实际采用的二衬合理支护时机的方法。

K72＋200 断面在 V 级围岩中，二衬支护时机左线用数值模拟计算法确定，右线用经验法确定，左线断面的初衬与二衬间的接触压力小于右线断面，而且，左线断面的接触压力分布更为均匀，右线断面存在明显的应力集中现象，左线断面的二衬内力分布也较为均匀。由此可见，左线断面的受力状态更为合理，安全储备也更高，从而说明了数值模拟计算法确定的二衬支护时机的合理性。

K73＋416 断面在 IV 级围岩中，二衬支护时机右线用数值模拟计算法确定，左线用经验法确定，右线断面的初衬与二衬间的接触压力和二衬内力总体上小于左线断面，右线断面在施筑二衬后接触压力稳定得比左线断面快，且其二衬受力状态更好，安全储备更高，验证了数值模拟计算法确定二衬支护时机的安全性、经济性和合理性。

K73＋597 断面在 III 级围岩中，二衬支护时机左线用数值模拟计算法确定，右线用经验法确定，左线断面和右线断面各个测点初衬与二衬间的接触压力都在 0.02～0.06MPa 之间，钢筋拉压力均在－6～8MPa 之间，且对称点的相应监测值基本接近。这是由于两个断面的二衬支护时机只相差 1d，因此两个断面的初衬与二衬间的接触压力、二衬内力状态也表现出一致的趋势，由此说明二衬合理支护时机对整个断面受力状态以及安全储备都存在影响。

综上所述，按照数值模拟计算法确定二衬合理支护时机比经验法确定其二衬的受力状态更为合理，安全储备更高，所以按照数值模拟计算法确定二衬支护时机时，可以考虑适当地减少二衬厚度以节约材料。按照经验法确定的二衬支护时机普遍比数值模拟计算的二衬支护时机要晚。且随着围岩变差，这种偏晚的趋势也越明显。因此，按照经验法确定二衬支护时机时，应适当提前几天：III级围岩提前1～2d，IV级围岩提前3～4d，V级围岩提前8～10d。另外，二衬与掌子面的距离普遍偏大，加大了安全隐患。随着围岩变好，这种距离偏大的趋势越明显。因此，按照经验法确定二衬与掌子面的合理距离时，应适当缩短几米：III级围岩缩短75m左右，IV级围岩缩短50m左右，V级围岩缩短30m左右。

第四节　围岩变形预警指标及预警体系

一、概述

隧道围岩趋于稳定通常表现为其围岩变形速率呈递减趋势并逐渐趋于零，而隧道围岩趋于失稳状态则表现为围岩变形速率呈递增趋势，累计变形超过其极限值即发生失稳。因此，在国内外的有关规范中，围岩稳定性判据多以变形值或变形速率为主，认为围岩变形量或变形速率超过一定值，隧道即发生失稳破坏。具体地，隧道围岩稳定性的变形判据有容许变形判据、容许变形速率判据、收敛比判据等。相应的围岩变形的预警指标有：容许变形、容许变形速率、收敛比等。

(1)容许变形是指保证隧道不产生有害松动的条件下，自隧道开挖起到围岩变形稳定为止，隧道壁面间的水平变形量的最大容许值，也有用拱顶的最大下沉量来表示的。变形判据的关键点和难点在于围岩的容许极限变形的确定。实际上，在有些情况下，围岩变形达到几十毫米(未达到容许位移值)，隧道就出现了塌方，而在某些情况下，围岩变形即使达到数百毫米也不出现塌方。

(2)容许位移速率是指在保证围岩不产生有害松动的条件下，隧道壁面间水平位移速度的最大容许值。它同样与隧道围岩、隧道埋深及断面尺寸和施工方法等因素有关。现场的监控量测表明，岩体趋于失稳状态时，其变形加速度为正，因此可用加速度的正负号区分围岩的稳定与失稳状态。在围岩变形的全过程中，如果围岩不失稳，只有在开挖后的极短时间内变形是加速的；另外在已掘进的地段，如果再次受到施工扰动，也会出现短时间的变形加速，但只要扰动停止，变形就会减速。以上两种情况下的加速属于正常加速，其他情况属于异常加速。异常加速是围岩失稳的征兆，如果异常加速持续发展，表明围岩与支护体系失稳征兆已经很明显了。

(3)收敛比是隧道洞周收敛变形和隧道开挖宽度之比。“收敛比”这一参数可较全面地反应围岩应变性态和锚喷支护效果。Sakurai(1983)认为，如果隧道开挖后的收敛比小于2%，一般的支护方式均能保证隧道的稳定性；否则，将会产生严重的稳定性问题。

目前上述围岩变形的预警指标的确定国内外尚无统一标准，一般都根据经验选定。

二、公路隧道围岩趋稳时相对变形的统计分析

本节收集了已经竣工的21座分离式两车道公路隧道(主要分布在云南和广东)的776个断面的监控量测资料和正在施工的广梧高速公路5个隧道(茶林顶隧道、牛车顶隧道、亚婆髻隧道、息村大山隧道、正涌隧道)的286个断面的监测数据进行了统计分析。以便为两车道的广梧高速公路上的隧道提供一个相对准确而又适用的隧道围岩变形预警基准值。

统计中依次考虑了围岩软硬程度、围岩级别、隧道断面形式、施工方法及隧道埋深等因素。基本上考虑到了主要影响因素，使统计结果趋于合理。

(1)围岩软硬程度：分为软岩、硬岩两类进行统计整理。

(2)围岩级别：按照《公路隧道设计规范》(JTG D70—2004)，按Ⅱ、Ⅲ、Ⅳ、Ⅴ级围岩进行统计。根据围岩分级方法，围岩级别已经涵盖了围岩变形影响因素中的岩石强度、岩体完整性、结构面性质、地下水和地应力。

(3)隧道断面形式：主要对常见的两车道分离式公路隧道进行统计，并对隧道的断面形式和尺寸进行了限定。

(4)施工方法：限于全断面与台阶法两种施工方法进行统计，同时，施工工序也涵盖其中。

(5)隧道埋深：借鉴《锚杆喷射混凝土支护技术规范》(GB 50086—2001)中"隧道周边允许相对位移值"一表中对隧道围岩埋深的划分，将围岩埋深按0～50m、50～100m、100～200m……400～500m的分类方式进行数据统计，再将其整理为：≤50m、50～300m、≥300m三个区段，方便最终二者结果的对比。

在《公路隧道设计规范》(JTG D70—2004)中围岩级别与支护方式是一一对应的，故对支护方式的影响无需统计(特殊的支护方式将在统计表的备注栏中注明)，统计方案基本流程图如图4-35所示。

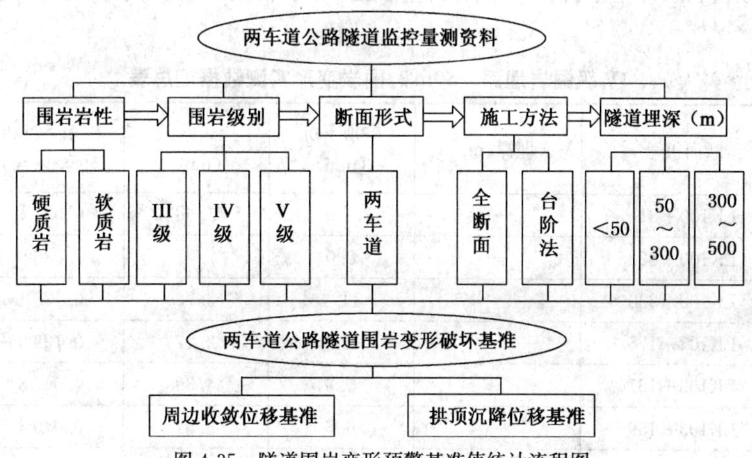

图4-35　隧道围岩变形预警基准值统计流程图

主要的统计项目有：

(1)隧道围岩趋稳时的围岩变形值：包括拱顶沉降、周边收敛。

(2)隧道围岩趋稳时的变形速率值：包括初期变形速率、最大变形速率，以及变形快速增长段平均变形速率。

(3)工程资料、结构资料及地质资料：包括项目名称、隧道名称、高跨比(开挖高度、宽度)、断面桩号、施工方法、支护措施、地质条件及埋深等。

(4)塌方、开裂及异常断面：该类资料有极高的工程价值，对此作特别的统计。在统计中将作备注说明，且另建表统计。统计结果对变形基准值的检验与修正有重要的作用。

对监控量测数据分项目筛选后，剔除其中明显异常的数据，再对剩余的数据按下面的准则继续进行计算、判别和剔除，直到不再有异常数据。

(1)当数据样本$n>30$时，用3σ法则进行取舍，是一种最简单的方法。若对某一对象作n次独立的观测，得到样本$x_1, x_2, \dots, x_n (n \geqslant 30)$，首先求得样本平均值$\bar{x}$，然后再计算出样

本标准差 σ。根据中心极限定理，当样本数较多时，其均值近似为正态分布，而正态分布函数的数据分布在区间$[\mu-3\sigma,\mu+3\sigma]$的概率为 99.37%，认为在区间外的概率为 0.002 7 是小概率事件，假设不可能发生。所以，当数据较多时，3σ 法则进行取舍是可行的。

(2)当数据样本 $n<30$ 时，$x_1,x_2,\ldots,x_n(n<30)$ 用 t 分布来代替正态分布。数据有效范围 $\left(\bar{x}-\frac{\sigma}{\sqrt{n}}t_{0.9973},\ \bar{x}+\frac{\sigma}{\sqrt{n}}t_{0.9973}\right)$。其中，$t_{0.9973}$ 为 t 分布置信水平 99.37%，自由度为 $n-1$ 的分位数，查数学用表获得。

对于围岩变形值因时空效应产生的测前损失，采用以下处理原则：各级围岩隧道工程的围岩变形量测(包括洞周收敛与拱顶下沉量测)结果，只要测点埋设符合规范要求(量取初读数时，量测断面与开挖工作面的距离不大于 2m，并在 24h 内与下一循环爆破前量取)，对围岩变形的监测数据不作测前损失量修正，以便于比较分析。

将收集到的所有监控量测数据按围岩级别(II、III、IV、V)、隧道埋深(≤50m、50～100m、100～200m、200～300m、300～400m 等)、拱顶沉降和周边收敛、软硬岩等进行分类。随后再对每一类数据进行分析处理。

将收集到的两车道公路隧道Ⅳ级围岩各埋深段的隧道拱顶下沉和周边收敛数据(表 4-38～表 4-42)进行了统计分析，分别求得其均值 E、标准差 σ，以及最大值、最小值等，列于表 4-44。

IV 级围岩埋深≤50m 时围岩变形实测数据汇总表 表 4-38

隧道名称	断面桩号	埋深(m)	拱顶下沉(mm)	周边收敛(mm)	拱顶下沉相对位移(%)	周边相对位移(%)
牛车顶隧道	LK100+814	—	9.0	4.68	0.097 4	0.041 1
	LK100+822	—	8.0	7.41	0.086 6	0.065 1
	LK100+830	—	11.4	6.72	0.123 4	0.059 1
	LK103+175	—	12.0	2.17	0.129 9	0.019 1
	LK103+167	—	5.8	4.39	0.062 8	0.038 6
	LK103+159	—	6.5	2.51	0.070 4	0.022 1
	LK103+151	—	7.2	5.17	0.077 9	0.045 4
	LK103+135	—	8.0	2.68	0.086 6	0.023 6
	LK103+120	—	12.5	6.23	0.135 3	0.054 8
	LK103+112	—	5.0	4.70	0.054 1	0.041 3
	LK103+104	—	31.0	—	0.335 5	—
	RK103+163	—	4.9	21.9	0.053 0	0.192 5
	RK103+155	—	1.5	7.69	0.016 2	0.067 6
	RK103+147	—	3.0	2.60	0.032 5	0.022 9
	RK103+139	—	5.0	4.60	0.054 1	0.040 4
	RK103+119	—	4.9	3.60	0.053 0	0.031 6
	LK114+795	—	5.0	1.68	0.054 1	0.014 8
	LK114+810	—	5.0	—	0.054 1	—
	LK114+825	—	3.6	7.32	0.039 0	0.064 3

续上表

隧道名称	断面桩号	埋深(m)	拱顶下沉(mm)	周边收敛(mm)	拱顶下沉相对位移(%)	周边相对位移(%)
息山大村隧道	LK114+840	—	3.2	1.60	0.034 6	0.014 1
	RK115+252	—	18.1	7.25	0.195 9	0.063 7
	RK115+264	—	11.9	14.15	0.128 8	0.124 4
	RK115+272	—	8.8	37.53	0.095 2	0.329 9
亚婆髻隧道	LK106+362	—	1.0	3.70	0.010 8	0.032 5
	LK106+370	—	0.10	1.10	0.001 1	0.009 7
	LK106+650	—	2.2	3.0	0.023 8	0.026 4
	LK106+662	—	5.5	2.10	0.059 5	0.018 5
	LK106+674	—	2.0	1.34	0.021 6	0.011 8
	LK106+686	—	2.2	1.16	0.023 8	0.010 2
	LK106+698	—	2.4	1.20	0.026 0	0.010 5
	LK106+706	—	3.2	0.9	0.034 6	0.007 9
	LK106+714	—	1.8	1.54	0.019 5	0.013 5
	LK106+722	—	2.3	1.23	0.024 9	0.010 8
	LK106+730	—	3.1	1.35	0.033 6	0.011 9
	RK106+380	—	4.5	3.37	0.048 7	0.029 6
	RK106+388	—	4.0	0.75	0.043 3	0.006 6
	RK106+651	—	4.7	2.52	0.050 9	0.022 1
亚婆髻隧道	RK106+666	—	4.6	2.63	0.049 8	0.023 1
	RK106+692	—	2.5	0.97	0.027 1	0.008 5
	RK106+720	—	11.2	5.33	0.121 2	0.046 8
	RK106+728	—	2.6	5.07	0.028 1	0.044 6
正涌隧道	LK116+829	—	20.7	46.1	0.224 1	0.405 2
	LK116+837	—	4.3	32.4	0.046 5	0.284 8
	LK116+845	—	6.7	2.84	0.072 5	0.025 0
	LK116+853	—	5.3	4.45	0.058 4	0.039 1
	LK116+861	—	14.5	2.14	0.156 9	0.018 8
	LK116+874	—	8.0	5.16	0.097 4	0.041 1
老苍坡5号隧道	XK300+090	33	7.77	3.8	0.084 1	0.033 4
	XK300+110	25	25.36	14.183	0.274 5	0.124 8
	XK300+020	44	21.75	9.712	0.235 4	0.085 5
	XK300+003	35	3.71	1.58	0.040 2	0.013 9
	XK299+990	31	2.93	2.324	0.031 7	0.020 5
	XK299+960	17	12.39	9.1	0.134 1	0.080 1
	SK300+040	50	29.57	7.483	0.320 1	0.065 9
	SK300+110	25	25.36	14.183	0.274 5	0.124 8

续上表

隧道名称	断面桩号	埋深(m)	拱顶下沉(mm)	周边收敛(mm)	拱顶下沉相对位移(%)	周边相对位移(%)
老苍坡5号隧道	SK300+070	36	7.83	10.231	0.084 8	0.090 0
	SK299+990	31	2.93	2.324	0.031 7	0.020 5
	SK299+966	16	8.24	11.663	0.089 2	0.102 7
桥头隧道	XK342+574	29	37.95	8.274	0.410 8	0.072 8
	XK342+603	27	33.96	10.767	0.367 6	0.094 8
	SK342+442	35	7.52	14.774	0.081 4	0.130 0
	SK342+603	26.6	21.27	10.299	0.230 2	0.090 6
	SK342+628	14.2	12.34	14.015	0.133 6	0.123 4
通关隧道	XK325+012	48	11.83	9.491	0.128 1	0.083 5
	XK324+883	31	9.897	12.123	0.107 1	0.106 7
	XK324+891	37	9.99	18.7	0.108 1	0.164 6
	XK324+904	31	19.99	7.723	0.216 4	0.068 0
	XK324+930	35	3.26	—	0.035 3	0.000 0
矮寨隧道	YK29+505	50	6.26	8.035	0.067 8	0.070 7
	YK29+549	37	9.79	11.871	0.106 0	0.104 5
	YK30+080	23	10.58	3.413	0.114 5	0.030 0
	ZK29+542	44	12.51	12.867	0.135 4	0.113 2
	ZK29+730	41	10.15	12.444	0.109 9	0.109 5
大路岗隧道	YK9+511	40	11.57	5.873	0.125 2	0.051 7
	YK10+036	16	9.68	3.244	0.104 8	0.028 6
	YK10+075	15	11.16	4.824	0.120 8	0.042 5
	YK10+104	20	15.8	4.176	0.171 0	0.036 8
	ZK10+123	42	12.13	4.43	0.131 3	0.039 0
	ZK10+157	36	10.27	9.819	0.111 2	0.086 4
店背寨隧道	YK33+988	24	7.55	6.555	0.081 7	0.057 7
龙祖隧道	YK86+362	30	7.25	12.843	0.078 5	0.113 0
	YK86+541	36	8.05	11.973	0.087 1	0.105 4
	ZK34+175	34	4.39	2.054	0.047 5	0.018 1
	YK41+115	50	3.92	1.377	0.042 4	0.012 1
	ZK41+115	14	3.25	0.251	0.035 2	0.002 2
美菰林隧道	ZK252+837	44	6.1	4.2	0.066 0	0.037 0
	ZK252+896	20	1.4	2.2	0.015 2	0.019 4
	ZK253+010	44	4.5	5.2	0.048 7	0.045 8
八仙岩隧道	YK15+727	20	5.13	6.321	0.055 5	0.055 6
	YK15+818	35	8.17	14.34	0.088 4	0.126 2
	YK15+864	26	7.68	—	0.083 1	0.000 0

续上表

隧道名称	断面桩号	埋深(m)	拱顶下沉(mm)	周边收敛(mm)	拱顶下沉相对位移(%)	周边相对位移(%)
八仙岩隧道	ZK16+327	14	6.53	6.53	0.070 7	0.057 5
	ZK16+312	30	4.78	5.505	0.051 7	0.048 5
	ZK15+706	12	4.17	—	0.045 1	0.000 0
南约沟隧道	ZK126+016	20	5.63	9.337	0.060 9	0.082 2
	ZK126+041	12	5.5	8.226	0.059 5	0.072 4
	ZK126+080	40	6.74	8.909	0.073 0	0.078 4
	ZK126+796	30	5.332	5.308	0.058 8	0.046 7

Ⅳ级围岩埋深≤100m时围岩变形实测数据汇总表 表4-39

隧道名称	断面桩号	埋深(m)	拱顶下沉(mm)	周边收敛(mm)	拱顶下沉相对位移(%)	周边相对位移(%)
牛车顶隧道	RK103+92	—	2.0	5.10	0.086 6	0.045 4
	LK103+80	—	12.0	9.15	0.021 6	0.044 8
	LK103+68	—	4.5	7.79	0.129 9	0.080 4
	RK100+898	—	8.5	3.90	0.048 7	0.068 5
	RK100+910	—	6.5	2.91	0.092 0	0.034 3
芭蕉箐隧道	XK313+604	87	7.02	11.929	0.070 354	0.025 578
	XK313+655	87	5.501 1	17.776	0.059 5	0.156 5
	SK313+700	100	6.82	17.033	0.073 8	0.149 9
布陇箐隧道	SK286+979	86	—	10.208	0.000 0	0.089 8
桥头隧道	SK342+573	87	8.69	6.143	0.094 1	0.054 1
通关隧道	XK324+950	61.5	6.67	10.06	0.072 2	0.088 5
	SK324+962	60	15.29	8.417	0.165 5	0.074 1
矮寨隧道	YK29+982	82	11.08	2.663	0.119 9	0.023 4
店背寨隧道	YK34+130	60	13.34	7.542	0.144 4	0.066 4
	ZK34+090	74	10.41	4.574	0.112 7	0.040 3
龙祖隧道	YK86+488	51	9.45	0.993	0.102 3	0.008 7
美菰林隧道	ZK258+028	68	40	18	0.433 0	0.158 4
	ZK257+978	100	13.23	14	0.143 2	0.123 2
韩婆垭隧道	YK170+580	56	6.65	4.636	0.072 0	0.040 8
	YK170+610	81	7.82	8.168	0.084 6	0.071 9
	ZK170+610	85	6.98	4.105	0.075 6	0.036 1
沙包梁隧道	ZK152+112	71.27	15.51	11.218	0.167 9	0.098 7
	ZK152+139	73.25	7.5	5.375	0.081 2	0.048 2
	ZK152+169	75	9.58	10.066	0.103 7	0.088 6
	ZK152+204	80.84	12.65	8.676	0.136 9	0.076 4

续上表

隧道名称	断面桩号	埋深(m)	拱顶下沉(mm)	周边收敛(mm)	拱顶下沉相对位移(%)	周边相对位移(%)
沙包梁隧道	ZK152+235	87.64	11.19	7.119	0.1211	0.0627
	ZK152+271	88	11.5	14.12	0.1245	0.1243
	ZK152+309	90.45	11.71	7.121	0.1268	0.0627
	ZK152+342	90.32	12.62	5.519	0.1366	0.0486
	ZK152+371	91	11.69	8.873	0.1265	0.0781
	ZK152+403	82.23	11.66	7.852	0.1262	0.0691
	ZK152+432	91	6.16	14.7	0.0667	0.1294
	ZK152+458	94	8.76	5.69	0.0948	0.0501
	YK152+131	59	26.06	16.783	0.2821	0.1477
	YK152+152	60	10.52	8.514	0.1139	0.0749
	YK152+191	67.5	9.46	9.255	0.1024	0.0815
	YK152+230	65	10.31	8.889	0.1116	0.0782
	YK152+266	66	9.51	10.045	0.1029	0.0884
	YK152+301	61	11.72	11.274	0.1269	0.0992
	YK152+337	73	9.3	7.991	0.1007	0.0703
	YK152+367	86	19.41	11.403	0.2101	0.1004
	YK152+408	97	11.68	8.432	0.1264	0.0742
南约沟隧道	YK126+282	75	5.62	11.556	0.0608	0.1017
	YK126+385	91	7.8	5.141	0.0844	0.0452
	YK126+418	68	7.71	3.891	0.0835	0.0342
	YK126+647	60	13.41	7.064	0.1452	0.0622
	YK126+657	51	15.2	12.89	0.1645	0.1135
	ZK126+498	85	5.69	—	0.0616	0.0000
	ZK126+458	75	8.6	—	0.0931	0.0000

IV 级围岩埋深≤200m 时围岩变形实测数据汇总表 表 4-40

隧道名称	断面桩号	埋深(m)	拱顶下沉(mm)	周边收敛(mm)	拱顶下沉相对位移(%)	周边相对位移(%)
芭蕉箐隧道	XK313+675	125	3.46	7.345	0.0375	0.0646
	XK313+745	138	8.3	1.665	0.0898	0.0147
	SK313+615	122	2.91	6.992	0.0315	0.0615
	SK313+740	101	0.7	0.21	0.0076	0.0018
布陇箐隧道	SK286+123	186	36.01	44.841	0.3898	0.3947
	SK286+156	190	32.33	36.295	0.3499	0.3195
	SK286+235	190	88.44	167.505	0.9573	1.4743
	SK286+292	192	43.41	30.192	0.4699	0.2657
	SK286+752	156	12.26	91.762	0.1327	0.8076

续上表

隧道名称	断面桩号	埋深(m)	拱顶下沉(mm)	周边收敛(mm)	拱顶下沉相对位移(%)	周边相对位移(%)
布陇箐隧道	SK286+337	200	23.25	15.779	0.2517	0.1389
	XK286+144	134	4.73	55.925	0.0512	0.4922
	XK286+848	194	31.32	18.192	0.3390	0.1601
	XK286+268	156	77.92	121.533	0.8434	1.0697
	XK286+296	165	49.27	11.756	0.5333	0.1035
	XK286+570	192	4.97	30.527	0.0538	0.2687
	XK286+312	176	37.24	3.16	0.4031	0.0278
老苍坡1号隧道	XK289+635	120	51.87	76.242	0.5615	0.6710
	XK289+570	123	39.47	57.296	0.4272	0.5043
	XK289+558	118	3.05	39.652	0.0330	0.3490
	XK289+435	118	8.54	1.889	0.0924	0.0166
	XK289+628	126	29.01	30.137	0.3140	0.2653
	SK290+340	112	40.21	6.09	0.4352	0.0536
	SK290+380	127	29.57	6.908	0.3201	0.0608
	SK290+401	139	19.82	1.115	0.2145	0.0098
	SK290+420	136	23.76	98.469	0.2572	0.8667
	SK290+461	130	8.55	10.343	0.0925	0.0910
青杠哨隧道	YK170+800	154	10.31	6.398	0.1116	0.0563
韩婆垭隧道	YK170+650	135	6.46	5.991	0.0699	0.0527
	YK170+800	188	7.2	4.251	0.0779	0.0374
	YK171+800	173	8.23	5.355	0.0891	0.0480
	YK172+205	168	8.67	5.638	0.0938	0.0496
	ZK172+115	161	11.08	3.691	0.1199	0.0325
	ZK172+275	152	10.69	4.415	0.1157	0.0389
	ZK171+660	185	8.28	8.285	0.0896	0.0729
	ZK171+740	183	9.47	6.197	0.1025	0.0545
	ZK171+820	173	8.54	5.338	0.0924	0.0470
沙包梁隧道	YK152+445	115	12.41	8.675	0.1343	0.0764
	YK152+480	120	13.68	8.136	0.1481	0.0716
	YK152+516	133	9.24	7.182	0.1000	0.0632
	YK152+553	139	8.35	4.884	0.0904	0.0430
	ZK154+270	160	11.76	7.545	0.1273	0.0664
	ZK154+230	163	10.97	6.498	0.1187	0.0572
	YK154+170	187	9.3	3.096	0.1007	0.0272
	YK154+130	198	9.65	4.092	0.1045	0.0360
南约沟隧道	ZK126+535	105	9.6	—	0.1039	0.0000

Ⅳ级围岩埋深≤300m 时围岩变形实测数据汇总表　　表 4-41

隧道名称	断面桩号	埋深(m)	拱顶下沉(mm)	周边收敛(mm)	拱顶下沉相对位移(%)	周边相对位移(%)
布陇箐隧道	SK286+511	256	4.46	—	0.048 3	0.000 0
	SK286+443	220	—	9.027	0.000 0	0.079 5
	XK286+476	238	6.53	—	0.070 7	0.000 0
青杠哨隧道	ZK19+126	292	11.99	6.459	0.129 8	0.056 8
	ZK19+150	288	11.6	5.119	0.125 6	0.045 1
	ZK19+174	280	11.29	6.26	0.122 2	0.055 1
	ZK19+726	275	2.18	0.62	0.023 6	0.005 5
	ZK19+745	270	2	0.51	0.021 6	0.004 5
	ZK20+806	255	0.36	0.4	0.003 9	0.003 5
	ZK20+826	251	0.37	0.6	0.004 0	0.005 3
	ZK20+846	243	0.1	0.4	0.001 1	0.003 5
	ZK20+866	225	2.7	3.2	0.029 2	0.028 2
	ZK20+886	222	3.3	2.7	0.035 7	0.023 8
韩婆垭隧道	ZK171+530	216	6.28	4.03	0.068 0	0.035 5
沙包梁隧道	ZK152+738	206.3	5.38	5.872	0.058 2	0.051 7
	ZK152+800	211.2	8.32	3.663	0.090 1	0.032 2
	ZK152+836	228	7.49	5.933	0.081 1	0.052 2
	ZK152+870	260	—	8.058	0.000 0	0.070 9
	ZK152+967	296	—	4.542	0.000 0	0.040 0
	ZK153+046	281.28	11.36	4.874	0.123 0	0.042 9
	YK152+810	215.5	—	6.796	0.000 0	0.059 8
	YK152+873	265	6.87	—	0.074 4	0.000 0
	YK153+138	298.35	7.37	4.84	0.079 8	0.042 6
	ZK154+030	202	10.29	—	0.111 4	0.000 0
	ZK153+695	251	9.98	—	0.108 0	0.000 0
	ZK153+660	253	8.83	3.708	0.095 6	0.032 6
	ZK153+630	272	10.28	6.252	0.111 3	0.055 0
	ZK153+600	274	8.64	4.58	0.093 5	0.040 3
	ZK153+568	259	9.01	—	0.097 5	0.000 0
	ZK153+536	250	11.44	4.083	0.123 8	0.035 9
	ZK153+500	232	9.03	—	0.097 7	0.000 0
	ZK153+460	258	8.36	4.782	0.090 5	0.042 1
	ZK153+425	270	7.95	4.394	0.086 1	0.038 7
	YK154+090	204	9.45	4.967	0.102 3	0.043 7
	YK154+051	207	9.16	—	0.099 2	0.000 0
	YK154+019	209.19	8.81	3.281	0.095 4	0.028 9

续上表

隧道名称	断面桩号	埋深(m)	拱顶下沉(mm)	周边收敛(mm)	拱顶下沉相对位移(%)	周边相对位移(%)
沙包梁隧道	YK153+985	202	7.92	—	0.085 7	0.000 0
	YK153+775	234	11.57	7.32	0.125 2	0.064 4
	YK153+730	265	7.71	3.655	0.083 5	0.032 2
	YK153+690	278	8.19	3.338	0.088 7	0.029 4
	YK153+658	288	8.39	6.037	0.090 8	0.053 1
	YK153+620	289.6	9.25	3.429	0.100 1	0.030 2
	YK153+585	279	11.14	4	0.120 6	0.035 2
	YK153+550	278	7.93	4.75	0.085 8	0.041 8
	YK153+515	246	7.86	5.398	0.085 1	0.047 5

Ⅳ级围岩埋深≤400m时围岩变形实测数据汇总表 表4-42

隧道名称	断面桩号	埋深(m)	拱顶下沉(mm)	周边收敛(mm)	拱顶下沉相对位移(%)	周边相对位移(%)
青杠哨隧道	ZK18+014	327	13.25	6.728	0.143 4	0.059 2
	ZK18+029	329	11.92	10.22	0.129 0	0.090 0
	ZK18+052	332	7.81	5.248	0.084 5	0.046 2
	ZK18+070	348	7.7	6.338	0.083 3	0.055 8
	ZK18+087	352	9.9	7.227	0.107 2	0.063 6
	ZK18+900	390	6.29	5.146	0.068 1	0.045 3
	ZK18+921	383	4.73	4.166	0.051 2	0.036 7
	ZK18+945	376	2.97	3.256	0.032 1	0.028 7
	ZK18+967	365	8	3.413	0.086 6	0.030 0
	ZK18+990	358	10.48	2.003	0.113 4	0.017 6
	ZK19+012	343	11.53	3.899	0.124 8	0.034 3
	ZK19+036	338	11.41	5.31	0.123 5	0.046 7
	ZK19+060	321	11.27	6.61	0.122 0	0.058 2
	ZK19+080	312	11.37	6.28	0.123 1	0.055 3
	ZK19+102	308	11.37	6.28	0.123 1	0.055 3
	YK18+163	367	12.19	6	0.131 9	0.052 8
	YK18+573	21	11.75	7.661	0.127 2	0.067 4
	YK18+584	440	10.04	8.687	0.108 7	0.076 5
	YK18+603	445	8.4	4.909	0.090 9	0.043 2
	YK18+995	430	5.81	5.317	0.062 9	0.047 7
	YK19+020	421	8.16	4.41	0.088 3	0.038 8
	YK19+044	412	5.33	4.388	0.058 8	0.038 6
	YK19+067	402	6.57	7.362	0.071 1	0.064 8

续上表

隧道名称	断面桩号	埋深(m)	拱顶下沉(mm)	周边收敛(mm)	拱顶下沉相对位移(%)	周边相对位移(%)
青杠哨隧道	YK19+090	390	6.01	4.028	0.065 1	0.035 5
	YK19+113	385	5.91	3.52	0.064 0	0.031 0
	YK19+135	375	4.34	3.303	0.047 0	0.029 1
	YK19+158	370	4.39	4.504	0.047 5	0.039 6
	YK19+181	365	4.34	3.551	0.047 0	0.031 3
	YK19+204	352	4.29	2.216	0.046 4	0.019 5
	YK20+328	348	4.32	4.3	0.046 8	0.037 8
	YK20+415	334	5.12	4.37	0.055 4	0.038 5
沙包梁隧道	YK153+170	317	—	2.842	0.000 0	0.025 0
	YK153+213	340	—	—	0.000 0	0.000 0
	YK153+248	352	—	3.776	0.000 0	0.033 2
	YK153+287	346	—	—	0.000 0	0.000 0
	YK153+329	340	7.95	4.394	0.086 1	0.038 7

由表4-43不难发现：隧道围岩趋稳时的相对变形是随埋深的增加而增加，它们都是一定的范围值，且相邻的埋深段间没有明显的界限，相互交叠。

两车道公路隧道Ⅳ级围岩各埋深段实测数据统计分析表 表4-43

埋深(m)	项目	平均值E(mm)	标准差σ(mm)	$E-2\sigma$(m)m	E+2σ(mm)	最大相对变形(%)	最小相对变形(%)
≤50	周边收敛	6.97	1.93	3.10	10.83	0.093 7	0.026 8
	拱顶下沉	5.37	2.12	1.12	9.62	0.101 9	0.011 8
≤100	周边收敛	10.43	2.88	4.68	16.19	0.140 0	0.040 5
	拱顶下沉	9.51	2.42	4.67	14.34	0.152 0	0.049 5
≤200	周边收敛	19.61	3.55	12.51	26.71	0.231 0	0.108 2
	拱顶下沉	15.51	2.12	11.27	19.74	0.209 2	0.119 4
≤300	周边收敛	27.35	4.35	18.64	36.05	0.311 8	0.161 2
	拱顶下沉	22.36	2.33	17.69	27.03	0.286 3	0.187 4
≤400	周边收敛	6.97	1.93	3.10	10.83	0.409 8	0.224 6
	拱顶下沉	5.37	2.12	1.12	9.62	0.362 6	0.195 9

在Ⅳ级围岩中，隧道围岩趋稳时的相对周边收敛值为0.409 8%，最小值为0.026 8%；相对拱顶沉降最大值为0.362 6%，最小值为0.011 8%。相对周边收敛(塑性围岩)的平均增长率约为0.27%，相对拱顶沉降(塑性围岩)的平均增长率为0.376%。无论周边收敛还是拱顶沉降，随着隧道埋深的增大，围岩趋稳时的相对变形值的增长幅度是逐渐减小的。

遵照Ⅳ级围岩现场监控量测数据的统计分析方式，对收集到的其他围岩级别的隧道周边位移数据进行统计分析，并得出各围岩级别各埋深段的周边收敛数据分析结果。

由于现场实测数据样本数量的限制，对Ⅱ级围岩的变形数据未作统计分析，对Ⅴ级、Ⅲ级围岩实测变形数据的统计分析结果分别列于表 4-44、表 4-45，可以得出与Ⅳ级围岩相似的结论。

两车道公路隧道Ⅴ级围岩各埋深段实测数据统计分析表 表 4-44

埋深(m)	项目	平均值 E (mm)	标准差 σ (mm)	$E-2\sigma$ (mm)	$E+2\sigma$ (mm)	最大相对变形 (%)	最小相对变形 (%)
≤50	周边收敛	10.87	2.27	6.09	15.15	0.131 1	0.052 7
	拱顶下沉	10.08	2.51	5.06	15.10	0.160 0	0.053 6
≤100	周边收敛	14.14	3.49	7.16	21.11	0.182 6	0.061 9
	拱顶下沉	11.37	2.12	7.12	15.62	0.165 5	0.075 4
≤200	周边收敛	27.19	4.98	17.23	37.15	0.321 3	0.149 0
	拱顶下沉	22.13	2.28	15.57	28.70	0.304 1	0.164 9
≤300	周边收敛	35.64	5.92	23.81	47.47	0.410 6	0.205 9
	拱顶下沉	30.00	4.39	21.22	38.77	0.410 8	0.224 8

两车道公路隧道Ⅲ级围岩各埋深段实测数据统计分析表 表 4-45

埋深(m)	项目	平均值 E (mm)	标准差 σ (mm)	$E-2\sigma$ (mm)	$E+2\sigma$ (mm)	最大相对变形 (%)	最小相对变形 (%)
≤50	周边收敛	4.75	2.02	0.72	8.78	0.078 0	0.009 2
	拱顶下沉	4.55	2.12	0.31	8.78	0.112 7	0.004 0
≤100	周边收敛	7.72	2.43	2.86	12.58	0.111 8	0.036 6
	拱顶下沉	6.79	2.25	2.30	11.29	0.144 9	0.029 5
≤200	周边收敛	9.96	2.70	4.57	15.36	0.136 5	0.058 7
	拱顶下沉	9.43	2.17	5.09	13.77	0.176 7	0.065 3
≤300	周边收敛	12.60	3.11	6.37	18.83	0.167 3	0.081 8
	拱顶下沉	10.56	2.79	4.98	16.14	0.207 2	0.064 0

在Ⅲ级围岩中，相对周边收敛(塑性围岩)的平均增长率约为 0.30%，相对拱顶沉降(塑性围岩)的平均增长率为 0.23%。

在Ⅴ级围岩中，相对周边收敛(塑性围岩)的平均增长率约为 0.47%，相对拱顶沉降(塑性围岩)的平均增长率为 0.39%。

各围岩级别各埋深段的样本数均远大于 30，统计结果的可信度具有一定的保障。

公路隧道各级围岩趋稳时的相对变形统计数据汇总表见表 4-46。由于样本数量的限制，在埋深大于 300m 的区段内样本数量极少，导致该区段的允许相对位移为空白。但从统计的数据结果来看，围岩趋稳时的相对变形量的基本规律均随围岩级别的升高(Ⅲ→Ⅴ)而变大，随隧道埋深的增大而增大。它们都是一定的范围值，且相邻的围岩级别、相邻的埋深段没有明显的界限，是相互交叠变化的。该表与公路隧道设计规范的“允许相对位移”相比较，各级围岩各埋深段的极大、极小值均相对要小。这个结果还是符合实际情况的。

公路隧道围岩趋稳时的相对变形变化范围汇总表(%)　　表 4-46

项目	围岩级别	埋深(m)				
		≤50	50～100	100～200	200～300	≥300
拱脚相对水平收敛	Ⅲ	0.009 2～0.078 0	0.036 6～0.111 8	0.058 7～0.136 5	0.081 8～0.167 3	—
	Ⅳ	0.026 8～0.093 7	0.040 5～0.140 0	0.108 2～0.23 1	0.161 2～0.311 8	0.224 6～0.409 8
	Ⅴ	0.052 7～0.131 1	0.061 9～0.182 6	0.149 0～0.321 3	0.205 9～0.410 6	—
拱顶相对沉降	Ⅲ	0.004 0～0.112 7	0.029 5～0.144 9	0.065 3～0.176 7	0.064 0～0.207 2	—
	Ⅳ	0.011 8～0.101 9	0.049 5～0.152 0	0.119 4～0.209 2	0.187 4～0.286 3	0.195 9～0.362 6
	Ⅴ	0.053 6～0.160 0	0.075 4～0.165 5	0.164 9～0.304 1	0.224 8～0.410 8	—

三、公路隧道围岩极限位移的数值模拟分析

隧道围岩稳定性变形判据的确定方法不能仅靠监控量测数据的统计，因为监控量测得到的大多数是稳定情况的数据，它们离失稳有多远并不清楚，而隧道实际临近失稳的变形并不容易测到，资料积累也不多，且现场监控数据一般存在"缺失测前变形数据"，最终"趋稳时相对变形"的统计可信度难免受到所采集样本的限制，且缺少一个衡量和评价的基准。如果用数值模拟分析的方法，模拟计算出隧道围岩的极限变形，不仅能够有效避免"测前变形损失"，而且能够建立一个评价与修正"趋稳时相对变形"的基准。综合二者，相信能够得出一组适用于隧道工程中的变形基准值。数值模拟分析的主要方法是有限元法(Finite Element Method，FEM)。有限元方法的模拟能力强，且能适用于各种实际的边界条件。严格地说，隧道的受力状态属于三维的空间问题，但三维数值模拟分析计算工作量大，数据处理费事，而将隧道力学问题简化为二维问题进行分析也能得到令人满意的结果，因此，一般采用二维分析方法。采用弹塑性平面有限元对隧道进行模拟分析的要点如下：

1. 围岩模拟及单元类型

采用四边形等参元模拟围岩，为了尽可能地得到隧道围岩在不同条件下的极限变形，在计算中未考虑隧道的支护结构。边界模拟分深埋和浅埋两种。根据《公路隧道设计规范》(JTG D70—2004)，浅埋和深埋隧道的分界，按荷载等效高度值，并结合地质条件、施工方法等因素综合判定。分界值 $H_p=(2\sim2.5)h_q$，其中荷载等效高度 $h_q=q/\gamma$，γ 为围岩重度(kN/m^3)，q 为垂直均布压力(kN/m^2)。浅埋隧道上边界取自地表，为自由边界，另三边为约束边界。约束边界至洞中心的距离为洞室平均半径的 5 倍以上，两侧受水平向约束，底边为竖向约束。

2. 初始地应力计算方法

初始地应力主要由自重应力和构造应力组成。自重应力根据海姆(Heim)假说，在岩体深处的初始垂直应力与其上覆岩体的重量成正比，而水平应力可按半无限弹性体的垂直应力与侧压力系数求得。对于浅埋隧道，一般只考虑自重应力的影响，即把初始岩体看作为半无限弹性体，将自重荷载作用于这一弹性体，求出的应力作为初始应力。而求出的位移在初始应力作用下早已完成，故取零值。对于深埋隧道，一般通过量测隧道中心附近处的初始应力，在考虑自重应力影响下，求出隧道围岩各点的初始应力分布。对于具有复杂的构造应力时，可根据实际量测的地应力直接赋值。

3. 分步开挖的力学模型

隧道开挖问题在力学上来说是一个应力释放及应力重分布过程。释放荷载是隧道中被挖

去的岩体对原岩地层作用力的反向平衡力，因而它的量值可由围岩初始应力场计算。围岩单元沿开挖线划分，两部分各单元之间在每一个相连的节点上必然有相互作用力。设相邻节点间的应力按线性分布，按静力等效原则可求得等效开挖释放节点力。为了使隧道处于最不利状态，取隧道开挖后，应力释放为100%。

根据《公路隧道设计规范》(JTG D70—2004)上给出的各级围岩的围岩力学计算参数，根据分位原理对各级围岩、不同埋深等条件下对各断面内主要测线间和拱顶下沉的极限变形进行有限元数值模拟研究。

根据《公路隧道设计规范》(JTG D70—2004)围岩分级标准，Ⅵ级围岩为软塑状黏土及潮湿、饱和粉细砂层、软土等。该类围岩自身不能稳定，极易坍塌，一般都要特殊设计和特殊处理。因而，未对Ⅵ级围岩的初期支护后的隧道极限变形进行数值模拟分析，但根据对围岩预加固后的实际效果，可套用相应高级别围岩的计算结果。

Ⅰ级围岩为坚硬完整的岩体，开挖后围岩自身稳定，无坍塌。在施工过程中，爆破松动的个别块体在其自身或爆破冲击荷载作用下可能掉落，或因高地层应变能的弹性释放而导致岩爆等洞室不稳定。前者可在施工中清理危石，后者一般与高地应力有关，多采用岩爆理论加以确定。因而对Ⅰ级围岩隧道变形极限值也未作数值模拟分析。

在模拟分析中，仅考虑自重应力场的作用，在这种情况下，隧道埋深问题实际上也就是地应力水平问题。随着埋深的增加，实际上意味着围岩条件的恶化，隧道开挖后，围岩塑性区将随之扩大。隧道埋深不同将显现出不同形状的塑性区，隧道的极限变形也将不同。假定围岩及支护材料均为理想弹塑性体，用"连续体"计算模型的弹塑性有限元，把围岩的变形简化成理想弹塑性应力应变关系，采用莫尔—库仑屈服准则。Ⅱ～Ⅴ级围岩的物理力学指标按照《公路隧道设计规范》(JTG D70—2004)选取(表4-47)。

Ⅱ～Ⅴ级围岩物理力学参数 表4-47

围岩级别	重度 γ(kN/m^3)	变形模量 E(GPa)	泊松比 μ	内摩擦角 φ(°)	黏聚力 c(MPa)
Ⅱ	25～27	20～33	0.2～0.25	50～60	1.5～2.1
Ⅲ	23～25	6～20	0.25～0.3	39～50	0.7～1.5
Ⅳ	20～23	1.3～6	0.3～0.35	27～39	0.2～0.7
Ⅴ	17～20	1～2	0.35～0.45	20～27	0.05～0.2

上述围岩物理力学指标均为一范围值，而不是确定值。在计算中，采用参数分位值抽样的定值计算方法，即对变量 E、μ、φ、c 分别选取最低值、1/2分位值及最高值三种(表4-48)。再从上述不同分位值中交叉选取的定值计算，最后进行计算结果统计的方法。

Ⅱ～Ⅴ级围岩各参数的分位值取值表 表4-48

围 岩 级 别		V	IV	III	II
变形模量 E(GPa)	E_0	1	1.3	6	20
	$E_{1/2}$	1.5	3.65	13	26.5
	E_1	2	6	20	33
泊松比 μ	μ_0	0.35	0.3	0.25	0.2
	$\mu_{1/2}$	0.4	0.325	0.275	0.225
	μ_1	0.45	0.35	0.3	0.25

续上表

围岩级别		Ⅴ	Ⅳ	Ⅲ	Ⅱ
内摩擦角 φ(°)	φ_0	20	27	39	50
	$\varphi_{1/2}$	23.5	32.5	44.5	55
	φ_1	27	39	50	60
黏聚力 c(MPa)	c_0	0.05	0.2	0.7	1.5
	$c_{1/2}$	0.125	0.45	1.1	1.8
	c_1	0.2	0.7	1.5	2.1

根据公路隧道埋深的特点，将埋深分别按50m、100m、200m、300m、400m、500m计算。大于600m埋深的隧道应按实际埋深及实际地应力进行计算。且计算中仅考虑由土层自重引起的竖直地应力，忽略构造地应力的影响。

分别按隧道埋深、围岩分级等条件进行了模拟分析。埋深分别按小于50m，100m，…，500m共6种区段，围岩级别分别按Ⅱ、Ⅲ、Ⅳ和Ⅴ级围岩。上述每种条件下，对E、μ、φ、c四参数分别以3个分位值交叉计算模拟，并进行统计处理，即每级围岩及埋深时的隧道周边位移及其分布都是在24种E、μ、φ、c分位值组合计算结果的统计汇总。

为便于与现场监控量测值相比较，在模拟分析时将隧道周边各节点绝对位移换算成收敛变形；根据测线形式不同，分为水平收敛和拱顶沉降。而拱顶沉降是包含洞室自身变形和洞室的整体下沉即拱顶节点的绝对垂直位移。相应的两测点间的收敛值与测点之间的距离之比称为相对于测线长度的收敛值，简称相对水平收敛（相对收敛），也就是一般规范和规则中常用的相对变形。这是无量纲值，便于在各种尺寸的断面中应用。

对于各级围岩、各种埋深的断面，都分别统计分析了各测线的水平收敛、拱顶下沉极限值和相对水平收敛、相对拱顶下沉的极限变形。表4-49给出了IV级围岩在400m埋深时的各分位值下的极限变形数值。其中编号“IV-400-1”表示IV级围岩在400m埋深下的第一组数据。顶部表示拱顶沉降值，底部表示隧道底部隆起。从表中可见最大和最小变形值相差的范围都比较大。而最大最小值属于边界值，不具备典型意义。根据数理统计原理，假设极限位移近似为正态分布，以$E\pm2\sigma$为上下限，可以认为各级围岩各种埋深的极限变形95.3%以上都在这个范围。同时，也假设极限变形近似为t分布，以$E\pm t_{0.9973}\frac{\sigma}{\sqrt{n}}$为上下限，可以认为各级围岩各种埋深的极限变形99.73%以上都在这个范围。因为两种统计方法均为假设，因此可以将其统计结果进行比较，最终取覆盖率高且合理的那个值。相信这样比直接用数值计算得出的最大、最小值作为范围更为合理。

考虑到实际量测时，拱脚、拱腰水平收敛和拱顶下沉都是必测项目，故将取此三条关键测线的相对极限变形。其中，测线的长度依据实际模型最大、最小值点处长度来确定，并将位移值转化为相对变形。

另外，从结果可以看出，随着隧道埋深的增大，围岩的极限变形也在相应地增大，且可以得出“隧道埋深每增加100m，极限变形增长10～13mm不等”的结论。在浅埋段，隧道拱腰的收敛变形一般要小于拱脚的收敛变形；深埋段，则相反。浅埋段拱顶沉降值略大于周边收敛值，深埋段则相反。

IV 级围岩初期支护在 400m 埋深时的各分位值下的极限位移(mm) 表 4-49

物理参数 / 编号	E(GPa)	μ	φ(°)	c(MPa)	极限位移(mm)			
					拱顶沉降		周边收敛	
					顶部	底部	拱腰	拱脚
IV—400—1	1.3	0.3	27	0.2	73.82	70.93	95.33	67.98
IV—400—2	1.3	0.3	27	0.7	71.74	52.49	72.65	55.85
IV—400—3	1.3	0.3	39	0.2	68.09	68.06	32.57	41.32
IV—400—4	1.3	0.3	39	0.7	67.77	46.37	26.16	27.24
IV—400—5	1.3	0.35	27	0.2	70.38	64.30	87.81	62.63
IV—400—6	1.3	0.35	27	0.7	69.06	49.43	68.47	51.63
IV—400—7	1.3	0.35	39	0.2	66.50	46.23	37.31	41.89
IV—400—8	1.3	0.35	39	0.7	66.47	45.51	31.46	32.32
IV—400—9	3.65	0.3	27	0.2	31.31	26.53	55.59	35.22
IV—400—10	3.65	0.3	27	0.7	28.50	18.76	41.98	27.38
IV—400—11	3.65	0.3	39	0.2	25.97	17.09	23.66	19.38
IV—400—12	3.65	0.3	39	0.7	25.59	16.74	17.99	13.77
IV—400—13	3.65	0.35	27	0.2	29.94	23.76	51.85	29.08
IV—400—14	3.65	0.35	27	0.7	27.44	18.32	39.64	23.68
IV—400—15	3.65	0.35	39	0.2	25.32	16.70	24.84	19.33
IV—400—16	3.65	0.35	39	0.7	25.15	16.44	19.55	15.36
IV—400—17	6	0.3	27	0.2	21.87	16.75	43.48	25.07
IV—400—18	6	0.3	27	0.7	19.05	12.09	32.55	19.51
IV—400—19	6	0.3	39	0.2	17.16	10.48	20.28	13.73
IV—400—20	6	0.3	39	0.7	16.04	10.24	15.01	10.64
IV—400—21	6	0.35	27	0.2	21.12	14.81	37.37	20.80
IV—400—22	6	0.35	27	0.7	18.49	11.32	28.83	17.23
IV—400—23	6	0.35	39	0.2	16.60	10.23	18.62	12.51
IV—400—24	6	0.35	39	0.7	15.73	10.07	14.50	10.48

在对各类“极限变形”数据的统计分析中,采用了两种方法分别统计了极限变形的上、下限值。从实际的计算分析可以看出,3σ 法则计算得出的上限值能够覆盖样本的 91.67%,能较好地反应数据范围。而下限制却出现负值,明显失真,不可取;t 分布法计算得出的上限值只能覆盖样本的 83.33%,明显劣于前者。下限值却能够覆盖样本的 87.5%,也能够较好地反映数据范围。因此,采取 3σ 法则的上限值和 t 分布法的下限制综合确定变形基准值,总结归纳的两车道公路隧道在各级围岩、各埋深条件下的最终“极限相对变形”,见表 4-50。

从表 4-50 中可以看出,各级围岩极限相对变形的共同规律是“随埋深的增加而增加,随围岩级别的降低而减小”。它们都是一定的范围值,同等围岩级别下,相邻埋深段极限相对变形间没有明显的界限。在表格的纵向,即同类埋深、相邻围岩级别也是如此。在数值上,IV、V 级围岩比 II、III 级围岩要大出一个数量级。实际应用中,同一级别的围岩中,脆性围岩取表中的较小值,塑性围岩取表中的较大值,这与现行规范是一致的。

两车道公路隧道围岩极限相对变形(%) 表 4-50

项目	围岩级别	埋深(m)					
		≤50	≤100	≤200	≤300	≤400	≤500
拱脚相对水平收敛	II	0.004 0～0.006 2	0.007 6～0.009 5	0.015 2～0.023 3	0.023 7～0.039 0	0.033 6～0.066 6	0.046 8～0.116 4
	III	0.005 7～0.017 4	0.009 3～0.029 0	0.024 5～0.076 4	0.039 0～0.127 5	0.071 3～0.211 3	0.095 1～0.284 5
	IV	0.013 4～0.054 6	0.036 8～0.150 7	0.114 0～0.365 3	0.198 6～0.593 5	0.285 5～0.828 3	0.373 7～1.072 9
	V	0.047 0～0.106 5	0.115 3～0.225 0	0.250 1～0.484 9	0.385 2～0.792 4	0.520 8～1.037 6	0.652 8～1.506 9
拱腰相对水平收敛	IV	0.018 5～0.064 3	0.043 0～0.148 1	0.107 3～0.329 6	0.188 5～0.527 0	0.265 6～0.713 8	0.347 6～0.916 2
	V	0.046 4～0.093 0	0.105 6～0.192 9	0.223 5～0.403 2	0.340 3～0.635 2	0.458 8～0.830 0	0.576 8～1.035 9
拱顶相对下沉	II	0.006 1～0.009 2	0.012 8～0.019 6	0.026 3～0.040 2	0.039 4～0.061 4	0.055 2～0.086 2	0.072 7～0.120 5
	III	0.008 1～0.032 9	0.022 4～0.066 5	0.046 4～0.135 9	0.064 9～0.191 2	0.098 7～0.282 6	0.127 0～0.360 1
	IV	0.031 0～0.092 5	0.063 9～0.232 5	0.133 8～0.475 4	0.194 3～0.726 0	0.272 7～0.943 3	0.346 2～1.114 8
	V	0.058 3～0.126 4	0.118 1～0.227 6	0.242 2～0.482 2	0.370 7～0.807 4	0.499 7～1.006 5	0.632 2～1.373 8

注：1. 硬岩取表中较小者、软岩取较大者，表列数据可在施工中通过实测资料积累作适当修正；
2. 拱脚相对水平收敛指两点间收敛值与其距离之比，相对拱顶下沉指拱顶下沉值减去隧道下沉值后与原拱顶至隧底高度之比。

四、隧道围岩变形预警指标

根据统计的隧道“围岩趋稳时的相对变形”和数值模拟分析的“极限相对变形”来确定两车道公路隧道围岩相对变形预警基准值的基本原则为：

(1)浅埋段(≤50m)的基准值取二者数值较大者，深埋段基准值取相应数据较小者。

(2)同一级别的围岩中，脆性围岩取列表中的较小值，塑性围岩取列表中的较大值。

(3)不同测线处基准值必然有差别，故拱顶下沉、拱脚水平收敛确立不同判据。

由以上三点原则确定的隧道围岩相对变形预警基准值见表 4-51。

两车道公路隧道围岩相对变形预警基准值(%) 表 4-51

项目	围岩级别	埋深(m)					
		0～50	50～100	100～200	200～300	300～400	400～500
拱脚相对收敛	II	0.004 0～0.006 2	0.007 6～0.009 5	0.015 2～0.023 3	0.023 7～0.039 0	0.033 6～0.066 6	0.046 8～0.116 4
	III	0.012 0～0.093 6	0.047 6～0.134 2	0.076 3～0.163 8	0.106 3～0.127 5	0.071 3～0.211 3	0.095 1～0.284 5
	VI	0.034 8～0.112 4	0.052 7～0.168 0	0.140 7～0.365 3	0.198 6～0.593 5	0.292 0～0.828 3	0.373 7～1.072 9
	V	0.068 5～0.157 3	0.115 3～0.225 0	0.250 1～0.484 9	0.385 2～0.792 4	0.520 8～1.037 6	0.652 8～1.506 9
拱顶相对下沉	II	0.006 1～0.009 2	0.012 8～0.019 6	0.026 3～0.040 2	0.039 4～0.061 4	0.055 2～0.086 2	0.072 7～0.120 5
	III	0.008 1～0.087 2	0.038 4～0.173 9	0.084 9～0.212 0	0.083 2～0.248 6	0.098 7～0.282 6	0.127 0～0.360 1
	VI	0.015 3～0.122 3	0.064 4～0.232 5	0.155 2～0.475 4	0.194 3～0.726 0	0.272 7～0.943 3	0.346 2～1.114 8
	V	0.066 8～0.192 0	0.118 1～0.227 6	0.242 2～0.482 2	0.370 7～0.807 4	0.499 7～1.006 5	0.632 2～1.373 8

由于各级围岩的各项性能参数都是范围值，因而隧道各测线的变形基准值均为一分布区，使用中依然是塑性围岩取较大值，脆性围岩取较小值。

根据以上围岩相对变形预警基准值，将其绝对变形值 U_1 作为二级（橙色）预警等级的预警值，将其值的 80%（U_2）作为三级（黄色）预警等级的预警值，而将设计预留变形量的 80%作为一级（红色）预警等级的预警值，由监控量测数据对隧道围岩稳定性进行三级预警的指标见表 4-52。表 4-53 和表 4-54 分别为周边收敛和拱顶沉降的预警基准值。

两车道隧道变形预警指标及其对应的应急措施 表 4-52

预警等级	标准	应急措施
三级（黄色）	位移均大于 U_2，且位移加速度≥0	报告现场管理人员，加强监测
二级（橙色）	位移大于 U_1，且位移加速度≥0，位移—时间曲线上出现明显拐点，但还未出现开裂、剥落等现象	口头报告，召开会议，监测单位出书面报告和建议，并加强现场监测，每天监测次数不少于 2 次，并加强现场围岩及初期支护的观测，必要时补喷混凝土
一级（红色）	位移达到设计预留变形量的 80%，或初期支护开裂、混凝土剥落，且位移速率未在规范允许范围内（周边收敛速度小于 0.15mm/d，或拱顶位移速度小于 0.1mm/d）	主管工程师立即到现场调查，召开现场会议，研究应急措施，主要有加设锚杆、增设工字钢、锁脚锚杆、补喷混凝土或钢筋网混凝土等措施

两车道公路隧道围岩周边收敛预警基准值表 表 4-53

围岩级别	埋深（m）	硬岩（$\times10^{-2}$mm）		软岩（$\times10^{-2}$mm）	
		U_2	U_1	U_2	U_1
II级	≤50	0.003 2L	0.004 0L	0.004 9L	0.006 2L
	50～100	0.006 1L	0.007 6L	0.007 6L	0.009 5L
	100～200	0.012 1L	0.015 2L	0.018 6L	0.023 3L
	200～300	0.019 0L	0.023 7L	0.031 2L	0.039 0L
	300～500	0.026 9L	0.033 6L	0.093 1L	0.116 4L
III级	≤50	0.009 6L	0.012 0L	0.074 9L	0.093 6L
	50～100	0.038 0L	0.047 6L	0.107 4L	0.134 2L
	100～200	0.061 1L	0.076 3L	0.131 0L	0.163 8L
	200～300	0.085 1L	0.106 3L	0.149 9L	0.187 3L
	300～500	0.133 8L	0.167 3L	0.227 6L	0.284 5L
IV级	≤50	0.027 8L	0.034 8L	0.089 9L	0.112 4L
	50～100	0.042 1L	0.052 7L	0.134 4L	0.168 0L
	100～200	0.112 6L	0.140 7L	0.292 2L	0.365 3L
	200～300	0.158 9L	0.198 6L	0.474 8L	0.593 5L
	300～500	0.233 6L	0.292 0L	0.858 4L	1.072 9L
V级	≤50	0.054 8L	0.068 5L	0.125 9L	0.157 3L
	50～100	0.092 3L	0.115 3L	0.180 0L	0.225 0L
	100～200	0.200 0L	0.250 1L	0.388 0L	0.484 9L
	200～300	0.308 2L	0.385 2L	0.634 0L	0.792 4L
	300～500	0.416 6L	0.520 8L	1.205 5L	1.506 9L

注：L 为拱脚测线长度，单位为 mm。

两车道公路隧道围岩拱顶沉降预警基准值表 表 4-54

围岩级别	埋深(m)	硬岩(×10^{-2}mm)		软岩(×10^{-2}mm)	
		U_2	U_1	U_2	U_1
II级	≤50	0.004 9h	0.006 1h	0.007 3h	0.009 2h
	50～100	0.010 2h	0.012 8h	0.015 7h	0.019 6h
	100～200	0.021 0h	0.026 3h	0.032 2h	0.040 2h
	200～300	0.031 6h	0.039 4h	0.049 1h	0.061 4h
	300～500	0.044 2h	0.055 2h	0.096 4h	0.120 5h
III级	≤50	0.006 5h	0.008 1h	0.090 1 h	0.087 2h
	50～100	0.026 3h	0.038 4h	0.053 2h	0.173 9h
	100～200	0.052 2h	0.064 9h	0.108 7h	0.212 0h
	200～300	0.071 3h	0.083 2h	0.165 7h	0.248 6h
	300～500	0.100 2h	0.125 2h	0.288 1h	0.360 1h
IV级	≤50	0.012 2h	0.015 3h	0.097 8h	0.122 3h
	50～100	0.051 5h	0.064 4h	0.186 0h	0.232 5h
	100～200	0.124 2h	0.155 2h	0.380 3h	0.475 4h
	200～300	0.155 4h	0.194 3h	0.580 8h	0.726 0h
	300～500	0.218 2h	0.272 7h	0.891 8h	1.114 8h
V级	≤50	0.053 4h	0.066 8h	0.153 6h	0.192 0h
	50～100	0.094 4h	0.118 1h	0.182 0h	0.227 6h
	100～200	0.193 8h	0.242 2h	0.385 8h	0.482 2h
	200～300	0.296 5h	0.370 7h	0.646 0h	0.807 4h
	300～500	0.399 7h	0.499 7h	1.099 1h	1.373 8h

注:h 为隧道高度(初衬状态下,拱顶至仰拱的距离),单位为 mm。

五、隧道围岩变形预警体系

根据前面的预警等级,在变形达到相应的级别时,应设立相应的警示标志(警示牌)。

警示牌应设置在监测断面位置处,并有相关预警及应急措施的信息,警示牌格式如图 4-36 所示,警示牌应包含该断面的桩号以及该断面前后 10～15m 范围的起终点桩号作为预警范围。

警示牌的尺寸不小于 100cm×800cm,且应设置在显眼处,按预警级别确定警示牌颜色。对不同的预警等级应采用不同的应急措施,主要的应急措施见表 4-52。

六、工程实例

茶林顶隧道 RK72+276 断面埋深约 110m,围岩主要为强风化砂岩,节理裂隙较发育,局部极发育,围岩强度低,完整性差,可以判定为软岩,根据表 4-53 和表 4-54,可以计算出周边收敛的预警基准值 $U_1=0.484\ 9L=53.34$mm,$U_2=0.388\ 0L=42.68$mm;拱顶沉降 $U_1=0.482\ 2h=46.48$mm,$U_2=0.385\ 8h=37.19$mm,隧道设计预留变形量为 120mm。

围岩异常变形警示牌

本断面（桩号：　　　）量测数据存在异常。请注意（起点桩号：　　　　终点桩号：　　　）的围岩及支护结构各项指标变化情况。

预警级别：黄色

应急措施：加强监测和现场观察

图 4-36　围岩异常变形警示牌格式

图 4-37 为拱顶下沉和周边收敛位移—时间曲线。从图可以看出，拱顶下沉未超过基准值，但周边收敛已经超过二级预警（橙色）基准值，且在 U_2 和 U_1 时，位移加速度≥0。因此，在该断面处根据不同位移阶段设置了警示牌，如图 4-38 所示。

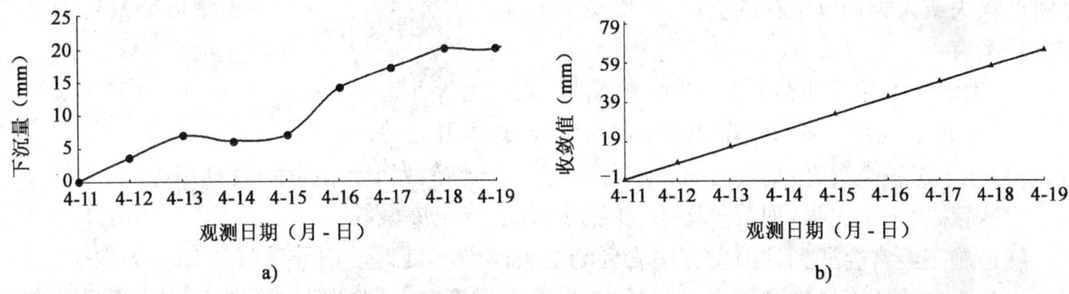

图 4-37　茶林顶隧道 RK72＋276 断面拱顶下沉和周边收敛位移—时间曲线

a）拱顶下沉；b）周边收敛

预警措施虽然在施工过程中能引起管理人员和施工人员的重视，但在某种程度上会增加工人的恐惧心理，影响工程进度。

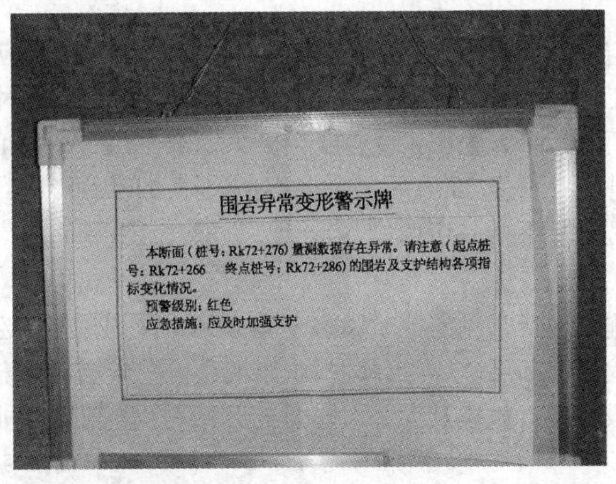

图 4-38　RK72＋276 围岩变形警示牌

第五章　不良地质体对隧道施工的影响及预警体系

第一节　隧道施工中的不良地质与地质灾害

一、不良地质与地质灾害

不良地质与地质灾害是两个不同的概念。

不良地质是由各种地质作用形成的不利于人类活动的工程地质条件的总称，隧道施工过程中遇到的不良地质主要有强风化区、断层破碎带、岩溶、地震区、高地应力、瓦斯等。

地质灾害主要是指由于各种自然地质作用、人为地质作用使地质环境恶化，并造成人类生命财产损失或人类赖以生存的资源、环境遭受破坏的灾害事件。隧道施工中可能发生的地质灾害种类有：

(1)斜坡岩土体运动类灾害：如崩塌、滑坡、泥石流等。

(2)地面变形类灾害：如地面塌陷、地表沉降、地面开裂等。

(3)地下工程类灾害：如塌方、冒顶、片帮、鼓底、岩爆、大变形、突水、瓦斯爆炸等。

(4)特殊岩土类灾害：如黄土湿陷、膨胀土胀缩、冻土冻融等。

隧道施工经常会遇到裂隙发育围岩和断层破碎带不良地质而导致隧道塌方的地质灾害，遇到岩溶不良地质而导致隧道突水和涌水、岩溶塌陷等灾害，遇到大埋深高地应力不良地质而导致岩爆以及软岩情况下大变形等地质灾害，这些灾害的发生导致施工进度缓慢，并且造成设备损失和人员伤亡，甚至导致整个工程的失败，造成严重的经济损失。

二、隧道施工中地质灾害产生的原因

影响隧道围岩稳定性的因素很多，主要有地层岩性、地质构造、地应力、地下水、地质工程环境、隧道结构、开挖工艺方法及支护体系等。可以看出，前五大影响因素均为客观的地质因素，且占重要的地位，而后三个人为因素受控于前五大因素。由于不良地质而引起的隧道工程中的地质灾害在国内外经常发生，而且后果严重，造成不良的社会影响，而人们在治理灾害时，往往是应诊式应急处理，以“不惜一切代价”为处理灾害的原则，缺乏科学指导。

1. 塌方

塌方是公路隧道施工中最常见的地质灾害。塌方是指隧道围岩发生塌落、片帮和崩塌所引起的地质灾害。常发生在断层破碎带、膨胀岩、第四系松散岩层、不整合接触面、侵入岩接触带及岩体不利组合地段。塌方规模及大小与隧道的开挖跨度、支护时间等因素有关。隧道塌方的主要原因有：

(1)隧道穿过断层及破碎带，或在薄层岩体的小曲褶、错动发育地段，开挖后围岩应力快速释放导致围岩失稳，小则引起围岩掉块、塌落，大则引起塌方。当隧道通过各种堆积体时，由于

结构松散，颗粒间无胶结或胶结差，开挖后引起坍塌。在软弱结构面发育或泥质充填物过多或不利的结构面空间展布地质，均容易产生较大规模的坍塌或塌方。

(2)隧道穿越地层覆盖层过薄地段，如在沿河傍山、偏压地段、河谷凹地浅埋和丘陵浅埋地段也容易发生塌方。

(3)水也是造成塌方的重要原因之一。地下水的软化、浸泡、冲蚀、溶解等作用加剧岩体的失稳和塌落。岩层软硬相间或有软弱夹层的岩体，在地下水作用下，软弱面的强度大为降低而发生滑塌。

2. 突(涌)水(泥)

突(涌)水(泥)是地下工程施工和运营中常见的地质灾害，它是隧道施工中遇到的流体地质灾害类型之一，发生几率非常高。一旦发生大规模的隧道涌水，不仅施工本身会严重受阻，而且可能引起浅层地下水及地表水枯竭，甚至引起地面塌陷等伴生的环境地质问题。

在隧道掘进过程中，必然破坏含水或潜在含水围岩，揭露部分地下导水通道，使地下水或与之有水力联系的其他水体(地表水、地下暗河及溶洞等)突然涌入隧道，发生突(涌)水灾害。隧道涌水是由于隧道的掘进破坏了含水层结构，使水动力条件和围岩力学平衡状态发生急剧改变，以至地下水体所储存的能量以流体(有时有固体物质伴随)高速运移形式瞬间释放而产生的一种动力破坏现象。当涌水中有大量的固体物质(尤其是泥质物)时，称为隧道的突泥。隧道突(涌)水(泥)的产生需满足如下条件：

(1)含水围岩的能量储存条件

隧道涌水(泥)发生的储存条件指能够形成大量地下水及泥沙的地质条件。岩溶、岩体中的各种破碎带(断层破碎带、节理密集带和炎性接触带)以及向斜构造盆地等部位，具有良好的富水和储水性能，常可形成水量大、水压高的地下水体。这些部位往往也是丰富的松散固体物质的来源，或本身含有大量的松散固体物质，如溶洞中的泥沙、节理裂隙中的充填物、断层破碎带中的断层岩(断层泥、断层角砾岩和糜棱岩)等；或与之有水力联系的其他水体(地表河、湖等)含有大量的泥沙或碎块，发生涌水时，也会随水流一并涌入隧道。同时，这些部位也是地下水的良好运移通道，在条件具备时，其中的地下水或与之有水力联系的其他地下水体，将通过这些通道涌入隧道内。

(2)地下水动力条件与含水围岩的能量释放条件

虽然含水圈中储存了大量能量，但隧道突涌水能够发生还要取决于隧道能量释放条件，即控制隧道突(涌)水的主要条件为其能量释放条件，包括水压及相对隔水层的厚度。

(3)含水围岩的稳定性

隧道开挖直接影响到含水围岩的稳定性，造成隧道的涌水突水。如果直接开挖相对隔水层，将揭露出地下水体并产生突发性灾害(涌水甚至突泥)。即使掌子面处存在一定厚度的隔水层，但由于施工爆破，或者隧道开挖引起的围岩松弛和围岩应力集中，围岩发生变形破坏，也会使相对隔水层的有效保护层厚度相应减小，从而增加了隧道涌水的可能性。

在断层带上，由于剪切变形的发生和裂隙的扩展，地下水不断地沿裂隙渗入，产生相应的动水压力、静水压力和劈裂作用，加剧了断层带的变形和地下水的进一步运动，一旦破裂带的扩展使地下水的渗流速度达到或超过某些细小颗粒发生管涌的临界流速时，处于液限的泥质物将发生机械潜蚀、管涌，使断层渗透特性发生质的变化，导致管涌进一步加剧，并最终形成突水通道而发生涌水甚至突泥。因此，隧道围岩稳定性的降低，将使地下水沿某些薄弱部位发生管涌甚至涌水突泥的可能性显著增加。

3. 山体变形

山体变形主要是指滑坡、错落等，浅埋、偏压隧道常会遇到这种地质灾害。隧道位于挤压破碎带内，隧道开挖时对岩体扰动大，形成洞体较大变形，加之，施工爆破震动，雨水的补给渗入和地下水从隧道中的渗出，会加剧山体变形。山体变形灾害一旦发生，后果是相当严重的，且治理难度大。

滑坡是指斜坡上的岩、土体在重力作用下，沿着斜坡内部一定的连续贯通的破裂面(称滑动面或滑动带)整体向下滑动的过程和现象。滑动面是滑坡形成的关键因素，滑动面的埋藏深度在很大程度上决定了滑坡体的规模。隧道开挖后，随着滑动方向的发展，牵引地段的张裂面完全形成以后，张裂面的内摩擦力转化为外摩擦力，由于地下水的作用，外摩擦系数较小，这时牵引地段便对主滑地段产生推力，造成主滑地段滑动带的整体结构破坏，使软塑层的强度降低。与此同时，随着滑动的进展，各段滑动带的抗剪强度衰减，由此破坏了原有的平衡状态，主滑地段的推力大于抗滑地段的抗力，从而发生滑坡。另外，在外因的作用下更易发生滑坡。隧道开挖滑坡地质灾害一般在洞口容易出现，由于洞口边仰坡的开挖，阻滑段的抗力减少，从而引发滑坡的发生。

4. 岩爆与大变形

岩爆和大变形等地质灾害几乎都发生在围岩地质构造复杂的深埋隧道中，主要是由高地应力诱发的。目前，学术界对岩爆的成因和分类未达成一致意见。E. Hoek 等认为，岩爆是高地应力区洞室围岩剪切破坏作用的产物。

同样，对于围岩大变形，目前也没有形成一致和明确的定义。对于大变形的破坏机制人们一般分成两类：一是开挖形成的应力重分布超过围岩强度发生塑性化而引起大变形，二是岩石中的某些矿物和水反应发生膨胀而引起大变形。

5. 瓦斯地层

瓦斯是隧道内有害气体的总称，其成分以沼气为主，一般习惯称沼气为瓦斯。当隧道穿过煤层、油页岩或含沥青等岩层，或从其附近通过而围岩破碎、节理发育时，可能会遇瓦斯。如果洞内空气中瓦斯浓度已经达到爆炸限度，与火源接触就会引起爆炸，对隧道施工会带来很大的危害和损失。所以，在有瓦斯的地层中修建隧道，必须采取相应措施，才能安全顺利施工。

第二节　不良地质体对洞口边坡稳定性的影响

一、茶林顶隧道概况

由隧道地质情况可知道，双凤至平台段第十合同段的茶林顶隧道穿越断层破碎带、存在大量溶洞等不良地质体，故选取茶林顶隧道作为不良地质对隧道施工稳定性影响的典型案例进行论述。

茶林顶隧道位于郁南县东坝北面约 5km，交通十分便利。隧道穿过茶林顶丘陵，分左右线设置，左线隧道里程 LK71＋562～LK74＋253，长 2 691m；右线隧道里程 RK71＋640～RK74＋240，长 2 600 m，设计高程为 90.2～105.5m，隧道埋深最大约 289m。

1. 地形地貌

茶林顶隧道地处茶林顶重丘山岭区，山体走向总体呈近北东或北西向，地势总体呈南高北低，隧道线路经过的最大高程约为 355m，进出口丘山体呈缓坡状，自然坡度为 10°～20°，隧道中部山顶及山凹两侧山坡坡度较大，约 30°～35°，山体植被茂密，主要生长松树和杂草，山体地表发育有数条小沟谷，部分沟谷内有长年流水，地表水量较小，隧道中部为一较大沟谷（分水凹），呈北东方向，平时无水流，但大雨时水量较大。

2. 地质构造

(1)褶皱：隧道区存在一背斜褶皱构造，其轴部为泥盆系东岗岭组地层，两翼为泥盆系榴江组地层，为一向北西倾覆背斜构造。

(2)断层：断层分布于郁南茶林顶 F7 断层，地貌上表现为沟谷，大致在右线 K72＋980 处遇该断层，影响带宽 20～30m。断层走向 NE40°～NE45°，倾向 NW，倾角 75°～80°。受断层影响，中泥盆统东岗岭组白云质灰岩破碎，形成构造角砾岩和密集节理带，地表沟谷中有泉水溢出。钻孔岩心显示断层角砾呈棱角、次棱角状，为方解石脉胶结，脉中晶洞及自形方解石发育，反映其晚期活动为张性和正断层特征。

除此断层之外，根据工程地质调绘，隧道区还发现数条小断层出露，见表 5-1。

断层特征统计表　　表 5-1

序号	点号	名　称	位　　置	产　　状	宽度(m)	特　　征	备　　注
1	1631	小断层	RK72＋480	130°∠85°～直立	1	强烈挤压片理化	—
2	1652 1645	硅化带	RK72＋100 右 40m～ RK72＋400 右 50m	210°∠85°	2	褐铁矿化角砾岩带，岩石劈理发育，岩石破碎，节理裂隙发育，间距仅 1～3cm	对隧道无直接影响，但可能造成隧道围岩破碎

3. 地层岩性

第四系覆盖层主要为亚黏土，下伏基岩主要为上泥盆统榴江组砂岩和中泥盆统东岗岭组白云质灰岩，其褶皱相对发育。

4. 溶洞

在泥盆系中统东岗岭组灰岩中存在岩溶地质现象，灰岩溶洞分布及赋存状况见表 5-2。钻孔揭露存在溶洞，不排除存在更大、更危险溶洞的可能性。

灰岩溶洞分布及赋存状况表　　表 5-2

钻孔编号	溶洞高程(m)		高度(m)	溶洞顶板岩性及厚度(m)	溶 洞 特 征
	顶板高程	底板高程			
S53	174.65	169.25	5.4	弱风化白云质灰岩，厚 1.6m	溶洞：充填物为亚黏土，灰褐色，硬塑
	140.35	136.05	4.3	弱风化白云质灰岩，厚 28.9m	溶洞：充填物为灰褐色碎石土及亚黏土
S108	101.46	99.76	1.7	微～弱风化灰岩，厚 19.7m	溶洞：无充填物，漏水

5. 水文地质

隧道围岩地下水与上覆岩土层分布和厚度及构造裂隙发育程度关系密切，在洞口部位与地形关系相当密切。区内气候温和，雨量充沛，山体范围内地下水主要类型为第四系松散层孔隙水及基岩裂隙水。前者主要赋存于坡残积层中，后者赋存于岩石裂隙中，地下水受大气降雨直接补给，以渗流的形式向沟谷排泄。隧道地下水类型为基岩裂隙水，水量一般不丰富，地下水对混凝土和钢筋不具腐蚀性。

双凤至平台段隧道于2007年初正式进场施工。其中茶林顶隧道地质条件最为复杂。在茶林顶隧道施工过程中，围岩变更达100多次，并先后遭遇了洞口不稳定边坡、溶洞、断层破碎带、软弱围岩等突出不良地质，并由此诱发了突水、塌方、大变形等地质灾害(表5-3)，施工经常受堵，导致进度缓慢。面对困难，参建各方依靠科技指导，坚持安全第一、质量第一的方针，利用多项先进的技术手段，及时了解和掌握前方的地质情况，并进行预警和预报，及时调整设计、施工方案，克服了上述建设难题，顺利完成了建设任务。

茶林顶隧道部分不良地质及灾害情况 表5-3

序号	不良地质或地质灾害	处 治 措 施
1	左洞进口整体沉陷	采用小导管注浆作为锁脚锚杆；加强监测
2	RK71+754拱顶塌方	采用C20喷射混凝土充填，增设排水盲沟
3	RK71+778出现溶洞	采用泵送C20混凝土充填，增设Φ80排水盲沟
4	LK71+70掌子面塌方	喷射混凝土封闭掌子面；增设临时钢拱架；双层小导管加固塌方体
5	LK71+731～LK71+744溶洞	双层注浆小导管预加固，50cm一榀工字钢，锁脚小导管，三台阶开挖，小导管径向加固
6	LK74+217～LK74+237地表裂缝，拱顶下沉过大	增设锁脚小导管；增加仰拱系统锚杆；及时施作仰拱；增加核心土尺寸；加强监测
7	LK71+708～LK71+714溶洞	喷射混凝土封闭掌子面；双层注浆小导管加固；增设锁脚小导管
8	LK71+714～LK71+731溶洞	超前管棚+双层小导管加固；双层注浆小导管加固；增设锁脚小导管
9	RK71+965～ RK72+000初期支护开裂	掌子面封闭；增设临时钢架；加强沉降观测
10	LK71+703.5～LK71+713.5地表沉陷	防雨布覆盖下沉地表，修建排水沟；加强监测；增设I20a临时钢架，并补充锁脚锚杆
11	LK73+981.5掌子面坍塌	掌子面反压回填，并采用喷射混凝土封闭，注浆小导管加固塌体；管棚+双层超前小导管支护；塌腔泵送混凝土充填；加强初期支护与二衬
12	右线洞口右侧山体滑坡	封闭裂缝，做好防排水；对边坡采用喷锚网加固；停止开挖掌子面，立即施作明洞

二、不良地质体对洞口边坡稳定性的影响

1.计算方案和参数

根据现场调查及勘察报告，除茶林顶隧道右洞进口边坡稳定性较差外，其余洞口稳定性均较好。因此，选取茶林顶隧道右洞进口边坡进行稳定性分析。图5-1为茶林顶隧道右洞进口段纵断面图。茶林顶隧道右洞进口上覆坡积黏土层，最大厚约20m。坡积黏土层下伏强风化砂岩，随着隧道的掘进，如支护结构强度不够，坡积黏土层有可能沿着岩土分界面向隧道内滑动。

根据工程地质详勘报告和茶林顶隧道施工图设计方案参考相关规范选取的围岩物理力学参数见表5-4，采用极限平衡法和三维有限元法对该边坡稳定性进行定性和定量的分析和评价。

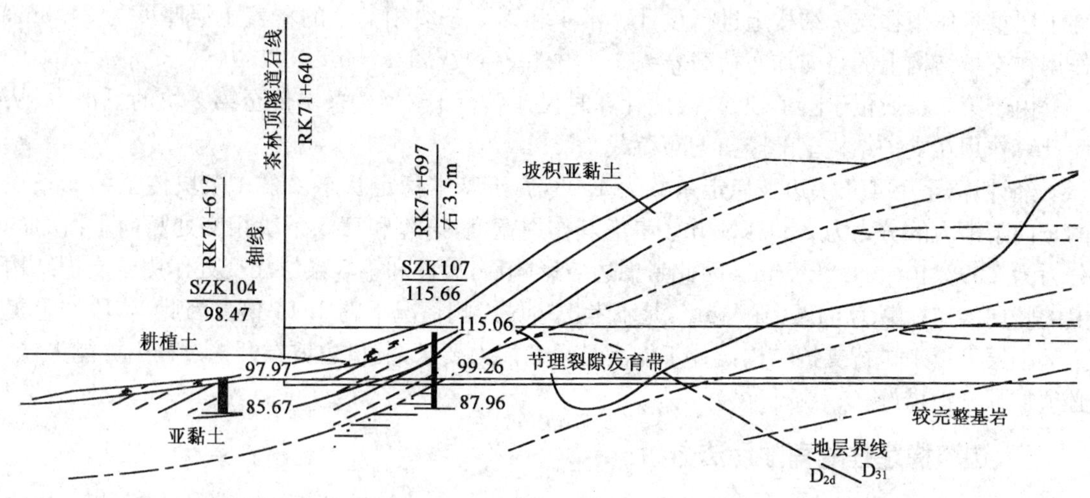

图 5-1　茶林顶隧道右洞进口段纵断面图

隧道洞口滑坡计算参数

表 5-4

名　　称	E(kPa)	μ	γ(kN/m³)	c(kPa)	φ(°)	抗拉强度(kPa)
强风化砂岩	5.0×10^5	0.35	23.0	35.0	25.0	7.0
土	7.24×10^3	0.4	19.4	24.3	23.0	2.4

2. 边坡稳定性的极限平衡法分析

根据《岩土工程勘察规范》(GB 50021—2001),采用基于极限平衡理论的折线形滑动面的推力传递系数法对滑坡进行稳定性分析及计算。传递系数法稳定性计算公式如下:

$$F_s=\frac{\sum\limits_{i=1}^{n-1}(R_i\prod\limits_{j=i}^{n-1}\psi_i)+R_n}{\sum\limits_{i=1}^{n-1}(T_i\prod\limits_{j=i}^{n-1}\psi_j)+T_n} \tag{5-1}$$

其中:$N_i=Q_i\cdot\cos\theta_i$;$T_i=Q_i\cdot\sin\theta_i$;$\psi_i=\cos(\theta_i-\theta_{i+1})-\sin(\theta_i-\theta_{i+1})\cdot\tan\varphi_{i+1}$;

$\prod\limits_{j=1}^{n-1}\psi_j=\psi_i\times\psi_{i+1}\times\psi_{i+2}\times\cdots\times\psi_{n-1}$;$R_i=N_i\cdot\tan\varphi_i+c_i\cdot L_i$

式中:F_s——稳定系数;

Q_i——第 i 块段滑体所受的重力,kN/m;

R_i——作用于第 i 块段的抗滑力,kN/m;

N_i——第 i 块段滑动面的法向分力,kN/m;

φ_i——第 i 块段土的内摩擦角,°;

c_i——第 i 块段土的黏聚力,kPa;

L_i——第 i 块段滑动面的长度,m;

θ_i——第 i 块段滑动面倾角,°;

T_i——作用于第 i 块滑动面上的滑动分力,kN/m;

ψ_i——第 i 块段的剩余下滑力传递至 $i+1$ 块段的传递系数($j=i$)。

洞口边坡的条块划分如图 5-2 所示。

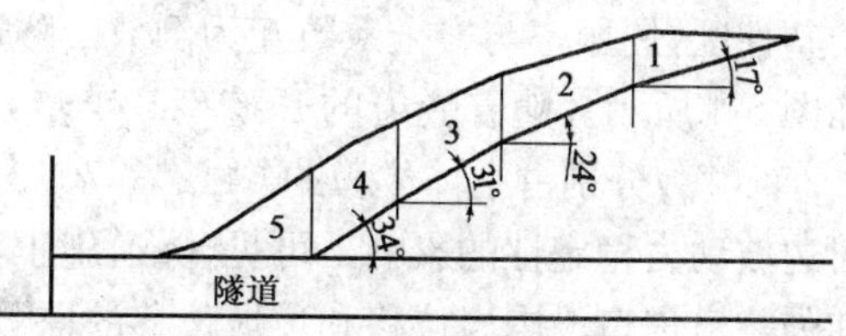

图 5-2　洞口边坡条块划分示意图

一般洞口浅埋段隧道衬砌设计按上部全

部土层重量作用在支护结构上进行设计。第 4 和第 5 条块相交处的覆盖土层厚度为 24.6m，作用在支护结构上的竖向均布荷载 $q=19.4\times24.6=477.24\text{kN/m}^2$。

由于第 5 条块位于隧道顶部，因此计算时仅计算第 1～第 4 条块传至第 5 块的下滑力，从而计算作用在支护结构上的竖向均布荷载。

经计算，至第 4 条块边坡稳定系数为 1.03，属于基本稳定状态。第 4 条块传至第 5 条块的竖向下滑力的分力为 2 592kN/m。考虑其作用宽度，第 4 和第 5 条块相交处竖向下滑力的分力为 2 592/40=64.8kN/m。因此考虑边坡影响后，第 4 和第 5 条块相交处作用于支护结构上的竖向均布荷载为 542.04kN/m²，是不考虑边坡影响情况下的 1.14 倍。因此，该段按上覆全部土层重量来进行支护结构设计不能满足承载能力要求，洞口边坡在开挖过程中可能失稳，必须加强支护措施。

三、边坡稳定性的有限元法分析

依据工程地质详勘报告，选取 K71+620～K71+900 为计算断面，建立的数值分析模型如图 5-3 所示。弹塑性数值分析采用的屈服准则为 M-C 准则。模型前后左右边界为水平位移约束，下边界为竖向位移约束。

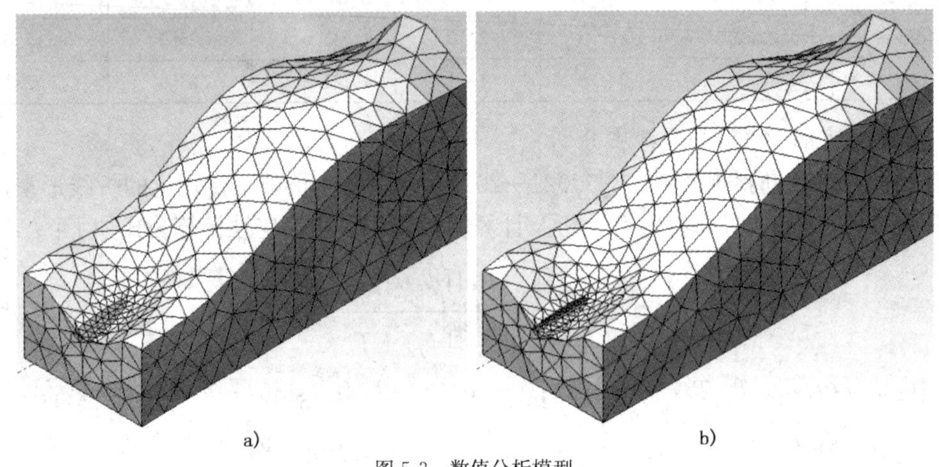

a)　　　　　　b)

图 5-3　数值分析模型

a)初始模型(上部为土体)；b)最终模型

隧道施工过程的数值模拟计算分如下 4 个施工步：

施工步 1：初始应力状态模拟；

施工步 2：隧道第一次全断面开挖 40m；

施工步 3：隧道第二次全断面开挖 40m；

施工步 4：隧道第三次全断面开挖 40m，至土体开挖完成。

在 MIDAS/GTS 中，对于隧道开挖引起的围岩塑性区以屈服率来表示，与破坏接近度类似，是一个表示接近破坏程度的量值。当屈服率等于 1.0 时表示围岩接近破坏，也即通常所说的塑性区，屈服率与安全系数互为倒数。隧道洞口主要施工阶段边坡土体的屈服率分析结果如图 5-4 所示。随着隧道的开挖(2～4 步)，边坡土体屈服率大于 0.8 的范围(安全系数按 1.25 计算)分别占土体体积的 64.2%、70.3%和 70.7%，应注意的是没有考虑隧道施工爆破对边坡动力稳定性的影响。可见，隧道施工对进口边坡稳定性有较大的影响，施工中应注意和加强隧道进口段围岩位移和边坡位移的监测，特别是边坡土体的地质观察和监测，及时提供信息，采取措施，防患于未然。

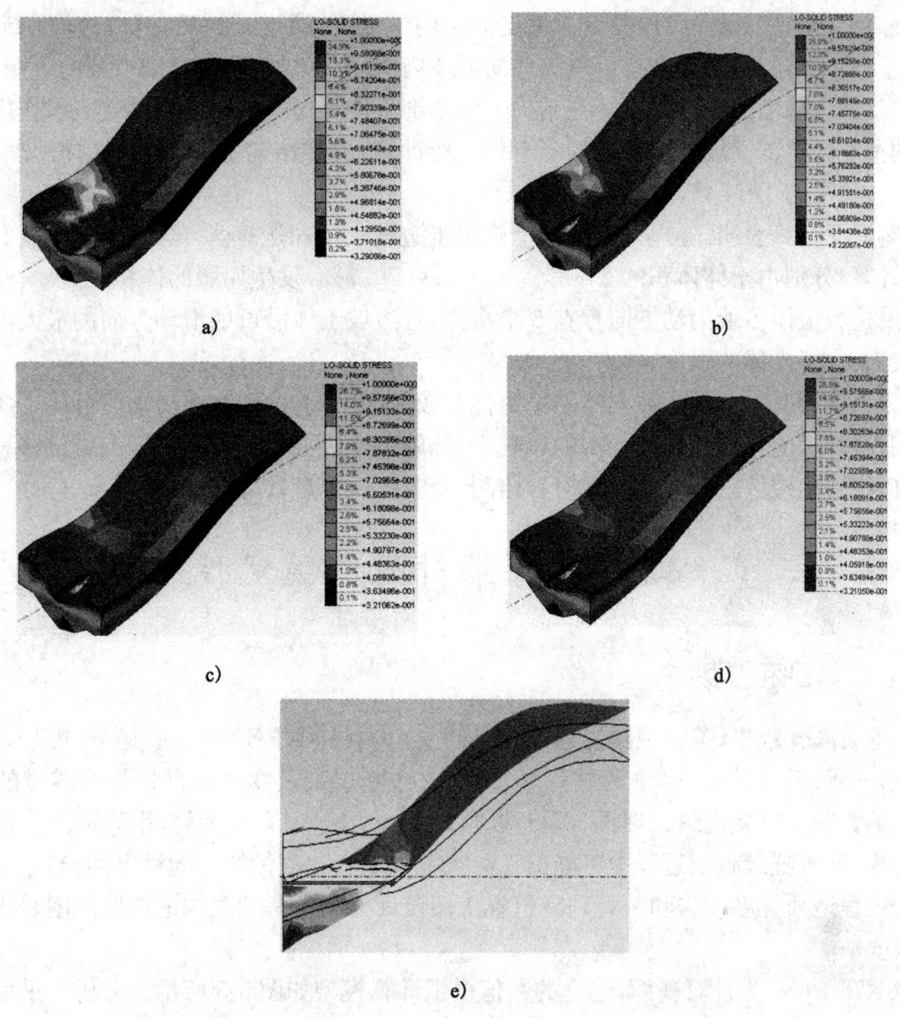

图 5-4　边坡土体的屈服率

a)第 1 施工步;b)第 2 施工步;c)第 3 施工步;d)第 4 施工步;e)第 5 施工步

在隧道施工过程中,边坡土体沿可能滑动方向的位移为 Y 方向和 Z 方向的合位移方向。

从第 4 施工步的 Y 方向位移来看,隧道周边位移较大,边坡土体的位移较大,为 2.3～13.0cm,可能存在 3 个滑体。从第 4 施工步的 Z 方向位移来看,隧道周边位移较大,边坡土体的位移主要在 7.0～15.0cm 之间。综合边坡土体 Y 和 Z 方向的位移特征,可能存在 3 个滑体。计算得出土体的合位移即沿可能滑动方向的位移为 7.4cm。

由隧道进口边坡土体的最大主应力分布可知:第 4 施工步土体最大主应力分布在土体上表面,为拉应力,约 3.6kPa,占不到 4.6%,其余区域皆为压应力,其值在 48～232kPa 之间,占 75%左右。由隧道进口边坡土体的最小主应力分布可知:第 4 施工步土体最小主应力皆为压应力,其值主要在 82～395kPa 之间,占 70%左右。由隧道进口边坡土体的最大剪应力分布可知:第 4 施工步土体最大剪应力主要在 4.3～35kPa 之间,大于土的抗剪强度。由隧道进口边坡土体沿 Y 方向的主应力分布可知:第 4 施工步土体沿 Y 方向的主应力主要在 36～178kPa 之间,大于土的内聚力。

由茶林顶隧道右洞进口边坡在隧道施工过程中的极限平衡法和有限元数值模拟分析结果可知:

(1)极限平衡法计算表明，在不考虑支护结构情况下，隧道开挖后，洞口边坡稳定系数为1.03，处于基本稳定状态，边坡有可能整体向隧道内滑动。另外，在不考虑滑坡的影响时，洞口段作用在支护结构上的荷载按覆盖在结构上的全部土体考虑，考虑滑坡的影响后，作用在支护结构上的荷载为上部滑坡传递下来的下滑力。经计算，支护结构上的荷载考虑滑坡情况下是不考虑滑坡情况的1.14倍。

(2)有限元计算表明，隧道开挖和3个施工步边坡土体屈服率大于0.8的范围(安全系数按1.25计算)分别占土体体积的64.2%、70.3%和70.7%，发生屈服的体积较大。

(3)沿边坡土体可能滑动方向存在3个滑体，且边坡土体沿可能滑动方向的最大剪应力和主应力较大，大于土体的强度。

(4)隧道施工对进口段边坡土体的稳定性有较大的影响，边坡存在滑动的可能。隧道洞口支护结构设计中，应考虑边坡对结构的影响，另外施工中应加强隧道进口段围岩位移和边坡位移的监测，特别是边坡土体的地质观察和监测，及时提供信息，以便采取措施。

第三节　断层破碎带对隧道稳定性的影响

一、计算模型和参数

根据地质勘察报告，茶林顶隧道通过多条断层，其中右线RK72+980遇F7断层，LK73+360、LK73+580和LK73+820为物探异常带，这些断层带及物探异常带将对隧道的稳定性带来极大的影响。以隧道最大埋深且通过断层的断面LK73+580为例，用隧道施工过程的数值模拟计算，分析隧道施工过程中可能出现的灾害及围岩和支护结构的稳定性。

根据工程地质详勘报告和茶林顶隧道施工图设计方案参考相关规范选取的围岩物理力学参数见表5-5。

选取K73+580为计算断面，建立的数值模拟计算模型如图5-5所示。分析中采用摩尔—库仑屈服准则。模型左右边界为水平位移约束，下边界为竖向位移约束，上边界为3.5MPa的荷载边界。

隧道有限元计算参数　　表5-5

名称	E(kPa)	μ	γ(kN/m^3)	c(kPa)	φ(°)	抗拉强度(kPa)
弱风化灰岩	6.0×10^6	0.3	25.0	1 500.0	45.0	300.0
断层	1.0×10^6	0.35	23.0	30.0	25.0	0
喷射混凝土(板单元)	2.2×10^7	0.2	23.0	厚16 cm		
锚杆	2.0×10^8	0.3	78.5	长3.5m，直径0.025m，间距1m		

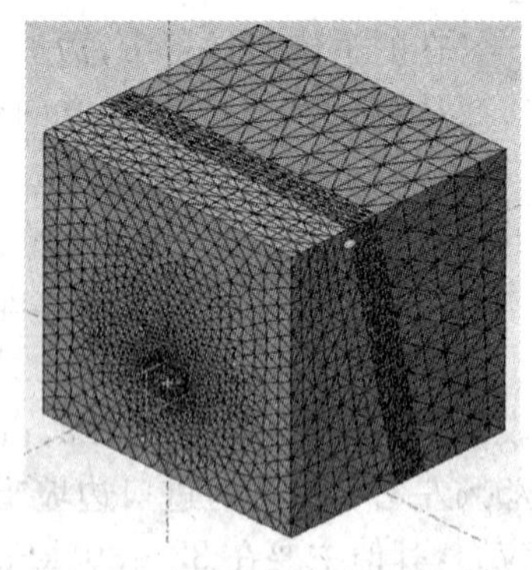

图5-5　断层破碎带对隧道稳定性影响数值模拟模型

隧道施工过程的数值模拟计算分如下25个施工步：

施工步1：初始应力状态模拟；

施工步2：隧道第一次全断面开挖3m；

施工步3：隧道第一次开挖、初期支护，隧道第二次全断面开挖3m；

施工步 4:隧道第二次开挖、初期支护,隧道第三次全断面开挖 3m;

施工步 5:隧道第三次开挖、初期支护,隧道第四次全断面开挖 3m;

施工步 6:隧道第四次开挖、初期支护,隧道第五次全断面开挖 3m;

施工步 7:隧道第五次开挖、初期支护,隧道第六次全断面开挖 3m;

施工步 8:隧道第六次开挖、初期支护,隧道第七次全断面开挖 3m;

施工步 9:隧道第七次开挖、初期支护,隧道第八次全断面开挖 3m;

施工步 10:隧道第八次开挖、初期支护,隧道第九次全断面开挖 3m(此阶段开挖岩体包括灰岩和断层);

施工步 11:隧道第九次开挖、初期支护,隧道第十次全断面开挖 3m;

施工步 12:隧道第十次开挖、初期支护,隧道第十一次全断面开挖 3m;

施工步 13:隧道第十一次开挖、初期支护,隧道第十二次全断面开挖 3m;

施工步 14:隧道第十二次开挖、初期支护,隧道第十三次全断面开挖 3m;

施工步 15:隧道第十三次开挖、初期支护,隧道第十四次全断面开挖 3m;

施工步 16:隧道第十四次开挖、初期支护,隧道第十五次全断面开挖 3m;

施工步 17:隧道第十五次开挖、初期支护,隧道第十六次全断面开挖 3m;

施工步 18:隧道第十六次开挖、初期支护,隧道第十七次全断面开挖 3m;

施工步 19:隧道第十七次开挖、初期支护,隧道第十八次全断面开挖 3m;

施工步 20:隧道第十八次开挖、初期支护,隧道第十九次全断面开挖 3m;

施工步 21:隧道第十九次开挖、初期支护,隧道第二十次全断面开挖 3m;

施工步 22:隧道第二十次开挖、初期支护,隧道第二十一次全断面开挖 3m;

施工步 23:隧道第二十一次开挖、初期支护,隧道第二十二次全断面开挖 3m;

施工步 24:隧道第二十二次开挖、初期支护,隧道第二十三次全断面开挖 3m;

施工步 25:隧道第二十三次开挖、初期支护。

二、数值模拟结果及其分析

计算得到:隧道围岩最后施工步的最大拱顶下沉为 11.7mm,拱底的最大上扬位移为 15.9mm;X 方向最大水平位移为±3.2mm。围岩最大主压应力(P_1)为−3.30～0.30MPa,最小主应力(P_3)为−16.11～ −0.20MPa,围岩最大压剪应力为−4.58～ −2.23MPa,最大拉剪应力为 2.32～4.69MPa。可见,围岩剪应力较大,超过围岩的抗剪强度,隧道周边局部围岩发生破坏,但基本上在锚杆支护范围之内。断层破碎带处隧道围岩最大屈服接近度值基本上小于 1.0。

隧道断层带最后施工步拱顶的最大下沉为 33mm,拱底的最大上扬为 97mm;X 方向最大水平位移为±15mm。断层带处隧道拱顶下沉和边墙水平收敛随施工步的变化特征如图 5-6 和图 5-7 所示。由图可知,在断层开挖之前的 10 个施工步,断层拱顶下沉和水平收敛都很小,在 2mm 以内;随着断层的开挖,在第 11～第 14 施工步,拱顶下沉和水平收敛都迅速增加,拱顶下沉达到 14mm,水平收敛则达到 17mm,其后的施工步则对与围岩位移的影响不大,拱顶下沉和水平收敛最终稳定在 16mm 和 18mm。表明隧道开挖对断层带位移的影响范围大约在断层前 10m 和断层后 30m 左右,30m 之外的隧道开挖对其影响很小。

最后施工阶段处断层带隧道围岩最大主应力(P_1)为−0.62～ −1.08MPa;最小主应力(P_3)为−0.04～ −4.06MPa;最大压剪应力为−0.69～−1.09MPa,最大拉剪应力为 0.75～1.22MPa。可见,围岩剪应力较大,超过围岩的抗剪强度,隧道周边局部围岩发生破坏,但基本上在锚杆支护范围之内。

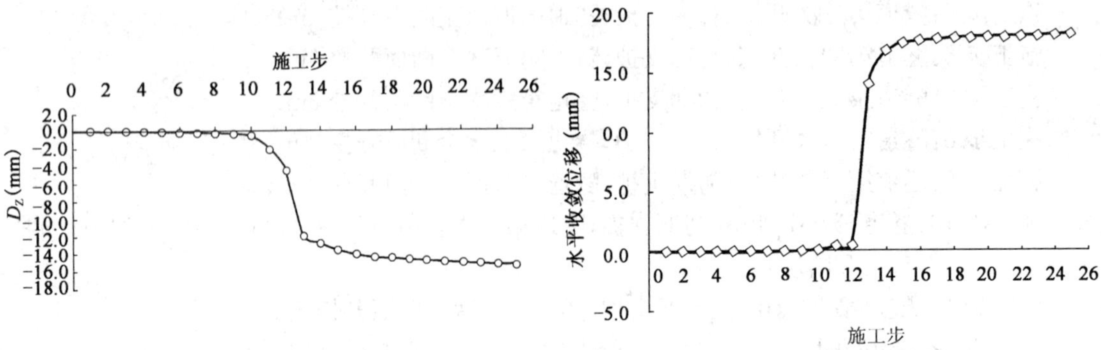

图 5-6 断层处拱顶下沉随施工步的变化曲线　　图 5-7 断层处边墙水平收敛随施工步的变化曲线

断层带处隧道拱顶、拱肩和边墙第一主应力和剪应力随施工步的变化特征如图 5-8 和图 5-9 所示。第二和第三主应力随施工步的变化特征与图 5-8 的类似。由图可知，断层带边墙处的主应力随隧道施工步的变化最大，影响范围主要在断层范围内，最大、最小和中间主应力皆表现为压应力。拱顶处的剪应力表现为拉应力，拱肩处的剪应力在压—拉很小范围内变化，边墙处的剪应力在隧道开挖到断层之前表现为压应力，至断层处和开挖超过断层以后很快变为拉应力。可见，隧道拱顶和边墙发生塌方破坏的可能性最大。断层带隧道围岩最大屈服接近度值基本上小于 1.0。

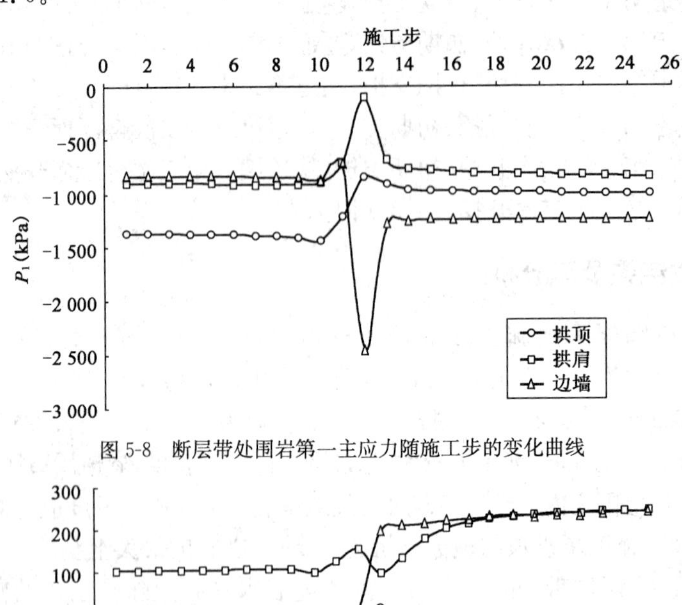

图 5-8 断层带处围岩第一主应力随施工步的变化曲线

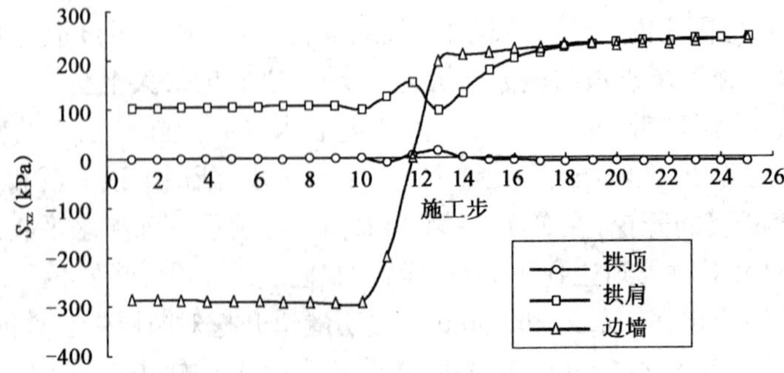

图 5-9 断层带处围岩最大压剪应力随施工步的变化曲线

第 25 施工步(即最后施工步)喷射混凝土各方向剪力、轴力、弯矩和锚杆轴力皆满足稳定性、安全性要求。

从以上计算分析结果可以看出：

(1)隧道围岩主要施工步拱顶的最大下沉为 11.7mm，拱底的最大上扬为 15.9mm；X 方向最大水平位移为±3.2mm。主要施工阶段隧道围岩最大主压应力(P_1)为－3.30～ 0.30MPa；围岩最小主应力(P_3)为－16.11～ －0.20MPa；围岩最大压剪应力为－4.58～ －2.23MPa，最大拉剪应力为 2.32～4.69MPa。隧道围岩最大屈服接近度值基本上小于 1.0，周边局部围岩发生的破坏区域，基本上在锚杆支护范围之内。

(2)隧道的开挖对断层带处隧道的拱顶下沉影响较大，其影响范围大约在断层前 10m 和断层后 30m 左右，30m 之外的隧道开挖对其影响很小。拱顶下沉和水平收敛最终稳定在 16mm 和 18mm。

(3)断层带处隧道边墙处的主应力随隧道施工步的变化最大，影响范围主要在断层范围内，最大、最小和中间主应力皆表现为压应力。拱顶处的剪应力表现为拉应力，拱肩处的剪应力在压—拉很小范围内变化，边墙处的剪应力在隧道开挖到断层之前表现为压应力，至断层处和开挖超过断层以后很快变为拉应力。隧道拱顶和边墙发生塌方破坏的可能性最大。

(4)喷射混凝土各方向剪力、轴力、弯矩和锚杆轴力皆满足稳定性、安全性要求。

第四节　岩溶对隧道稳定性的影响

岩溶是可溶性岩层，如石灰岩、白云岩、白云质灰岩、石膏、岩盐等，受水的化学和机械作用产生沟槽、裂缝和孔洞以及由于空洞的顶部塌陷使地表产生陷穴、洼地等类现象和作用。当隧道穿过可溶性岩层时，有的溶洞岩质破碎，容易发生坍塌；有的溶洞位于隧道底部，充填物松软且深，使隧道基础难以处理。有时遇到填满饱和水分的充填物溶槽，当隧道掘进至其边缘时，含水充填物不断涌入隧道，难以截止，甚至使地表开裂下沉，山体压力剧增。有时遇到大的溶洞或暗河，岩溶水或泥沙夹水大量涌入隧道。有的溶洞、暗河迂回交错，分支错综复杂、范围宽广，处理十分困难。

在隧道施工过程中，一般先用地质和物探的方法对溶洞进行超期预报，然后用超前地质钻孔进一步确认并将水放出，然后进行隧道施工。根据勘察报告和超期地质预报资料，茶林顶隧道在泥盆系中统东岗岭组灰岩中存在岩溶地质现象，灰岩溶洞分布及赋存状况见表 5-2。

选取钻孔 S53 处的溶洞，采用三维有限元进行数值模拟计算，分析了有溶洞和无溶洞两种情况下隧道开挖引起的位移场、应力场等的变化，从而分析溶洞对隧道的影响。

假定横向无限长的溶洞，图 5-10 和图 5-11 分别为无溶洞和有溶洞情况下的有限元计算模型，模型中取隧道纵向长度 100m，横向宽度 80m。

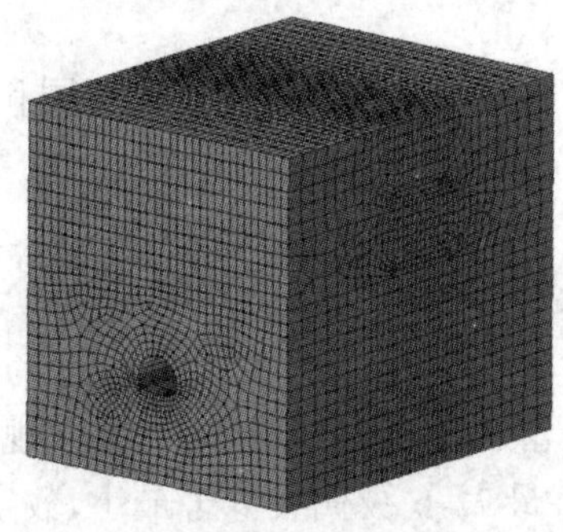

图 5-10　三维有限元模型(无溶洞)

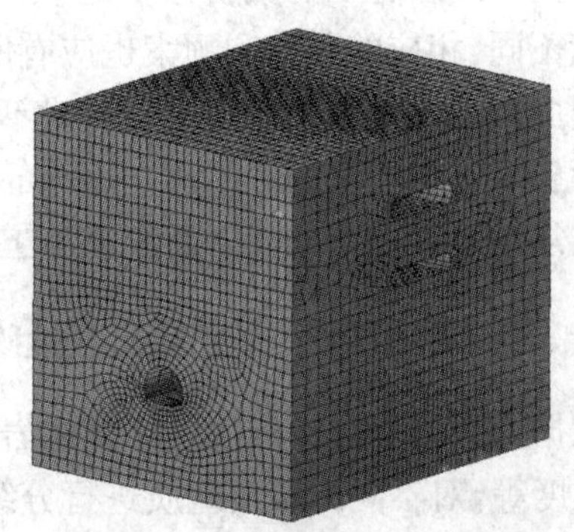

图 5-11　三维有限元模型(有溶洞)

图 5-12 为无溶洞和有溶洞两种情况下隧道开挖引起的沿隧道拱顶轴线的竖向位移对比曲线。从计算结果来看，在溶洞位置下方隧道的拱顶下沉比无溶洞时要小，而两种情况下水平位移接近。这主要是溶洞与隧道顶部间的岩层较厚，溶洞的存在使得隧道顶部岩层厚度比无溶洞时薄造成的。最大主应力均出现在隧道的拱脚位置处，且两种情况下差别不大。

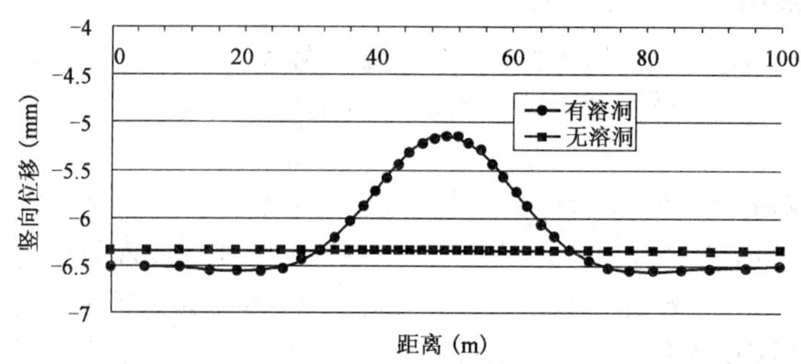

图 5-12　隧道开挖引起沿隧道拱顶轴线的竖向位移曲线

通过钻孔 S53 处的溶洞对隧道开挖的三维数值模拟计算可以看出，隧道顶部的溶洞对隧道开挖影响并不大，这主要是由于溶洞离隧道顶部较远；当溶洞离隧道顶部较近时，隧道的开挖可能使得顶板断裂而出现跨塌，从而造成突水突泥等地质灾害。因此施工过程中应做好超前预报，查明溶洞的准确位置、大小等，从而为下一步地质灾害的预测和评价提供依据。

第五节　隧道施工中不良地质体预警体系

隧道施工前方经常遇到岩溶、断层破碎带、富水等不良地质，一旦处治不当，轻则出现塌方、突水、突泥、损坏施工机械设备，重则导致大型塌方、冒顶等危及生命的重大地质灾害。因此，保证复杂地质条件下隧道施工安全一个最重要的措施是开挖前对隧道前方不良地质进行准确的把握和了解，提前进行不良地质的预警，并制订可靠、有效、经济的预处治措施。

对前方不良地质的掌握除了前期地勘提供的资料外，目前最重要的手段是超前地质预报。由于现阶段超前地质预报仪器设备等客观因素的限制，不同阶段(不同仪器)的超前地质预报具有不同的精度和准确性；且由于岩土工程地质条件的复杂性，不同类型的不良地质体对隧道施工的影响程度和造成的灾害程度不同，即使类型相同的不良地质体，其规模、大小、形状等性质的不同对隧道施工的威胁程度也不同。因此，根据现场施工对不同不良地质体的认识和掌握程度不同，相应的预警和预案也应有所区别。

因此，有必要根据施工过程中，对不良地质体的不同阶段的预报的准确性的不同和不良地质体对施工影响程度的不同建立不同的预警级别，并建立相应的不良地质体的处治预案，从而确保在复杂不良地质条件下的隧道施工的安全和快速。

一、隧道施工中不良地质体的分级

根据依托工程隧道前方可能存在岩溶、断层破碎带、富水等不良地质体的特征、规模以及危害程度等，对不同的不良地质进行分级。1 级代表危害最大，6 级代表危害最小，数字越大，表明危害越小。岩溶、断层破碎带、富水等不良地质体的分级分别见表 5-6。

岩溶不良地质体分级 表5-6

级 别	岩溶规模和特征	断层破碎带特征	富水地层特征
1	①洞穴深浚(溶洞洞径≥1/2隧道开挖洞径或溶洞洞径≥6m)的大型溶洞; ②溶洞内有充填物且溶洞内有水	①富水、隧道纵向分布最大宽度大于10m; ②充填物成分复杂,与两侧围岩力学性质有明显差异	①可溶岩与非可溶岩接触带、断层破碎带、溶蚀带等富水地段; ②地段厚度超过30m,且掌子面及周边围岩均表现为软塑流状体; ③施工中可能发生严重突水突泥; ④超前探孔出水总流量≥10m³/h,且2/3探孔均出水,水压≥2MPa
2	①洞穴深浚(溶洞洞径≥1/2隧道开挖洞径或溶洞洞径≥6m)的大型溶洞; ②溶洞内有充填物但溶洞内无水	①富水、隧道纵向分布宽度大于5m但小于10m; ②充填物成分复杂,与两侧围岩力学性质有较明显差异	①岩层接触分界带、物探电阻异常带; ②地段厚度超过30m,掌子面围岩极破碎; ③施工中可能发生严重突水突泥等地段; ④超前探孔出水总流量≥10m³/h,且2/3探孔均出水,水压≥2MPa
3	①洞穴深浚(溶洞洞径≥1/2隧道开挖洞径或溶洞洞径≥6m)的大型溶洞; ②属过水型溶洞	①富水、隧道纵向分布宽度小于5m; ②充填物成分复杂,与两侧围岩力学性质差异不大	①富水地段、物探电阻异常带; ②施工中局部可能发生突水突泥地段; ③部分探孔出水,且10m³/h>局部单孔出水量≥5m³/h,水压≥2MPa
4	①出露于隧道拱顶上方、边墙侧部及底板下方,且发育有限(溶洞洞径<1/2隧道开挖洞径或溶洞洞径<6m); ②溶洞有充填物	①无水、隧道纵向分布宽度大于10m; ②充填物成分复杂,与两侧围岩力学性质有明显差异	①一般富水地段; ②岩体较完整; ③开挖后大面积淌水; ④初支完成后仍有较大面积淌水,且10m³/h>出水量≥5m³/h,水压<2MPa
5	①出露于隧道拱顶上方、边墙侧部及底板下方,且发育有限(溶洞洞径<1/2隧道开挖洞径或溶洞洞径<6m); ②溶洞内无充填物或只有部分充填物	①无水、隧道纵向分布宽度大于5m但小于10m; ②充填物成分复杂,与两侧围岩力学性质有较明显差异	①一般富水地段; ②岩体完整; ③开挖后局部有较大流水; ④初支完成后仍有局部淌水,且10m³/h>出水量≥5m³/h ⑤不能确保结构防排水的等级需要,水压<2MPa
6	①出露于隧道周边拱顶上方、边墙侧部及底板下方一定范围内,且发育有限(溶洞洞径<1/2隧道开挖洞径或溶洞洞径<6m); ②隐伏型溶洞	①无水、隧道纵向分布宽度小于5m; ②充填物成分复杂,与两侧围岩力学性质差异不大	①一般富水地段; ②岩体完整; ③开挖后局部可能有较大流水

二、隧道施工中不良地质预警体系

根据每个阶段超前地质预报的准确性和可靠性把超前地质预报分为1、2、3共3类。根据不同预报阶段对前方不良地质体的掌握和了解情况,分别用黄色、橙色和红色表示其危险程度。其中黄色代表危险程度一般;橙色代表危险程度较大;红色代表危险程度极大。图5-13为基于超前地质预报的不良地质预警思路。

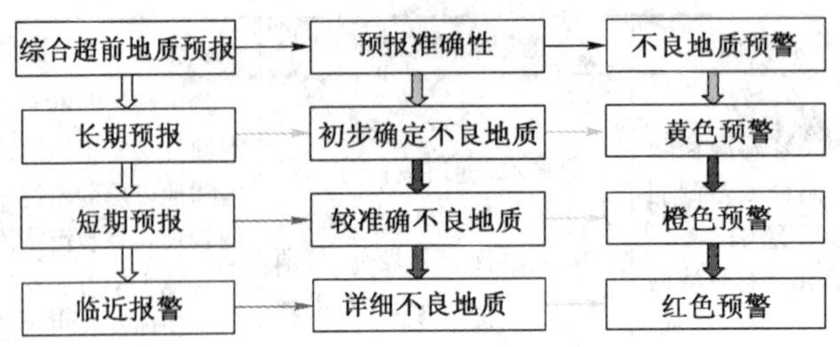

图 5-13　基于超前地质预报的不良地质预警思路

根据不良地质体的特征、规模以及危害程度等，对不同的不良地质进行分级。根据预报的类别和不良地质体的危害程度，建立隧道施工不良地质的预警体系，见表 5-7。

隧道施工不良地质体的预警体系　　表 5-7

预报准确度	岩溶						断层破碎带						富水地层					
	1	2	3	4	5	6	1	2	3	4	5	6	1	2	3	4	5	6
1	C11	C12	C13	C14	C15	C16	F11	F12	F13	F14	F15	F16	H11	H12	H13	H14	H15	H16
2	C21	C22	C23	C24	C25	C26	F21	F22	F23	F24	F25	F26	H21	H22	H23	H24	H25	H26
3	C31	C32	C33	C34	C35	C36	F31	F32	F33	F34	F35	F36	H31	H32	H33	H34	H35	H36

注：C-岩溶不良地质，F-断层破碎带不良地质，H-富水不良地质。

三、遇到不良地质体时隧道施工安全保障体系

根据隧道施工中不良地质的预警体系，应根据不同的预警指标建立对应的预案。在不同的超前地质预报阶段发现前方存在不良地质体后，应有对应的预警距离，见表 5-8，并建立预警标志（警示牌）。

预警距离建议值　　表 5-8

预警级别	预警距离	备注	预警级别	预警距离	备注
黄色预警	20m	C(F、H)1n(n=1～6)	红色预警	5m	C(F、H)3n(n=1～6)
橙色预警	10m	C(F、H)2n(n=1～6)			

在确定了预警距离后，应在预警距离处设置警示牌，警示牌应设置在显著位置，并有相关不良地质及处治预案的信息，警示牌格式如图 5-14 所示。警示牌应包含前方不良地质体的名称、位置、特征、可能出现的灾害，还应按预警体系中的原则标明相应的预警类别。

警示牌的尺寸不小于 100cm×800cm，且应设置在显著位置。按预警级别确定警示牌颜色。

根据不同的预警类别，应采用不同的应急预案，包括隧道开挖方案和支护措施，详见本书附录 B 复杂地质条件下隧道施工不良地质及地质灾害处治技术指南。

不良地质警示牌

施工前方（　　）存在（　　）不良地质，起点桩号：（　　），终点桩号：（　　）。请注意施工安全。

不良地质体特征：

可能出现的灾害：

预警类别：F13

图 5-14　不良地质警示牌格式

四、隧道施工不良地质和地质灾害预报的应用

根据勘察报告和超前地质预报，并结合本章论述的研究成果，得到了茶林顶隧道施工可能

的地质灾害分布情况(表 5-9),并和实际开挖出现的不良地质及发生过地质灾害的情况进行了对比。其余隧道施工可能的地质灾害分布情况见表 5-10～表 5-17。

茶林顶隧道施工地质灾害分布情况 表 5-9

里程范围	长度(m)	地质情况及预测可能出现的灾害情况	实际开挖灾害情况
LK71+566～LK71+686	120	主要由坡积亚黏土、全风化灰岩组成,为红黏土,位于洞口浅埋段,可能出现坍塌冒顶等地质灾害	左洞进口整体沉陷
LK71+686～LK71+868	182	由强～弱风化岩组成,局部洞身为微风化,裂隙极发育,岩石极破碎,强度低,LK71+810之前为灰岩,存在溶洞,可能出现坍塌冒顶、涌水、突泥等地质灾害	RK71+754 拱顶塌方 LK71+703 掌子面塌方 RK71+778 溶洞 LK71+731～LK71+744 溶洞 LK71+708～LK71+714 溶洞 LK71+714～LK71+731 溶洞 LK71+703.5～LK71+713 地表沉陷
LK71+868～LK71+963	95	主要由弱～微风化砂岩组成,裂隙发育,基岩较完整,强度高,可能出现局部掉块、楔形体切割坍塌灾害	—
LK71+963～LK72+729	766	主要由弱～微风化砂岩组成,局部为强风化砂岩,裂隙发育,岩石破碎,强度较高,Ⅳ级围岩,节理裂隙发育带,大部分存在破碎带或物探异常带,并可能富水,可能出现局部掉块、断层带塌方和涌水等灾害	RK71+965～ RK72+000 初期支护开裂
LK72+729～LK72+776	47	由弱～微风化砂岩、微风化白云质灰岩组成,裂隙较发育,强度较高,可能出现局部掉块、楔形体切割坍塌灾害	—
LK72+776～LK72+957	181	由微风化白云质灰岩组成,裂隙局部发育,岩体完整,强度高,可能出现局部掉块、楔形体切割坍塌灾害	—
LK72+957～LK72+979	22	由微风化白云质灰岩组成,裂隙局部发育,岩体完整,强度高,存在破碎带或物探异常带,破碎带处可能出现塌方、涌水等灾害。	—
LK72+979～LK73+029	50	由弱～微风化白云质灰岩组成,裂隙极发育,岩石极破碎,推测为 F7 断层经过地段,破碎带处可能出现塌方、涌水等灾害	—
LK73+029～LK73+346	317	由弱～微风化白云质灰岩组成,裂隙局部发育,基岩较完整,强度高,存在溶洞,破碎带处可能出现塌方、涌水等灾害	—
LK73+346～LK73+947	601	由弱～微风化组成,裂隙发育,岩石破碎,强度较高,Ⅳ级围岩,节理裂隙发育带,大部分存在破碎带或物探异常带,并可能富水;LK73+754 之前为白云质灰岩、灰岩,不排除存在溶洞的可能性;预防坍塌冒顶问题;雨季渗流,注意突水;可能出现塌方、楔形体切割坍塌、涌水等灾害	—

续上表

里 程 范 围	长度(m)	地质情况及预测可能出现的灾害情况	实际开挖灾害情况
LK73＋947～LK74＋123	175	主要由弱风化白云质灰岩、灰岩组成，局部洞身为微风化，裂隙极发育，岩石极破碎，强度低，不排除存在溶洞的可能性，预防坍塌冒顶问题，可能出现塌方、楔形体切割坍塌、岩溶涌水等灾害	LK73＋981.5 掌子面坍塌
LK74＋123～LK74＋261	138	主要由坡积亚黏土、全风化灰岩组成，为红黏土，洞口浅埋段，可能出现塌方冒顶灾害	LK74＋217～LK74＋237 地表裂缝，拱顶下沉过大
RK71＋632～RK72＋006	374	主要由坡积亚黏土、全风化灰岩组成，为红黏土，洞口浅埋段，可能出现坍塌冒顶灾害	右线洞口右侧山体滑坡，围岩变形过大
RK72＋006～RK72＋063	57	由强～弱风化砂岩组成，以强风化为主，裂隙极发育，岩石极破碎，强度低，容易出现大面积坍塌、冒顶灾害	围岩变形过大
RK72＋063～RK72＋777	714	由弱～微风化砂岩组成，裂隙发育，岩石破碎，强度较高，Ⅳ级围岩，节理裂隙发育带，大部分存在破碎带或物探异常带，并可能富水，可能出现塌方涌水灾害	围岩变形过大
RK72＋777～RK72＋915	137	由微风化白云质灰岩组成，裂隙局部发育，岩体完整，强度高，不排除存在溶洞的可能性，可能出现掉块、楔形坍塌灾害	围岩变形过大
RK72＋915～RK72＋949	34	由微风化白云质灰岩组成，裂隙局部发育，岩体完整，强度高，不排除存在溶洞的可能性，临近 F7 断层带，断层带可能出现塌方、涌水灾害	—
RK72＋949～RK72＋987	38	由弱～微风化白云质灰岩组成，裂隙极发育，岩石极破碎，推测为 F7 断层经过地段，渗流，可能出现大面积掉块、塌方	—
RK72＋987～RK73＋060	73	由弱～微风化白云质灰岩组成，裂隙局部发育，基岩较完整，强度高，存在破碎带或物探异常带，不排除存在溶洞的可能性，可能出现掉块、塌方等灾害	—
RK73＋060～RK73＋079	19	由微风化白云质灰岩组成，裂隙局部发育，岩体完整，强度高，可能出现掉块、楔形坍塌灾害	—
RK73＋079～RK73＋220	151	由强～弱风化砂岩组成，以弱风化为主，可能出现局部掉块	—

续上表

里程范围	长度(m)	地质情况及预测可能出现的灾害情况	实际开挖灾害情况
RK73+220～RK73+350	130	由微风化白云质灰岩组成,裂隙局部发育,岩体完整,强度高,不排除存在溶洞的可能性	围岩变形大
RK73+350～RK73+563	213	由弱～微风化白云质灰岩组成,以弱风化为主,裂隙发育,岩体较破碎,强度较高,不排除存在溶洞的可能性	—
RK73+563～RK73+665	102	由微风化白云质灰岩组成,裂隙局部发育,岩体完整,强度高,不排除存在溶洞的可能性,可能出现局部掉块、塌方、涌水等灾害	存在充水、充泥溶洞
RK73+665～RK73+688	23	由弱～微风化白云质灰岩组成,裂隙发育,岩体较破碎,强度高,推测为上泥盆统榴江组砂岩、石英砂岩与中泥盆统东岗岭组白云质灰岩、灰岩地层界线	—
RK73+688～RK73+738	50	主要由强风化砂岩组成,裂隙极发育,强度低,预防坍塌冒顶问题	—
RK73+738～RK73+807	69	主要由全～强风化砂岩组成,裂隙极发育,强度低,预防可能出现坍塌冒顶灾害	—
RK73+807～RK73+857	50	主要由强风化砂岩组成,裂隙极发育,强度低,可能出现坍塌冒顶灾害	—
RK73+857～RK73+920	63	由微风化白云质灰岩组成,裂隙局部发育,基岩较完整,强度高,不排除存在溶洞的可能性,可能出现局部掉块	RK73+870处突水
RK73+920～RK74+013	93	由弱～微风化白云质灰岩组成,节理裂隙发育,强度高,不排除存在溶洞的可能性。可能出现局部掉块、楔形体切割坍塌灾害	—
RK74+013～RK74+135	122	由微风化白云质灰岩组成,裂隙局部发育,基岩较完整,强度高,可能出现局部掉块	—
RK74+135～RK74+159	24	由弱风化白云质灰岩组成,节理裂隙发育,强度较高,可能存在溶洞,可能出现局部掉块、楔形体切割坍塌灾害	拱脚下沉
RK74+159～RK74+246	87	主要由坡积亚黏土、全风化灰岩组成,为红黏土,可能出现坍塌冒顶灾害	—

三家寨隧道施工可能地质灾害情况 表 5-10

里程范围	长度(m)	地质情况及可能出现的地质灾害情况
K82+524～K82+555	31	主要由坡积亚黏土、全～强风化粉砂岩、砂岩组成，强度低，遇水易软化，可能出现坍塌冒顶问题
K82+555～K82+635	79	主要由强风化变质砂岩组成，裂隙极发育，岩石极破碎，强度低，可能出现坍塌冒顶及渗水问题
K82+635～K82+650	15	主要由坡积亚黏土、全～强风化粉砂岩、砂岩组成，强度低，遇水易软化，可能出现坍塌冒顶问题

旗山顶隧道施工可能地质灾害情况 表 5-11

里程范围	长度(m)	工程地质水文地质特征及评价
LK84+690～LK84+714	24.5	主要由坡积亚黏土、全～强风化粉砂岩、砂岩组成，强度低，遇水易软化，可能出现坍塌冒顶问题
LK84+714～LK84+773	58.8	主要由强～弱风化粉砂岩、砂岩组成，裂隙极发育，岩石极破碎，强度低，可能出现坍塌冒顶问题及裂隙水渗流等问题
LK84+773～LK84+950	176.8	主要由弱～微风化粉砂岩、砂岩组成，裂隙发育，岩石破碎，强度一般，可能出现坍塌、局部掉块等问题
LK84+950～LK85+014	64.7	主要由强～弱风化粉砂岩、砂岩组成，裂隙极发育，岩石极破碎，强度低，可能出现坍塌冒顶问题及裂隙水渗流等问题
LK85+014～LK85+053	38	主要由强～弱风化粉砂岩、砂岩组成，裂隙极发育，存在波速异常带，岩石极破碎，可能出现坍塌冒顶问题
LK85+053～LK85+079	26	主要由强～弱风化粉砂岩、砂岩组成，裂隙极发育，岩石极破碎，强度低，可能出现坍塌冒顶问题
LK85+079～LK85+105	25.5	主要由弱～微风化粉砂岩、砂岩组成，强度高，岩石较完整
LK85+105～LK85+539	434	主要由微风化粉砂岩、砂岩组成，强度高，岩石较完整
LK85+539～LK85+576	37	推测存在硅化带，应查明硅化带的位置大小，根据实际情况采取措施
LK85+576～LK85+694	117	主要由微风化粉砂岩、砂岩组成，强度高，岩石较完整
LK85+694～LK85+712	18	主要由弱～微风化粉砂岩、砂岩组成，强度高，岩石较完整
LK85+712～LK85+748	36	主要由弱～微风化粉砂岩、砂岩组成，存在波速异常带，岩石破碎，可能出现局部掉块问题
LK85+748～LK85+763	14	主要由弱～微风化粉砂岩、砂岩组成，强度高，岩石较完整，潮湿或滴水
LK85+763～LK86+185	421	主要由微风化粉砂岩、砂岩组成，强度高，岩石完整
LK86+185～LK86+203	17	花岗岩侵入接触带，可能出现软弱接触带塌方问题
LK86+203～LK86+436	232	主要由微风化花岗岩组成，强度高，岩石完整
LK86+436～LK86+450	13	主要由弱～微风化花岗岩组成，强度高，岩石较完整
LK86+450～LK86+482	32	主要由强～弱风化花岗岩组成，裂隙极发育，岩石极破碎，强度低，可能出现坍塌冒顶问题
LK86+482～LK86+615	132	主要由坡积亚黏土、全～强风化花岗岩组成，强度低，遇水散、易软化，可能出现坍塌冒顶问题

续上表

里 程 范 围	长度(m)	工程地质水文地质特征及评价
RK84＋674～RK84＋714	40	主要由坡积亚黏土、全～强风化粉砂岩、砂岩组成，强度低，遇水易软化，可能出现坍塌冒顶问题
RK84＋714～RK84＋750	35	主要由强～弱风化粉砂岩、砂岩组成，裂隙极发育，岩石极破碎，强度低，可能出现坍塌冒顶问题
RK84＋750～RK84＋794	44	主要由弱～微风化粉砂岩、砂岩组成，裂隙发育，岩石破碎，强度一般，应预防掉块、坍塌问题，潮湿或滴水
RK84＋794～RK85＋015	221	主要由微风化粉砂岩、砂岩组成，强度高，岩石完整
RK85＋015～RK85＋035	19	主要由弱～微风化粉砂岩、砂岩组成，裂隙发育，岩石破碎，强度一般，应预防掉块、坍塌问题
RK85＋035～RK85＋059	24	主要由强～弱风化粉砂岩、砂岩组成，波速异常带，裂隙极发育，岩石极破碎，强度低，预防坍塌冒顶问题
RK85＋059～RK85＋077	18	主要由微风化粉砂岩、砂岩组成，强度高，岩石较完整
RK85＋077～RK85＋240	163	主要由微风化粉砂岩、砂岩组成，强度高，岩石完整
RK85＋240～RK85＋380	139.4	主要由弱～微风化粉砂岩、砂岩组成，强度高，岩石较完整，潮湿或滴水，存在推测硅化带
RK85＋380～RK85＋715	335	主要由微风化粉砂岩、砂岩组成，强度高，岩石完整
RK85＋715～RK85＋745	29	主要由弱～微风化粉砂岩、砂岩组成，存在波速异常带，岩石较破碎，可能出现局部掉块问题
RK85＋745～RK86＋178	433	主要由微风化粉砂岩、砂岩组成，强度高，岩石完整，潮湿或滴水
RK86＋178～RK86＋198	20	花岗岩侵入接触带，可能出现软弱带塌方问题
RK86＋198～RK86＋435	237	主要由微风化花岗岩组成，强度高，岩石完整
RK86＋435～RK86＋492	57	主要由弱～微风化花岗岩组成，强度高，岩石较完整
RK86＋492～RK86＋566	74	主要由强～弱风化花岗岩组成，裂隙极发育，岩石极破碎，强度低，预防坍塌冒顶问题
RK86＋566～RK86＋625	59	主要由坡积亚黏土、全～强风化花岗岩组成，强度低，遇水散、易软化，预防坍塌冒顶问题

鹅公髻隧道施工可能地质灾害情况 表 5-12

里 程 范 围	长度(m)	工程地质水文地质特征及评价
LK90＋616～LK90＋650	34	主要由坡积亚黏土、全～强风化变质砂岩组成，强度低，遇水易软化，预防坍塌冒顶问题
LK90＋650.6～LK90＋677	26	主要由强～弱风化变质砂岩组成，裂隙极发育，岩石极破碎，强度低，预防坍塌冒顶问题和局部渗流
LK90＋677～LK90＋732	54	主要由弱～微风化变质砂岩组成，裂隙发育，岩石破碎，强度较高，应预防掉块、坍塌问题
LK90＋732～LK90＋766	34	主要由微风化变质砂岩组成，裂隙局部发育，岩体完整，强度高，应预防掉块、楔形坍塌问题
LK90＋766～LK92＋201	1 435	主要由微风化变质砂岩组成，裂隙局部发育，岩体完整，强度高，Ⅲ级围岩大部分存在小断裂，可能出现局部掉块问题

续上表

里 程 范 围	长度(m)	工程地质水文地质特征及评价
LK92+201～LK93+475	1 273	主要由微风化变质砂岩组成,裂隙局部发育,岩体完整,强度高,应预防掉块、楔形坍塌问题
LK93+475～LK93+499	24	主要由微风化变质砂岩组成,裂隙发育,岩石破碎,强度较高,应预防掉块、坍塌、局部渗流问题
LK93+499～LK93+538	38	主要由强～弱风化变质砂岩组成,裂隙极发育,岩石极破碎,强度低,预防坍塌冒顶问题
LK93+538～LK93+557	18	主要由强～弱风化变质砂岩组成,裂隙极发育,岩石极破碎,强度低,可能岩石塌方问题
LK93+557～LK93+703	146	主要由强～弱风化变质砂岩组成,裂隙极发育,岩石极破碎,强度低,预防坍塌冒顶问题
LK93+703～LK93+754	50	主要由坡积亚黏土、全～强风化变质砂岩组成,强度低,遇水易软化,预防坍塌冒顶问题
RK90+630～RK90+654	24	主要由坡积亚黏土、全～强风化变质砂岩组成,强度低,遇水易软化,预防坍塌冒顶问题
RK90+654～RK90+682	28	主要由强～弱风化变质砂岩组成,裂隙极发育,岩石极破碎,强度低,预防坍塌冒顶和局部渗流问题
RK90+682～RK90+736	53	主要由弱～微风化变质砂岩组成,裂隙发育,岩石破碎,强度一般,局部存在小断裂,应预防掉块、坍塌问题,潮湿或滴水,隧底局部渗流
RK90+736～RK90+760	24	主要由微风化变质砂岩组成,裂隙局部发育,岩体完整,强度高,应预防掉块、楔形坍塌问题
RK90+760～RK90+786	25	主要由微风化变质砂岩组成,裂隙局部发育,岩体完整,强度高,局部存在小断裂,应预防掉块、坍塌问题,潮湿或滴水,隧底局部渗流
RK90+786～RK90+812	26	主要由微风化变质砂岩组成,裂隙局部发育,岩体完整,强度高,应预防掉块、楔形坍塌问题,局部渗流
RK90+812～RK90+893	80	主要由微风化变质砂岩组成,裂隙发育,岩石破碎,强度高,局部存在小断裂,应预防掉块、坍塌问题,隧底局部渗流
RK90+893.1～RK90+961	68	主要由强～弱风化变质砂岩组成,裂隙极发育,岩石极破碎,强度低,预防坍塌冒顶问题,局部渗流
RK90+961～RK92+184	1 222	主要由微风化变质砂岩组成,裂隙局部发育,岩体完整,强度高,Ⅲ级围岩大部分存在小断裂,建议采用超前预报等物探方法断裂带的位置,可能出现局部掉块问题
RK92+184～RK93+500	1 316	主要由微风化变质砂岩组成,裂隙局部发育,岩体完整,强度高,应预防掉块、楔形坍塌问题,局部渗流
RK93+500～RK93+519	18	主要由弱～微风化变质砂岩组成,裂隙发育,岩石破碎,强度较高,应预防掉块、坍塌问题,隧底局部渗流
RK93+519～RK93+539	19	主要由弱～微风化变质砂岩组成,裂隙发育,岩石破碎,强度一般,存在小断裂,可能出现大面积塌方问题
RK93+539～RK93+608	69	主要由弱～微风化变质砂岩组成,裂隙发育,岩石破碎,强度较高,应预防掉块、坍塌问题,隧底局部渗流
RK93+608～RK93+706	98	主要由强～弱风化变质砂岩组成,裂隙极发育,岩石极破碎,强度低,预防坍塌冒顶问题,局部渗流
RK93+706～RK93+739	32	主要由坡积亚黏土、全～强风化变质砂岩组成,强度低,遇水易软化,预防坍塌冒顶问题

白石坑隧道施工可能地质灾害情况 表 5-13

里 程 范 围	长度(m)	工程地质水文地质特征及评价
RK94+418～RK94+448	30	主要由坡积亚黏土、全～强风化变质粉砂岩、砂岩组成，强度低，遇水易软化，可能出现坍塌冒顶问题
RK94+448～RK94+522	74	主要由强～弱风化变质粉砂岩、砂岩组成，裂隙极发育，岩石极破碎，强度低，可能出现局部掉块、塌方问题
RK94+522～RK94+553	31	主要由坡积亚黏土、全～强风化变质粉砂岩、砂岩组成，强度低，遇水易软化，可能出现坍塌冒顶问题

黄茅村隧道施工可能地质灾害情况 表 5-14

里 程 范 围	长度(m)	工程地质水文地质特征及评价
K94+884～K94+924	40	主要由坡积亚黏土、全～强风化变质粉砂岩、砂岩组成，强度低，遇水易软化，应及时加强支护，可能出现坍塌冒顶
K94+924～K95+056	132	主要由强～弱风化变质粉砂岩、砂岩组成，裂隙极发育，岩石极破碎，强度低，可能出现局部坍塌、掉块
K95+056～K95+079	22	主要由坡积亚黏土、全～强风化变质粉砂岩、砂岩组成，强度低，遇水易软化，应及时加强支护，可能出现坍塌冒顶

牛车顶隧道施工可能地质灾害情况 表 5-15

里 程 范 围	长度(m)	工程地质水文地质特征及评价
LK100+746～LK100+807	62	主要由坡积亚黏土、强风化砂质板岩组成，强度低，遇水易软化，应及时加强支护，预防坍塌冒顶问题
LK100+807～LK100+838	31	主要由强～弱风化砂质板岩组成，裂隙极发育，岩石极破碎，强度低，预防坍塌冒顶问题，雨季潮湿或滴水，局部渗流
LK100+838～LK100+867	29	主要由弱～微风化砂质板岩组成，裂隙较发育，强度高，应预防掉块、坍塌问题，潮湿或滴水
LK100+867～LK103+035	2 168	主要由微风化砂质板岩组成，裂隙局部发育，岩体完整，强度高，应预防掉块、楔形坍塌问题，潮湿或滴水
LK103+035～LK103+062	27	主要由弱～微风化砂质板岩组成，裂隙较发育，强度高，应预防掉块、坍塌问题，潮湿或滴水
LK103+062～LK103+181	118	主要由强～弱风化砂质板岩组成，裂隙极发育，岩石极破碎，强度低，预防坍塌冒顶问题，雨季潮湿或滴水，局部渗流
LK103+181～LK103+238	57	主要由坡积亚黏土、全～强风化砂质板岩组成，强度低，遇水易软化，应及时加强支护，预防坍塌冒顶问题
LK100+773～LK100+889	116	主要由坡积亚黏土、强风化砂质板岩组成，强度低，遇水易软化，应及时加强支护，预防坍塌冒顶问题
LK100+889～LK100+917	27	主要由强～弱风化砂质板岩组成，裂隙极发育，岩石极破碎，强度低，预防坍塌冒顶问题，雨季潮湿或滴水，局部渗流
LK100+917～LK100+953	35	主要由弱～微风化砂质板岩组成，裂隙较发育，强度高，应预防掉块、坍塌问题，潮湿或滴水

续上表

里 程 范 围	长度(m)	工程地质水文地质特征及评价
LK100+953～LK102+985	2 033	主要由微风化砂质板岩组成,裂隙局部发育,岩体完整,强度高,应预防掉块、楔形坍塌问题,潮湿或滴水
LK102+985～LK103+074	89	主要由弱～微风化砂质板岩组成,裂隙较发育,强度高,应预防掉块、坍塌问题,潮湿或滴水
LK103+074～LK103+171	97	主要由强～弱风化砂质板岩组成,裂隙极发育,岩石极破碎,强度低,预防坍塌冒顶问题,雨季潮湿或滴水,局部渗流
LK103+171～LK103+227	56	主要由坡积亚黏土、全～强风化砂质板岩组成,强度低,遇水易软化,应及时加强支护,预防坍塌冒顶问题

亚婆髻隧道施工可能地质灾害情况 表 5-16

里 程 范 围	长度(m)	工程地质水文地质特征及评价
LK106+321～LK106+357	36	主要由坡积亚黏土、强风化砂岩组成,强度低,遇水易软化,应及时加强支护,预防坍塌冒顶问题
LK106+357～LK106+381	24	主要由强～弱风化砂岩组成,裂隙极发育,岩石极破碎,强度低,预防坍塌冒顶问题,雨季潮湿或滴水,局部渗流
LK106+381～LK106+400	19	主要由微风化砂岩组成,裂隙发育,岩石破碎,强度一般,应预防掉块、坍塌问题,潮湿或滴水
LK106+400～LK106+494	94	主要由微风化砂岩组成,裂隙局部发育,岩体完整,强度高,应预防掉块、楔形坍塌问题,潮湿或滴水
LK106+494～LK106+550	56	主要由微风化砂岩组成,存在波速异常带,推测裂隙发育,岩石破碎,强度较高,应预防掉块、坍塌问题,潮湿或滴水,局部渗流
LK106+550～LK106+616	66	主要由微风化砂岩组成,裂隙局部发育,岩体完整,强度高,应预防掉块、楔形坍塌问题,潮湿或滴水
LK106+616～LK106+643	27	主要由微风化砂岩组成,裂隙发育,岩石破碎,强度较高,应预防掉块、坍塌问题,潮湿或滴水
LK106+643～LK106+743	100	主要由强风化火山角砾岩、砂岩组成,裂隙极发育,岩石极破碎,强度低,预防坍塌冒顶问题,雨季潮湿或滴水,局部渗流
LK106+743～LK106+794	50	主要由亚黏土、全～强风化火山角砾岩、砂岩组成,强度低,遇水易软化,应及时加强支护,预防坍塌冒顶问题
RK106+326～RK106+360	34	主要由坡积亚黏土、强风化砂岩组成,强度低,遇水易软化,应及时加强支护,预防坍塌冒顶问题
RK106+360～RK106+397	37	主要由强～弱风化砂岩组成,裂隙极发育,岩石极破碎,强度低,预防坍塌冒顶问题,雨季潮湿或滴水,局部渗流
RK106+397～RK106+461	64	主要由微风化砂岩组成,裂隙发育,岩石破碎,强度较高,应预防掉块、坍塌问题,潮湿或滴水
RK106+461～RK106+544	83	主要由微风化砂岩组成,存在 F10 断层与波速异常带,推测裂隙发育,岩石破碎,强度一般,应预防掉块、坍塌问题,潮湿或滴水,局部渗流
RK106+544～RK106+655	111	主要由微风化砂岩组成,裂隙发育,岩石破碎,强度较高,应预防掉块、坍塌问题,潮湿或滴水
RK106+655～RK106+750	95	主要由强风化火山角砾岩、砂岩组成,裂隙极发育,岩石极破碎,强度低,预防坍塌冒顶问题,雨季潮湿或滴水,局部渗流
RK106+750～RK106+790	40	主要由坡积亚黏土、全～强风化火山角砾岩、砂岩组成,强度低,遇水易软化,应及时加强支护,预防坍塌冒顶问题

息村大山隧道施工可能地质灾害情况　　表 5-17

里 程 范 围	长度(m)	工程地质水文地质特征及评价
LK114＋699～LK114＋794	99	由坡积亚黏土、全～强风化砂质板岩组成，强度低，遇水易软化，受 F11 断层影响，岩石破碎、片理等发育，可能出现坍塌冒顶、突水等灾害
LK114＋794～LK114＋847	53	由强～弱风化砂质板岩组成，裂隙极发育，岩石极破碎，可能出现大面积掉块、塌方问题
LK114＋847～LK114＋177	12	主要由微风化砂质板岩组成，裂隙发育，岩石较破碎，可能出现局部掉块、楔形坍塌问题
LK115＋177～LK115＋190	13	主要由微风化砂质板岩组成，受断裂影响，裂隙发育，岩石较破碎，强度较高，可能出现大面积掉块、塌方问题
LK115＋190～LK115＋224	34	主要由微风化砂质板岩组成，裂隙局部发育，岩体完整，强度高，应预防掉块、楔形坍塌问题
LK115＋224～LK115＋241	17	主要由微风化砂质板岩组成，裂隙发育，岩石较破碎，强度较高，应预防掉块、坍塌问题
LK115＋241～LK115＋261	20	主要由强～弱风化变质砂岩组成，受断裂影响，裂隙极发育，岩石极破碎，强度低，预防坍塌冒顶问题
LK115＋261～LK115＋324	63	主要由坡积亚黏土、全～强风化变质砂岩组成，强度低，遇水易软化，可能出现坍塌冒顶、突水等灾害
RK114＋767～RK114＋816	49	主要由坡积亚黏土、全～强风化砂质板岩组成，强度低，遇水易软化，受 F11 断层影响，岩石破碎、片理等发育，可能出现大面积坍塌冒顶、突水等灾害
RK114＋816～RK114＋826	10	主要由强～弱风化砂质板岩组成，裂隙极发育，岩石极破碎，强度低，预防坍塌冒顶问题
RK114＋826～RK114＋880	54	主要由微风化砂质板岩组成，裂隙发育，岩石较破碎，强度较高，可能出现掉块、坍塌问题
RK114＋880～RK115＋114	234	主要由微风化砂质板岩组成，裂隙局部发育，岩体完整，强度高，可能出现掉块、楔形坍塌问题
RK115＋114～RK115＋123	9	主要由微风化砂质板岩组成，受断裂影响，裂隙发育，岩石较破碎，强度高，应预防掉块、坍塌问题
RK115＋123～RK115＋159	36	主要由微风化砂质板岩组成，裂隙局部发育，岩体完整，强度高，可能出现掉块、楔形坍塌问题
RK115＋159～RK115＋169	10	主要由微风化砂质板岩组成，受断裂影响，裂隙发育，岩石较破碎，强度高，可能出现掉块、楔形坍塌问题
RK115＋169～RK115＋208	39	主要由微风化砂质板岩组成，裂隙局部发育，岩体完整，强度高，可能出现掉块、楔形坍塌问题
RK115＋208～RK115＋228	20	主要由弱～微风化变质砂岩组成，裂隙发育，岩石破碎，强度较高，可能出现大面积掉块、坍塌问题
RK115＋228～RK115＋250	22	主要由强～弱风化变质砂岩组成，受断裂影响，裂隙极发育，岩石极破碎，强度低，可能出现大面积坍塌、突水、涌泥等问题
RK115＋250～RK115＋363	113	主要由坡积亚黏土、全～强风化变质砂岩组成，强度低，遇水易软化，可能出现坍塌冒顶问题

百路须隧道风化强烈，风化层厚，受F11断裂束影响，隧道岩石非常破碎。该隧道施工过程中主要可能出现大面积的塌方和冒顶等地质灾害。

正涌隧道风化强烈，风化层厚，隧道围岩主要为寒武系变质砂岩及其风化层，岩质较硬。该隧道主要地质灾害为洞口软弱围岩大面积塌方，洞身突（涌）水问题。

次步隧道穿过山地丘陵，分为左右线设置。隧道围岩较单一，主要为燕山三期花岗岩的全～强风化层和坡积亚黏土，大部分为高液限土，弱膨胀潜势。由于隧道围岩残坡积土和燕山期花岗岩的全风化花岗岩和强风化花岗岩，大部分为高液限土，具弱膨胀潜势，遇水易崩解，为Ⅴ级围岩。因此隧道开挖过程中可能出现的地质灾害情况如下：

(1)围岩产生裂缝

隧道开挖后，一是由于开挖面上土体应力释放产生胀裂，二是因为表层土体风干而脱水，产生收缩裂缝。同时，两种原因均使土中原生隐裂隙张开扩大，尤其在拱部围岩，容易产生张拉裂缝与上述裂缝贯通，形成局部变形区。

(2)围岩膨胀突出

膨胀土隧道开挖过程中或开挖后，围岩会产生膨胀突出变形，常常会造成洞内断面缩小。

(3)坍塌与冒顶

主要是隧道开挖时，在土体丧失支撑的状态下，由于围岩压力和膨胀压力的综合作用，容易形成强度软弱区。首先使土体产生连续破坏，由裂缝发展到出现溜塌，然后逐渐牵引周围土体产生连续破坏，形成洞顶坍塌，直至坍方区发展到地表。

(4)底鼓

隧道开挖后，洞底围岩裸露，在上部压力解除又无支护体约束的条件下，洞底围岩产生卸载膨胀，隧道积水时会产生浸水膨胀。两种膨胀作用叠加，造成洞底围岩向隧道中心临空面鼓出，形成底鼓变形。一般在底鼓变形的同时，常常伴随裂缝产生，表水更易渗入土中引起膨胀，使底鼓变形更加恶化。

第六章 隧道施工灾害应急预案

第一节 概 述

1. 应急预案的方针与目标

隧道施工灾害应急预案应坚持“安全第一、预防为主”，“保护人员安全优先、保护环境优先”的方针，贯彻“常备不懈、统一指挥、高效协调、持续改进”的原则，更好地适应隧道工程施工的要求，给隧道施工现场人员的工作和施工场区周围居民提供更好更安全的环境。保证各种应急资源处于良好的备战状态，指导应急行动按计划有序地进行，防止因应急行动组织不力或现场救援工作的无序、混乱和措施不当而延误事故的应急救援，有效地避免或降低人员伤亡和财产损失，帮助实现应急行动的快速、有序、高效，充分体现应急救援的“应急精神”，把损失减少到最低限度。

通过强化安全生产管理、组织落实、责任到人、定期检查、认真整改，实现隧道施工安全的目标：

(1)杜绝人为因素造成的隧道施工地质灾害，尽量减少客观因素造成的重大地质灾害，减少重大人员伤亡和重大机械设备损坏。

(2)因工死亡率为零，因工负伤频率控制在12‰以内，因工重伤频率控制在0.4‰以内。

公司和项目部对应急预案每年至少进行一次评审，针对施工情况及预案演练中暴露的缺陷和问题，不断更新、完善和改进应急预案。

2. 应急响应等级

应急响应等级根据隧道施工重大隐患应急处理方案和隧道施工灾害分为三级、二级和一级。当发生如下人员伤亡情况时，必须按照下列规定作出应急响应：

(1)三级：出现小型地质灾害或有1～3人重伤，事发部门或单位的主要负责人任组长的应急领导小组随即成立，并赶赴事故现场。

(2)二级：出现中型地质灾害或初步判定有1～2人被困，未能得到及时营救、生死未卜时，事发部门或单位负责人任组长的应急领导小组应立即成立，并派成员赶赴事故现场。

(3)一级：出现大型地质灾害或初步判定有3名及3名以上人员被困，未能得到及时营救、生死未卜时，事发部门或单位负责人任组长的应急领导小组应立即成立，并派成员赶赴事故现场。

3. 组织机构及相应职责

为科学地安排应急管理工作，明确各岗位职责，使之在管理工作中互相协调，各司其职，促进隧道施工安全管理工作的有效开展，应建立各级应急工作组织机构。

项目应建立以项目经理为组长，项目生产副经理、项目技术负责人、项目书记为副组长，专职安全员、专业工长和施工队班组长为组员的项目安全应急管理小组，负责项目安全应急预防的领导和组织工作。项目应指派组织协调能力强的专人负责日常管理，作为项目环境紧急事故发生时现场救援的主要责任人。项目的应急管理的组织机构如图 6-1 所示。

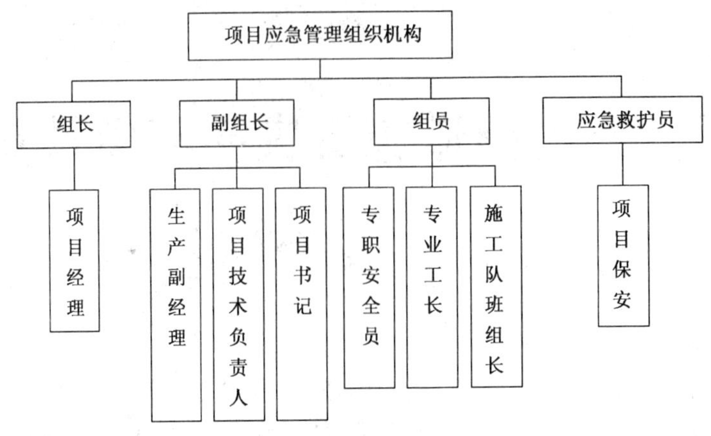

图 6-1 项目应急管理的组织机构

4. 项目经理部管理职责

项目经理部各人员的管理职责和分工如下所述：

(1)项目技术负责人负责项目应急预案的深化工作。

(2)项目生产副经理和施工工长负责组织将应急预案反复向全体员工进行交底，并做好书面记录。

(3)项目安全员负责潜在事故或紧急情况发生时组织应急小组按应急预案实施抢救工作。

(4)项目书记负责按应急预案落实应急人员，并明确岗位职责。

(5)项目书记督促并检查应急人员的应急准备工作实施情况。

(6)项目书记和项目安全员负责事故的善后处理及做好有关安抚工作。

(7)项目经理参与事故的调查处理及预案总结评价工作。

(8)项目书记负责事故后按照公司主管部门、技术部门制订的对事故现场设施设备恢复使用及安全防范措施方案落实处理。

5. 应急预案编制依据

应急预案的编制依据如下所述：

(1)国家和各级地方有关职业健康安全的法律、法规。

(2)国家和各级地方有关职业健康安全的条例、规定。

(3)有关职业健康安全的规范、标准。

(4)企业、上级系统有关职业健康安全的规定。

(5)其他各施工单位的管理工作手册等。

第二节 应急策划

1. 应急预案的工作流程

根据隧道工程的特点及施工工艺的实际情况，应首先组织对危险源和环境因素的识别和评价，制订项目发生紧急情况或事故时的应急措施，开展应急知识教育和应急演练，提高现场操作人员的应急能力，减少突发事件造成的损害和不良环境影响。应急准备和响应工作的程序如图 6-2 所示。

对隧道施工灾害事故的处理、控制、进展、升级等情况应及时进行信息收集，并根据事故轻重程度进行删减，有针对性地定期和不定期地进行内部如实的报道，做好信息发布管理工作。向内部报道的对象主要包括项目部内部各工区、公司等。

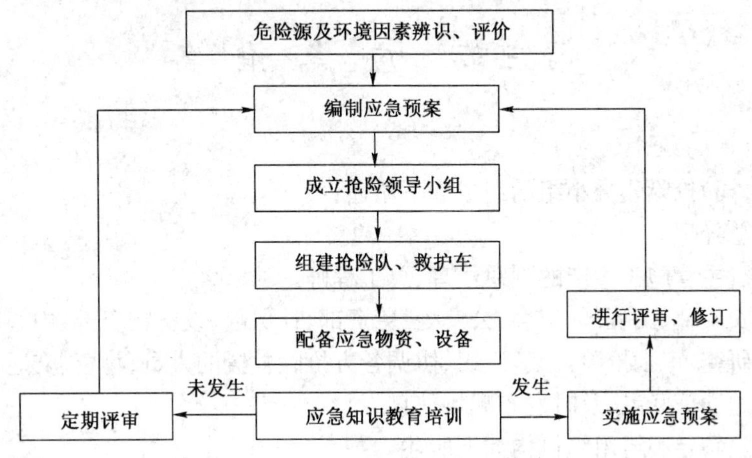

图 6-2 应急准备和响应工作程序图

2. 突发事件风险分析和预防

为确保正常施工，预防突发事件以及某些预想不到的、不可抗拒的事件发生，确保事前有充足的技术措施准备、抢险物资的储备，最大限度地减少人员伤亡、国家财产和经济损失，必须进行风险分析和预防。

根据隧道工程施工特点及遇到的复杂地质情况，并充分考虑到施工技术难度和困难、不利条件等，可确定隧道施工过程中的主要突发事件、风险或紧急情况有：

(1)隧道穿过岩溶不良地层时，因岩溶充填物的情况导致涌水、突泥、塌方等。

(2)隧道穿过断层破碎带不良地层时，因围岩自稳性差，导致塌方、冒顶、涌水、涌泥或引起掌子面塌方。

(3)隧道穿过富水不良地层时，因涌水导致破坏正常施工环境，影响正常施工和结构安全。

(4)隧道开挖后，因围岩变形过大而引起初期支护开裂或侵限甚至引起隧道塌方。

(5)瓦斯有毒气体突出、火灾、意外的工伤事故等。

从上述可能的风险情况来看，如果不采取相应有效的预防措施，不仅会对隧道施工造成重大影响，而且会对施工人员的安全造成威胁。可以采取的预防措施如下所述：

(1)了解地表水、出水地点的情况，并对地表进行必要的处理，以防止地表水下渗。

(2)认真分析地质资料，采用多种手段做好超前预报，做到较全面、准确地掌握前方地质情况。

(3)加强施工管理，严格按标准化、规范化作业。施工中要经常分析土质和围岩的变化，遇到可疑情况及时分析，不得冒进。不良地质段施工应遵循"管超前、严注浆、短开挖、强支护、快封闭、勤量测"的施工工艺。并做到"四及时"即及时量测、及时反馈、及时支护、及时封闭。

(4)开挖中必须进行爆破时，要采用微震控制爆破技术，严格控制爆破规模，遵循"短进尺、少装药、多段别、弱爆破"的原则，使爆破震动速度控制在安全范围内。通过监测数据分析，不断修正爆破参数，满足环境要求。

(5)施工场地设专门抢险救灾物资库。要求库房距施工现场近，道路保持畅通。

(6)工地和附近医院建立密切联系。同时，工地设医务室，配齐必要的医疗器械，一旦出现意外工伤事故，可立即进行抢救。

第三节 应急准备

1.抢险领导小组

项目部(公司)抢险领导小组的组成如下所述：

(1)组长：总经理。

(2)副组长：主管施工生产的副总经理、总工程师。

(3)成员：安质部、工程部、工会、公安处、劳资部、社保部、设备物资部、中心医院。

(4)职责：研究、审批抢险方案，组织、协调各方抢险救援的人员、物资、交通工具等，保持与上级领导机关的通信联系，及时发布现场信息。

项目部抢险领导小组组织机构如下所述：

(1)组长，由项目经理担任。

组长职责：负责全面管理和协调工作，具体包括负责应急预案的启动实施、小组人员分工、向上级单位请示启动上级部门应急预案等。

(2)副组长，由项目副经理、总工和安全长担任。

副组长职责：协助组长工作，在组长不在场的情况下行使组长权利、协调处理相关工作，具体负责各分工区生产安全的现场管理，恢复和保证生产正常进行。

(3)组员。

组员根据分工，分别负责施工现场不同工区的现场监控、宣传报道等工作。

2.应急资源

应急资源的准备是应急救援工作的重要保障，项目部应根据潜在的事故性质和后果分析，配备包括救援机械和设备、交通工具、医疗设备和必备的生活保障物资等，主要应急物资以及机械设备储备见表6-1。

主要应急物资、机械设备储备表 表6-1

序号	材料、设备名称	单位	数量	规格型号	主要工作性能指标	位置
1	湿喷机	台	4	TK—961	$5m^3/h$	现场
2	注浆泵	台	3	BW—250	—	现场
3	空压机	台	5	SA—5150W	$20\ m^3/min$	现场
4	管棚钻机	台	1	金星—900	—	现场
5	钻机	台	1	CY—2A	—	现场
6	砂浆泵	台	2	KUBJ型	—	现场
7	装载机	辆	3	ZL40	斗容量$2m^3$	现场
8	蛙式打夯机	台	2	YZS0.6B	12kN	现场
9	风镐	台	10	G10	26L/s	现场
10	凿岩机	台	12	7 655	$3.2\ m^3/min$	现场
11	小型挖掘机	辆	3	WY—4.2	斗容量$0.2m^3$	现场

续上表

序号	材料、设备名称	单位	数量	规格型号	主要工作性能指标	位置
12	挖掘机	辆	2	PC200	斗容量 1.6m^3	现场
13	机动翻斗车	辆	12	FC—1	斗容 0.75m^3	现场
14	东风车	辆	8	8T	—	现场
15	液压汽车吊	辆	1	QY—25	25t	现场
16	千斤顶	台	4	YCW—120 型	120t	现场
17	混凝土输送泵	台	3	HBT60	输送 60m^3/h	现场
18	滚筒式搅拌机	台	2	JS350	斗容 350L	现场
19	电焊机	台	6	BX500	—	现场
20	卷扬机	台	2	JJ2—0.5	拉力 5t	现场
21	对讲机	台	10	GP88S	—	现场
22	发电机	台	1	—	200kW	现场
23	通风机	台	3	JBT61—2	250～390m^3/min	现场
24	污水泵	台	2	BW250/50 型	150～250L/min	现场
25	钢拱架	榀	20	43kg/m 钢轨	—	现场
26	临时立柱	榀	10	ϕ600 钢管	—	现场
27	砂袋	只	120	—	—	现场
28	编织袋	只	1 000	—	—	仓库

3. 应急知识培训

项目部组建抢险队，发现危险时首先由抢险队进行抢险，需用较多人员时可由各工区及时进行汇集。对抢险队和项目部所有人员均应进行针对性的应急知识培训，使其掌握必要的应急救援预案程序和技能，能够在发生紧急事故时，充分发挥作用。

4. 应急演练

为了在出现险情时处理迅速，不至于手忙脚乱，项目部应根据实际情况定期或不定期针对可能的险情进行实地演练，使得每个人通过演练能够明晰职责、熟悉应急预案内容和关键环节，掌握紧急情况下的应对措施。应急演练应使所有人员均参与其中，并填写应急演练记录表，记录演练内容、人员分工、方案、处理程序、存在的问题等。针对演练中存在的问题，应及时进行修正和完善。

5. 互助协议

为了在应急救援中能及时得到外部救援力量和资源的援助，施工单位应与相关单位建立正式的互助协议，并建立起可快速沟通的联络通道。

第四节　应急响应程序

施工过程中施工现场或驻地发生无法预料的需要紧急抢救处理的危险时，应迅速逐级上报，次序为现场、办公室、抢险领导小组、上级主管部门。由综合部收集、记录、整理紧急情况信息并向小组及时传递，由小组组长或副组长主持紧急情况处理会议，协调、派遣和统一指挥所有车辆、设备、人员、物资等实施紧急抢救和向上级汇报。事故处理根据事故大小情况来确定，如果事故特别小，根据上级指示可由施工单位自行直接进行处理。如果事故较大或施工单位处理不了则由施工单位向建设单位主管部门进行请示，请求启动建设单位的救援预案，建设单位的救援预案仍不能进行处理，则由建设单位的质安室向建委或政府部门请示启动上一级救援预案。应急事故发生时的处理流程如图 6-3 所示。

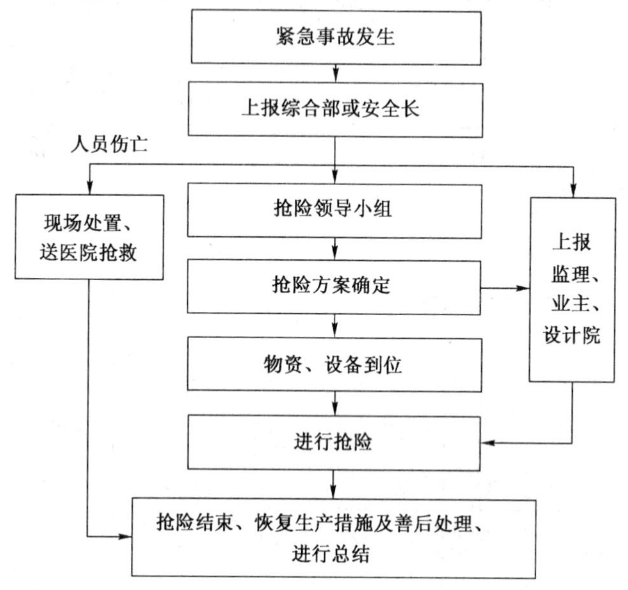

图 6-3　应急事故发生处理流程图

(1)值班电话实行昼夜值班制。

(2)紧急情况发生后，现场要做好警戒和疏散工作，保护现场，及时抢救伤员和财产，并由在现场的项目部最高级别负责人指挥，在 3min 内电话通报到值班室，主要说明紧急情况性质、地点、发生时间、有无伤亡、是否需要派救护车、消防车或警力支援到现场实施抢救，如需可直接拨打 120、119、110 等求救电话。

(3)值班人员在接到紧急情况报告后必须在 2min 内将情况报告到紧急情况领导小组组长和副组长。小组组长组织讨论后在最短的时间内发出如何进行现场处置的指令。分派人员车辆等到现场进行抢救、警戒、疏散和保护现场等。由综合部在 30min 内以小组名义打电话向上一级有关部门报告。

(4)遇到紧急情况，全体职工应特事特办、急事急办，主动积极地投身到紧急情况的处理中去。各种设备、车辆、器材、物资等应统一调遣，各类人员必须坚决无条件地服从组长或副组长的命令和安排，不得拖延、推诿、阻碍紧急情况的处理。

第五节　恢复生产及应急抢险总结

抢险救援结束后，由监理单位主持，举行业主、施工、设计、科研等相关单位参加的恢复生产会，对生产安全事故发生的原因进行分析，确定下部恢复生产应采取的安全、文明、质量等施工措施和管理措施。具体而言，施工单位主要从以下几个方面进行恢复生产：

(1)做好事故处理和善后工作，对受害人或受害单位进行领导慰问或团体慰问。同时，对抢险救灾中涌现的先进事迹加强报道。

(2)严格落实质量体系，推行全面质量管理，认真学习应急预案，以项目经理为中心，将创优目标层层分解，责任到队，责任到人，从单位工程到分部、分项工程直至具体工序。

(3)健全各组织机构，加强人员管理，建立矩阵管理。完善安全、质量保证体系，健全安全、质量管理组织机构，整个项目形成一套严密完整的安全、质量管理体系，各级、各部充分发挥管理的机能、职能和人的作用。

(4)依据安全、质量体系的有关文件，制定安全、质量检查计划制度，形成安全、质量管理依据，做到"有法可依"，严格实施岗位责任制。

(5)做好技术、试验、测量、机械、施工工艺、后勤等各项保证工作。

(6)确保恢复生产的资金投入。

(7)确保设计、施工方案可行，符合现场实际情况，并充分利用现场既有的机械、设备和材料。

(8)及时调用后备人员和机械设备，补充到事故工区，进行生产恢复，以尽快达到正常的生产状态。

抢险结束和生产恢复后，应对应急预案的整个过程进行评审、分析和总结，找出预案中存在的不足，并进行评审及修订，使以后的应急预案更加成熟，遇到紧急情况等能处理及时，将安全、财产损失降低到最低限度。

第六节　隧道施工主要灾害的应急预案

一、隧道塌方应急预案

1.塌方原因及塌方前的特征

出现塌方的原因主要有地质因素、施工方法和支护措施不当等因素。

1)地质因素

(1)隧道穿过断层及破碎带，一经开挖，围岩因自承能力差而引起垮塌。

(2)当通过各种堆积体时，由于结构松散，颗粒间无胶结或胶结差，开挖后引起垮塌。

(3)在挤压破碎带，岩脉穿插带、节理密集带等碎裂结构地层中，岩块间互相挤压钳制，一经开挖则失稳，常见围岩掉块、坍落。在软弱结构面发育的情况下，或泥质充填物过多，均易产生较大的垮塌。

(4)在构造运动的作用下，薄层岩体形成的小褶曲、错动发育地段，施工中常常发生垮塌。

(5)岩层软硬相间，或有软弱夹层的岩体，在地下水的作用下，软弱面强度大大降低，因而发生垮塌。

(6)地下水的软化、浸泡、冲蚀、溶解等作用加剧岩体的失稳和垮塌。

2)施工方法和支护措施不当

(1)施工方法选择不当或工序间距安排不合理。各工序间距时间拉的过长，地层暴露时间过久，引起围岩松动、风化、导致坍塌的发生。

(2)喷锚不及时，或混凝土质量、厚度不符合要求。

(3)采用钢支撑时，支撑架设质量欠佳，支撑与围岩不密贴，两者间的空隙填塞不密实，或连接不够牢固，不能满足支撑围岩压力所需的强度和刚度要求。

(4)爆破作业不当，用药量过多。

(5)处理危石措施不当,引起危石坠落,牵动岩层坍塌。

隧道发生塌方前,围岩或支护结构一般要出现异常情况,可以从以下几点进行初步判断:

(1)量测信息所反应的围岩变形及其速度超过允许值。

(2)喷射混凝土产生纵横向的裂纹或龟裂。

(3)在隧道顶部或侧壁发现不断掉下土块、小石块。

(4)岩层层理、节理缝或裂隙变大、张开。

(5)钢拱架(格栅)发生变形或扭曲,连接钢板脱焊、拉裂,钢拱架(格栅)发生"噼啪"的拉裂声。

(6)隧道内渗水、滴水突然加剧或变浑。

2.预防塌方的措施

要预防隧道施工坍塌,首先需做好超前地质预报,然后选择相应的安全合理的施工方法和支护措施。在施工中需掌握下述要点:

(1)先排水。在施工前和施工中均应采取相应的防排水措施,尽可能地将隧道内的水截于隧道之外。

(2)短开挖。各部开挖工序间的距离要尽量缩短,以减少围岩暴露时间。

(3)弱爆破。在爆破时,要用浅眼、密眼,并严格控制用药量或用微差毫秒爆破。

(4)强支护。针对地压情况,确保支护结构有足够的强度。

(5)快衬砌。衬砌工作需紧跟开挖工作面进行,力求衬砌尽快成环。

(6)勤检查、勤量测。对围岩发现有变形或异状,要立即采取有效措施及时处理隐患。

3.塌方重大隐患应急处理方案

现场人员发现隧道重要承重结构物发出严重异响、出现非正常裂缝、施工支架或拱架非正常变形、滑落、严重倾斜等有可能导致发生结构垮塌安全事故的重大隐患时,应立即采用本事故重大隐患应急处理方案。

(1)现场人员迅速撤出作业区,到达安全地方后,主动、及时地将现场事故重大隐患情况报告现场项目负责人,现场项目负责人核实后首先给施工、监理、业主和合作单位口头报告。

(2)现场项目负责人口头报告后,成立应急组织,通过现场技术(包括与施工、监理、业主和合作单位)初步分析或判断后,果断作出决定,在最短的时间内将书面预警报告送业主和施工单位,并办理文件签收手续;并将预警报告报项目牵头部门和所属单位负责人。

(3)当现场项目负责人估计事件后果非常严重时,应立即向上级部门报告,并组织专家组等人员赶赴现场加强应急处理工作,直到确保安全。

4.塌方处理措施

1)处治原则

(1)塌方的处理应贯彻"安全第一、预防为主、不留后患"的方针,应严格按隧道施工安全技术操作规程和安全规则组织预防和处治。

(2)根据不同的地质情况、塌方范围应制订不同的处治方案。塌方的处治应坚持"先加固、防扩展、后处理、稳通过"的原则,要求"治塌先治水",处理塌方要"宁早勿迟、宁强勿弱"。

(3)塌方处理前应确保塌方相对稳定后才能处理,确保人员和设备安全。在塌方相对稳定后,及时准确查明塌方的范围和现状、塌方的原因和产生机理以及地质条件、地下水情况、设计情况和施工情况,以便制订与之相应的处治对策。

(4)塌方的处治一般可采用临时支撑、加固塌体、先护后清、排除地下水,以及在正洞旁开一迂回导坑，绕过塌方位置向前继续施工，然后再回头处理塌方等方法。塌方处治时应根据塌方规模、塌方原因和位置等综合确定对应的处治措施和处治方法。

(5)根据塌方体积或塌腔高度可将塌方分为“小塌方、中塌方和大塌方”三类：

①小塌方是指塌方高度≤3.0m 或塌方体积<$30m^3$的塌方；

②中塌方是指塌方高度为 3.0～6.0m 或塌方体积为 30～$60m^3$的塌方；

③大塌方是指塌方高度为≥6.0m 或塌方体积≥$60m^3$的塌方。

塌方处治应按“小塌方”、“中塌方”和“大塌方”采取不同的处治措施和方法。

2)小塌方处治措施

(1)小塌方处治前应全面掌握塌方的原因，从而制订合理的对策，及时处理，防止小塌方发展成为中塌方或大塌方。

(2)小塌方的处治方案如图 6-4 所示。

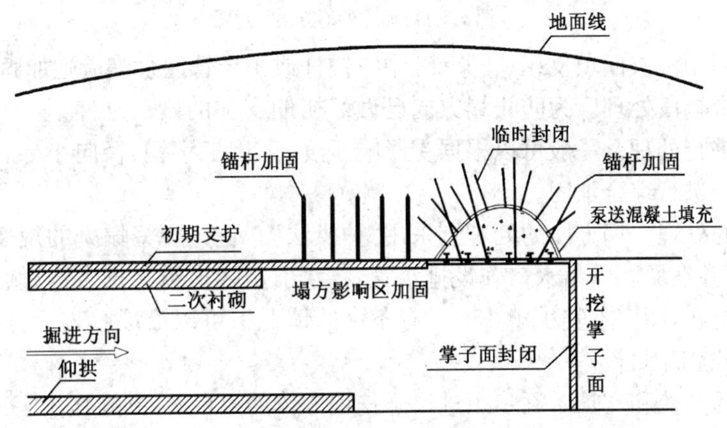

图 6-4　小塌方处治方案示意图

①首先明确塌方影响范围内的初期支护的受力状态，是否有变形和开裂等现象。

②如影响范围内的初期支护有变形和开裂情况，应首先对影响范围内的初期支护进行加固，一般采取增设径向锚杆和挂网喷射混凝土即可，对变形大的地方应考虑采用小导管注浆或增设工字钢方案。

③对开挖掌子面进行封闭加固。为防止塌方的扩大，待塌方体相对稳定后，立即对塌体掌子面进行加固。一般掌子面可以采用喷锚防护等措施。

④对塌腔面进行封闭加固。塌腔表面采用喷射混凝土封闭，喷射混凝土厚度不宜小于15cm，有条件的情况下可以沿塌腔表面打设锚杆或小导管注浆，稳定塌腔上部围岩。

⑤施工塌方段初期支护钢架，挂钢筋网，并喷射混凝土。

⑥向塌腔内采用 C25 泵送混凝土充填。根据围岩情况可以采用锚杆对泵送混凝土两侧进行锚固。

3)中塌方处治措施

(1)中塌方处治前应全面掌握塌方的原因，从而制订合理的对策，及时处理，防止中塌方发展成为大塌方。

(2)中塌方的处治方案如图 6-5 所示。

①掌子面加固。为防止塌方的继续发展，待塌方体相对稳定后，立即对塌体掌子面进行加

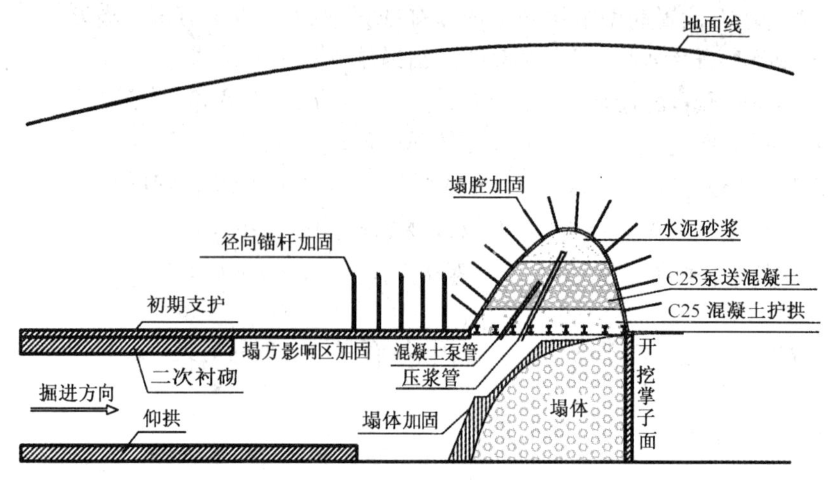

图 6-5 中塌方处治方案示意图

固。一般可以采用洞渣回填反压、止浆墙、中空锚杆或小导管注浆等措施加固。

②对塌方影响段处理。为防止塌方向已做好初期支护的段落延伸，掌子面稳定后应及时对塌方影响段进行处理。一般可以根据受影响程度，采用工字钢、径向小导管注浆、钢筋网喷射混凝土等措施进行综合加固。

③塌方段的处理。塌方段的处理宜采用“护拱法”。首先观察塌方的规模和大小，清除塌腔表面的危岩，并在塌腔内出水口安设排水管，将水引至隧道纵向排水沟，然后对塌腔表面采用喷射混凝土封闭，厚度不宜小于 15cm，有条件的情况下可以沿塌腔表面打设锚杆或小导管注浆，稳定塌腔上部围岩。

④塌方段的开挖和支护。逐步短进尺开挖塌方体的上台阶，并施作工字钢，每次 2～3 榀，当两侧壁有稳定岩层时，工字钢底部可以采用锚杆锁脚，锚杆进入稳定岩层不小于 1.5m；当两侧壁无稳定岩层时，应设置中空注浆锚杆或注浆小导管进行锁脚，长度一般不宜小于 4.5m，一般数量不少于 3 根。然后施作钢支撑，并浇筑钢筋混凝土护拱，护拱厚度不宜小于 1.5m，预留混凝土泵管和注浆管，并以此推进，待通过塌方体后，且待护拱达到强度的 80%后，采用泵送混凝土填筑塌腔，厚度一般为 3m 左右。最后灌注水泥砂浆作为缓冲层，压力一般不大于 1MPa。塌方处理好后逐步往前开挖。塌方段的开挖和支护应坚持“短进尺、少扰动、弱爆破、快封闭、勤量测”的指导方针，渡过塌方段后的施工应严格按照设计图纸施工超前支护，并做加强，避免再次塌方的出现。

4)大塌方处治措施

(1)根据大塌方是否贯通地表，将大塌方按冒顶型大塌方和非冒顶型大塌方进行分别处治。冒顶型大塌方一般发生在洞口和洞身浅埋段，非冒顶型大塌方一般发生在埋深较大的地段。

(2)对冒顶型大塌方的处治方案如图 6-6 所示。

①地表预处理。地表预处理宜在塌坑周围设置截排水沟，并对裂缝、塌坑进行封闭，裂缝封闭可采用 M30 水泥砂浆，塌坑一般采用彩条布覆盖或搭设遮雨棚，防止地表水直接流入塌腔，而降低塌体的强度。对于地层非常松散且塌方区域较大的地段可以考虑采用地表注浆的方式先加固围岩。

②掌子面加固。为防止塌方的继续发展，待塌方体相对稳定后，立即对塌体掌子面进行加固。一般可以采用洞渣回填反压、止浆墙、中空锚杆或小导管注浆等措施加固。

③对塌方影响段处理。为防止塌方向已做好初期支护的段落延伸，掌子面稳定后应及时对塌方影响段进行处理。一般可以根据受影响程度，采用工字钢、径向小导管注浆、钢筋网喷射混凝土等措施进行综合加固。

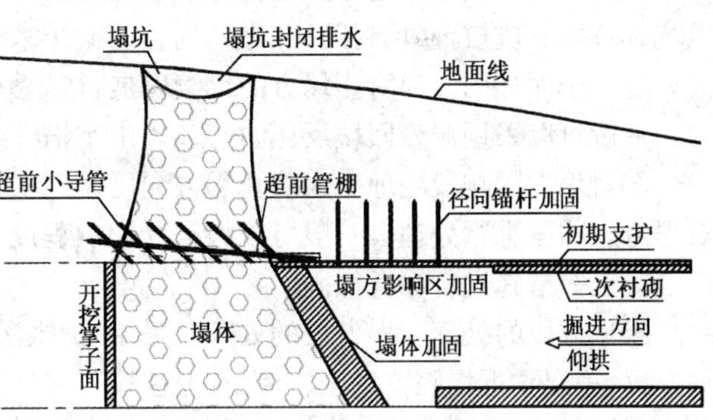

图 6-6　冒顶型大塌方处治方案示意图

④塌方段的预处理。塌方段的处理宜采用超前管棚方案。管棚一般采用Φ108 的钢管内设钢筋笼。当管棚注浆对塌体加固效果不理想时，可以结合超前小导管进行注浆预加固。

⑤塌方段的开挖和支护。塌方段的开挖宜采用上下台阶留核心土、先拱后墙或侧壁导坑法的方式开挖。开挖不应采用爆破开挖，宜采用半人工开挖，每循环进尺 0.5～1.0m，施作上半断面工字钢，当两侧壁有稳定岩层时，工字钢底部可以采用锚杆锁脚，锚杆进入稳定岩层不小于 1.5m，当两侧壁无稳定岩层时，应设置中空注浆锚杆或注浆小导管进行锁脚，长度一般不宜小于 4.5m。塌方段的开挖和支护应坚持“管超前、短进尺、少扰动、弱爆破、快封闭、勤量测”的指导方针。

⑥地表处理。洞内处理好后，回填地表塌坑，并进行夯实，并在其上喷 20cm 厚 C20 早强混凝土将塌方体封闭，保持地表塌方体的稳定。

(3)对非冒顶型大塌方的处治方案如图 6-7 所示。

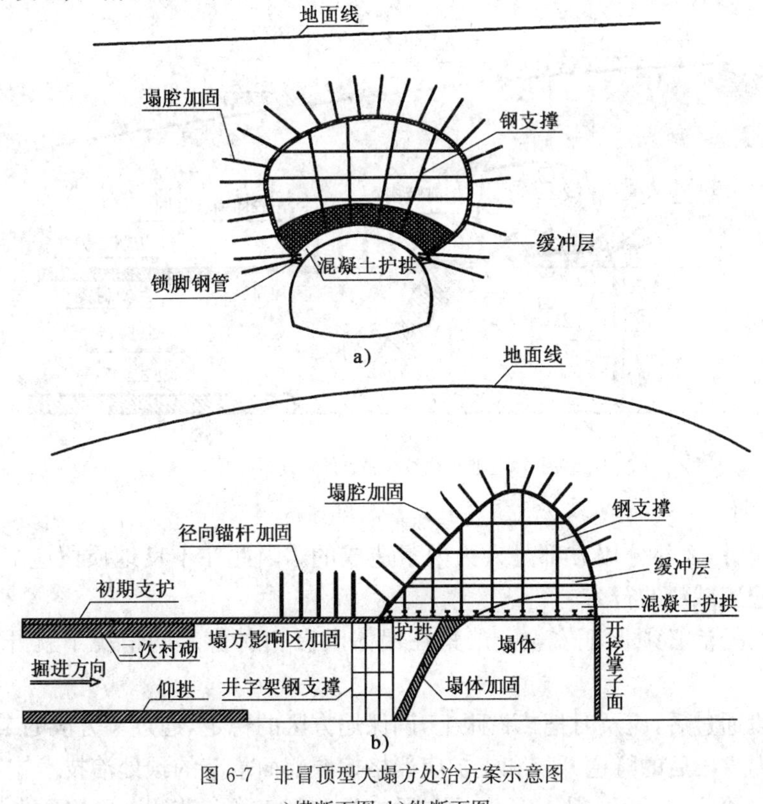

图 6-7　非冒顶型大塌方处治方案示意图

a)横断面图；b)纵断面图

①对浅埋段大塌方应首先检查地表裂缝及变形情况。如有裂缝，对裂缝应进行封堵，如有塌坑，应对塌坑进行回填封闭，并做好周边的截排水措施。

②掌子面加固。为防止塌方的继续发展，待塌方体相对稳定后，立即对塌体掌子面进行加固。一般可以采用洞渣回填反压、止浆墙、中空锚杆或小导管注浆等措施加固。

③对塌方影响段处理。为防止塌方向已做好初期支护的段落延伸，掌子面稳定后应及时对塌方影响段进行处理。一般可以根据受影响程度，采用工字钢、径向小导管注浆、钢筋网喷射混凝土等措施进行综合加固。

④塌方段的处理。塌方段的处理宜采用"护拱法"。首先在靠近塌腔位置安设横向和纵向钢支撑，稳定靠近塌腔位置围岩体，逐渐往塌腔靠近，观察塌方的规模和大小，清除塌腔表面的危岩，并在塌腔内出水口安设排水管，将水引至隧道纵向排水沟，然后对塌腔表面采用喷射混凝土封闭，有条件的情况下可以沿塌腔表面打设锚杆或小导管注浆，稳定塌腔上部围岩。

⑤塌方段的开挖和支护。逐步短进尺开挖塌方体的上台阶，并施作工字钢，每次 2～3 榀，当两侧壁有稳定岩层时，工字钢底部可以采用锚杆锁脚，锚杆进入稳定岩层不小于 1.5m，当两侧壁无稳定岩层时，应设置中空注浆锚杆或注浆小导管进行锁脚，长度一般不宜小于 4.0m。然后在塌腔内施作钢支撑，稳定塌腔，最后钢筋混凝土护拱，并在护拱上设置缓冲层，按此方法逐步推进。塌方段的开挖和支护应坚持"短进尺、少扰动、弱爆破、快封闭、勤量测"的指导方针，渡过塌方段后的施工应严格按照设计图纸施工超前支护，并做加强，避免再次塌方的出现。

(4)当非冒顶型大塌方完全封闭塌腔，且距隧道拱顶有较大高度，但塌腔与塌顶有空洞时，应按冒顶型大塌方的处治措施进行处治，但必须首先对空洞采用注浆或注砂处理，进行充填，如图 6-8 所示。

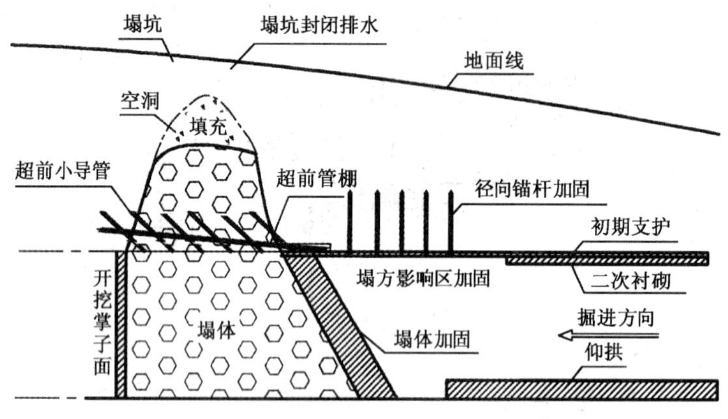

图 6-8　非冒顶型大塌方处治方案示意图

5)注意事项

(1)根据统计，大部分塌方都是人为因素造成的。因此在不良地质段应严格控制施工质量、坚决杜绝偷工减料的行为。

(2)塌方的处治必须保证安全。严禁在塌体没有相对稳定的情况下就开始塌体的处治作业。

(3)塌方段通过后，应及时把二衬跟上，确保塌方区的稳定，通过塌方段的二衬要加强。

(4)通过塌方段后的隧道开挖和支护应严格按照前面章节的预处治技术施工。

(5)塌方处治后应对塌方影响段和塌方段加强监测工作。监测断面应适当加密，监测初期频率应提高,主要对拱顶下沉和水平收敛进行监测。

5.隧道塌方事故应急响应程序

1)自救

当塌方事故发生后,现场人员在确保安全的前提下,立即开展自救,控制势态的扩大。

(1)应先确认塌方结构物无二次塌方危险后,方可实施人员与财产抢救。如有可能造成二次塌方,必须先采取有效措施控制二次塌方后,再实施人员与财产抢救。

(2)实施人员抢救、清理坍塌物尽可能不使用机械或工具,应尽可能人工清除,避免对伤员的二次伤害。

(3)不可急速摇动或拖动重伤伤员,应多人平托住伤员身体,缓慢将其放置于安全平坦的地面上。

(4)发现伤员呼吸障碍,应进行人工呼吸。

(5)发现出血,应迅速采取止血措施,可在伤口近心端结扎,但应每半小时松开一次,避免坏死。动脉出血应用指压大腿根部股动脉止血。

(6)在急救医生到来后,应将已经对伤员采取的救护措施详细告诉医生。

2)报警、报告

现场人员除积极开展自救外,应及时向社会医疗机构求救,同时将事故情况电话报告事发部门或单位负责人。报告事故情况时,要简要说明事故发生的地点、时间、位置等,随时保持通信畅通。

3)全面开展应急救援工作

(1)现场救援工作组的任务

现场救援小组成员到达现场后,主动与事发主体建设单位联系,现场救援措施必须与总体应急救援方案吻合。

抢险小组的任务:配合事发主体建设单位,负责事故现场包括受困人员、现场贵重物资及设备的抢救或危险品的转移等工作。

救援小组的任务:配合事发主体建设单位,负责事故受伤人员的紧急救护工作,联系社会安全救援、医疗救治单位,及时送伤员到医疗中心救治。

保卫小组的任务:配合事发主体建设单位,负责事故现场人员的清点及疏散工作,组织现场人员到达安全区,确定事发现场人员名单,并与到达安全区人员进行核对,判断是否还有被困人员,核实伤亡人员和受损财产情况。

专家小组的任务:配合事发主体建设单位,对工程结构安全性进行分析,研究处置和应急的技术策略,对总体应急方案提出相应对策和建议,对抢救工程进行技术指导。

(2)综合协调工作组的任务

负责应急工作的统一协调和联络沟通工作,稳定现场人员情绪,在事发当地接待并安抚伤亡人员家属,安排护送伤亡人员家属前往现场,依据相关法律开展工伤定性和索赔洽谈。有人员死亡时,与事发当地殡仪馆等民政部门接洽,联系遗体转移、火化,及时通报应急救援和事故调查处理情况。

4)交通运输保障

事故发生后,现场负责人就近调动车辆作为救护的交通工具,及时送受伤人员到就近的医院救治。

紧急时,可先呼叫120救护车。接车人员迅速到路口等待、引领急救车从具备驶入条件的道路迅速到达现场。

5)现场保护

(1)现场负责人须安排人员在事故现场内设立警戒区域,禁止无关人员进入,保护好现场,配合有关专家和部门调查事故原因。

(2)现场负责人须针对事故性质协调当地有关部门、专家对事故现场可能出现的其他隐患进行排查并排除。

6)事故调查处理

配合相关单位和部门进行事故调查,坚持实事求是的原则,客观、公正、准确、及时地查清事故情况,提出事故处理意见。

二、隧道涌(突)水应急预案

1. 涌(突)水险情的观测与预警

1)超前地质预报

根据地质勘测调查,如果溶洞、漏斗、落水洞、岩溶管道等发育,则涌(突)水的可能性极大。为了提前预报以上不良地质情况,制订合理的施工处理方案,实行动态施工,确保施工安全,建议采用 TSP—203、地质雷达或瞬变电磁仪、超前水平钻孔等物探方法进行综合预测预报。现场成立施工地质预测及预报队,由从事多年隧道施工和地质工作的专业技术人员组成,并聘请富有实践经验和地质资料判释能力的专家作指导。

2)地表及洞内监控

(1)根据地表调查发现对隧道有影响的地表大的溶洞口、落水洞进行监控,观察平时流水情况,并与隧道内渗水情况相结合,总结溶洞口、落水洞对隧道的影响。

(2)与当地气象台建立天气服务联系,根据天气预报和降水量统计,加强隧道涌水观测。

(3)派专人负责洞内全天 24h 渗水情况,一旦情况有变化,立即通知值班领导,以便组织施工抢险。

2. 涌(突)水施工处治预案

针对实际施工中有可能出现涌(突)水的情况,将采取如下措施作为应急预备方案。

涌突水时,首先将洞内人员与机具撤至安全区,然后根据突水位置查找地面是否有溶孔,地表水是否与突水位置相连通,成为地下水的补给源头。如果有,则加以封堵或疏排。洞内则采取先施工止浆岩体,然后采取帷幕注浆法通过。

1)止浆岩盘施工方案

在隧道通过高压富水段时,根据掌子面围岩状况和超前探测孔出水情况来确定不同的止浆岩体施工方案和技术参数。

(1)当出水点距掌子面较近(1～5m),水量和水压较大,或掌子面围岩破碎且溶隙、裂隙很发育时,则先施作止浆墙,再用小导管注浆加固止浆墙与掌子面围岩之间空隙形成止浆岩体。

(2)当出水点距掌子面较远(＞5m),且掌子面围岩较为破碎,以软弱夹层为主时,采用套管注浆,将水隔离在距掌子面较远处,形成较厚的止浆岩体。

(3)当出水点距掌子面较远(＞5m),且掌子面围岩较为完整时,利用浅孔注浆加固形成止浆岩体。

2)帷幕注浆方案

(1)方案的确立

在止浆岩体成功后，经过关水检验合格，24h后开始帷幕注浆。根据不同的地质情况，采取不同的注浆堵水材料，确定不同的帷幕注浆方案。

(2)帷幕注浆施工工艺及施工方法

帷幕注浆是通过在掌子面钻注浆孔，再向孔内压注化学浆液，浆液挤出开挖断面及其周围一定范围内的岩缝中的水，保证围岩的裂隙被具有一定强度的浆体充填密实，并与岩体固结成一体，形成止水帷幕。帷幕注浆成功完成后，采用“短开挖、弱爆破、强支护、勤探测”的施工方法，通过富水段。帷幕注浆的施工工艺流程图如图6-9所示。

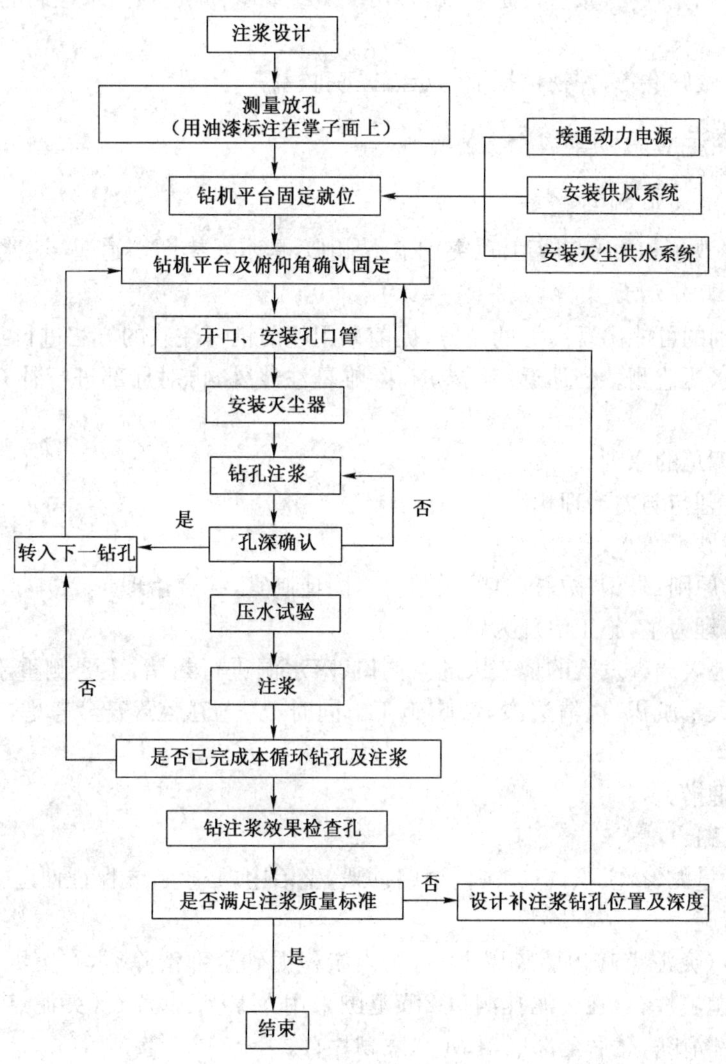

图6-9　注浆施工工艺流程图

3.涌(突)水事故抢险措施

(1)在发生涌突水险情时，保安应加强洞外巡视，隔离安全地带，禁止闲杂人员围观，禁止一切人员进入危险区域，禁止地方老百姓进入施工现场。

(2)加强洞口看护，未经公司统一组织不得放入任何人员。

(3)在涌(突)水可能危及洞内变配电设施时，应果断断电，防止个别线路漏电发生意外。

险情排除后，经检查确认安全后可恢复供电。

(4)启动专用照明线路，保障隧道内必要的照明需要。

(5)在发生涌(突)水时，如设备不能撤离到安全位置，应使设备处于动力关闭、加固和适当防护状态，防止设备造成不必要的损坏。

(6)各班组及时清点人员，确认有无被困人员，并集结待命，不得私自外出。

(7)组织抢险突击队，由各工班抽调精壮工人组成，负责安装挡护拱架，堆砌砂袋，规范水流方向。

(8)在配备充分照明、救生设备时，由公司决定组织身体素质好、水性高的工人进洞执行搜索救援活动。

(9)卫生员做好准备，并视情提前与定点医院联系。

三、隧道突泥应急预案

1.突泥险情的观测与预警

突泥险情的观测和预警与隧道涌(突)水险情相似，具体可参考“隧道涌(突)水应急预案”一节。

2.突泥施工处治预案

根据已判别的可能出现突泥的位置，提前采用超前帷幕注浆的方法进行封堵，同时不间断地进行水量及水压监测。当逼近突泥点时，除帷幕注浆外，再对局部进行补充注浆，直到完全封堵突水口。

1)突泥处理总的原则

(1)洞外治理与洞内治理相结合。

(2)堵泥堵砂不堵水。

(3)防排水原则：采用“防、排、堵、截结合”，因地制宜，综合治理。

(4)永久治理为主，施工治理为辅。

即总体对地表调查发现的地表大的溶洞口、落水洞进行封堵，主要侧重于洞内封堵泥砂，避免造成泥砂大量淤积，边清边淤，影响施工。同时，从隧道运营安全考虑，应以永久治理为主，彻底根治。

2)突泥处理措施

(1)洞内道路

突泥后，大量泥、石淤积，造成洞内道路冲毁，整治中，必须首先保证便道畅通。

(2)处理措施

枯水季节：(突泥点在边墙脚以上)将洞内淤积泥砂全部清除后，在突泥孔洞处清除淤泥5m以上，然后抛填片石，在突泥孔洞口2m范围采用M10浆砌片石(突泥点在边墙脚以下)，将淤积泥砂全部清除，然后全部回填M10浆砌片石。

雨季：(边墙脚以上)将洞内淤积泥砂全部清除后，在突泥孔洞处清除淤泥3～5m，抛填片石，并在突泥口预埋$\Phi150$泄水管引排水，然后用草袋围堰堵住所抛填的片石，同时预埋$\Phi42$注浆孔，并在洞口2m范围采用M10浆砌片石浆砌，最后注浆加固；(边墙脚以下)将淤积泥砂全部清除，然后全部回填干砌片石，并注浆加固。

3.突泥事故抢险措施

突泥险情的抢险和救援与隧道涌(突)水险情的抢险和救援相似，具体可参考隧道涌(突)水应急预案节。

四、瓦斯爆炸事故应急预案

1.瓦斯的成因与危害

瓦斯在煤系地层中主要以游离态和吸着状态两种形式存在，当其所附存的外界条件变化后，瓦斯气体会从露出的煤(岩)层，通过微小孔隙缓慢而持久的释放出，或者短时间喷出，形成瓦斯喷出。释放出的瓦斯若不及时排出，则会给施工带来不可估量的危害。

在隧道有瓦斯地段的施工中，主要解决两个方面的问题：①解决瓦斯积累、超限问题，在确保施工安全的同时，做到技术经济合理；②解决多工作面通风需要，在排放瓦斯的同时，尽量降低对开挖、清底、衬砌等工序的干扰。

2.控制瓦斯浓度的施工措施

严格控制好光面爆破，尽量降低对煤系地层围岩的破坏作用，以减小瓦斯向洞内的涌入流量，及时锚喷支护，以阻断封闭瓦斯涌入的通道。采用射流通风为主的压入式通风方式，及时清排释放出的瓦斯，将瓦斯浓度严格控制在界限(表 6-2)以下；建立健全完善的隧道施工瓦斯、天然气监测体系。

瓦斯浓度爆炸界限 表 6-2

瓦斯浓度(%)	爆炸限界	瓦斯浓度(%)	爆炸限界
5～6	瓦斯爆炸下界限	8.0	最易点燃
14～6	瓦斯爆炸上界限	低于 5.0、大于 14～6	不爆炸，与火焰接触部分燃烧
9.5	爆炸最强烈		

1)加强超前钻孔的探测

加强对掌子面前方围岩的超前钻探尤为重要。一方面可以准确了解前方围岩的情况、煤层的位置及厚度等地质情况，另一方面能对掌子面前方地层中的瓦斯、氧气及二氧化碳等气体提前释放，降低压力。

在具体施工时，可在掏槽眼中部加深钻设一个空眼，该空眼深度比其他炮眼超前 2m。该空眼一方面可作为超前钻探的探测孔，另一方面可作为掏槽的辅助眼，为掏槽提供膨胀空间，从而提高掏槽效果。

在钻打探测孔时，可感应探测到前方岩体的软硬、厚薄及空隙等情况。现场监测人员需做好相应施工记录，同时作出地质描述，以便现场主管技术人员对前方瓦斯、氮气、二氧化碳等天然气体的赋存情况作出科学预测。

2)爆破作业规定

(1)在瓦斯隧道段进行施工时，应对瓦斯浓度及压力等指标进行监测。隧道内各个监测部位的监测结果应按表 6-3 的标准控制。

隧道施工瓦斯浓度控制限值 表 6-3

部位	限值	超标处理措施
隧道总回风风流或一翼回风中	应小于 0.75%	加强通风
从其他工作面进来的风流中	应小于 0.5%	加强通风
工作面风流中	应小于 1%	禁止电钻打眼，加强通风； 浓度达 1.5%时，停止工作，切断电源

续上表

部　　位	限　　值	超标处理措施
放炮地点附近20m以内	应小于1%	禁止放炮
开挖工作面内，在体积大于0.5m³的空间中	应小于2%	附近20m停止工作，撤出人员切断电源，进行处理
电动机或其他开关地点附近20m处	应小于1.5%	必须停止工作，切断电源，撤出人员，进行处理

(2)钻爆施工时，钻孔必须采用湿式钻孔，炮眼深度不小于0.6m，炸药采用煤矿用的安全炸药，雷管为矿用安全许用雷管，起爆线路采用串联方式连接，一个工作面只能用一台起爆器起爆。分段毫秒雷管最后一段的延期时间不得超过130ms。

(3)装渣前必须将石渣浇湿，装渣使用的金属器械，不得猛力与石渣碰撞，避免产生明火花。

(4)严禁一切可能导致高温与火花的作业，严禁明火照明，严禁火源进洞，任何人进隧道前必须经检查，严禁带打火机、火柴、手电筒及其他可能自燃的物品进洞。

(5)作业面出现瓦斯突出预兆时或空气中瓦斯含量超标时，应立即报警，停止作业，切断电源，撤出人员，并上报有关部门。

(6)在洞内外设置必要的消防设施，清除洞口附近的一切易燃物，切断一切火源。

(7)在洞口设置救护组，进行专门抢救训练，使其深知在抢救中可能发生的各种不安全现象及预防方法，非救护人员不得在事故发生后入洞抢救。备齐急救和抢险设备，并指定专人保管，经常保持良好状态，不得挪作他用。

3)及时进行初期支护

瓦斯地层围岩本身强度低，且围岩开挖裸露后，其风化程度将加快。及时地进行锚喷初期支护，一方面有利于围岩稳定，施工安全，另一方面及时封堵瓦斯、氮气、二氧化碳等天然气体的渗涌通道，且有利于有效通风。

4)加强通风措施及通风系统的管理

瓦斯隧道洞段通风采用的风管，应为抗静电、阻燃风管，并对其加强管理和维修，确保通风设备的正常运转和降低漏风量，任何情况下未经负责人同意不得随意停止机械通风。

在施工管理上采取有效措施，并加强通风，防止瓦斯积累。当发生瓦斯积累时，必须及时处理。由于停电或检修，使主要通风机停止运转，或通风系统遭到损伤后，必须有恢复通风、排除瓦斯和送电的安全措施。恢复正常通风后，所有受到停风影响的地段，必须通过通风和瓦斯监测人员检查，确认无危险后方可恢复工作。所有安装电动机和开关处20m范围内，必须检查瓦斯，符合规定后才可启动机器。因临时停电或其他原因，局部通风机停止运转，在恢复通风前，首先必须检查瓦斯。证实通风区内瓦斯与二氧化碳都不超过1%时，方可开动局部通风机，恢复正常通风。临时停工地段不宜停风。否则必须切断电源，设置栅栏和警告牌，严禁人员进入。

5)加强机电设备的管理

根据瓦斯隧道危险性评分标准，具体施工时，对隧道进行瓦斯区和非瓦斯区的分区段管理，非瓦斯区可选择非防爆设备。对于防爆设备，可以根据实际施工情况，分阶段配制。

对瓦斯隧道的运输，应优先采用有轨运输。

瓦斯隧道的机电设备技术安全管理如下：

(1)通风设备、排水设备及通信、信号、安全等设备的电源均应考虑自成回路。

(2)为防止地面雷电波进入隧道内,应做好管线的洞外避雷装置,并应采取防静电和控制杂散电流等措施。

(3)掘进作业面风流中瓦斯浓度达到1.5%时,必须停止工作,切断电源,进行处理。

(4)电动机附近20m以内风流中的瓦斯浓度达到2%时,附近20m内,必须停止工作,切断电源,进行处理。

(5)超过瓦斯浓度规定面切断电源的电气设备,须在瓦斯浓度降低到1%以下,方可开动。使用瓦斯自动监测报警断电装置掘进工作面,只准人工复电。

(6)在洞内装设各种电器设备和进行监测、维修时,须先切断电源。严禁在洞内已敷设电缆上临时接装电灯或其他设备;电路互接或分路时,必须在洞外进行锡焊和绝缘包扎。电缆在洞内接头时,在特制的防爆接线盒内或有防爆接线盒的电气设备内进行连接。

6)监测体系

建立健全完善的瓦斯、氮气、二氧化碳等气体的监测体系(图6-10),加强施工中的监测,采取多种防范措施,保证施工安全。

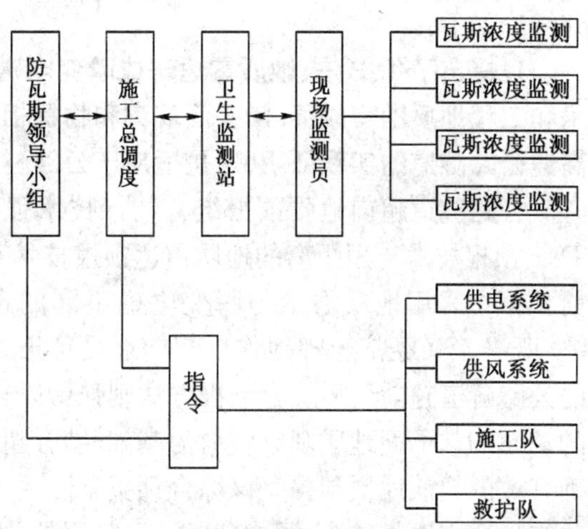

图6-10 隧道施工瓦斯、天然气监测体系框图

对瓦斯隧道的瓦斯、天然气体进行监测的安全措施如下:

(1)配齐瓦斯、天然气体的监测仪器,如瓦斯浓度测定仪,智能瓦斯监测报警仪,煤层瓦斯压力测定装置,智能复合气体监测仪等。

(2)对于可能突出瓦斯的工作面,要设专人随时监测,并必须安设瓦斯自动监测报警断电装置。

(3)洞口需设专职瓦斯检查员,一般情况下,每隔60min进行一次监测,并作出专门的监测记录,后期将施工日志进行归档。瓦斯检查员必须挑选工作认真负责、有一定业务能力、经过专业培训、考试合格,方可进行监测工作。监测瓦斯用的检定器,必须每一季度校对一次。

(4)在施工现场配备专职监测人员。从钻孔直到放炮前的全过程中,专职监测人员均应现场监测瓦斯浓度,当开挖面及其后方的瓦斯浓度达到0.5%时,则应发出警报,隧道内便处于警戒防爆作业状态;当瓦斯浓度上升到0.1%时,应切断开挖面处除风机以外的一切设备电源,隧道处于警戒防爆监视作业状态;当洞内瓦斯浓度达到1.5%时,应立即下达停工和全员撤出待避的命令。为了能及时发现和处理情况,要求指挥员、工班长、瓦斯监测安全员、爆破工配备便携式瓦斯监测仪和瓦斯报警矿灯。

后　　记

“复杂地质条件下隧道施工安全保障技术研究”课题采用文献调研、理论分析、数值计算、现场监测等科学研究的手段，以广梧高速公路河口至平台高速公路中的隧道为依托工程，针对隧址区的复杂工程地质条件，对隧道施工安全保障技术开展了一系列系统而深入的研究，并成功应用于工程实践中。在工程实际的应用中又对研究成果进行了完善和提高，取得的主要研究结论如下：

1. 提出了TSP法、地质雷达法或瞬变电磁法相结合的公路隧道超前地质预报组合物探技术和工程地质勘察成果、掌子面观察和物探相结合的公路隧道超前地质综合预报方法。云梧高速公路隧道的实践证明，这是适应于公路隧道的较准确而且经济合理的超前地质预报方法。

公路隧道超前地质预报组合物探技术强调多种物探方法的组合预报技术，即长距离的TSP预报技术与短距离的地质雷达预报技术和瞬变电磁预报技术相结合，在短距离地质超前预报中采用地质雷达与瞬变电磁不同的预报技术相结合，以便发挥各种预报技术的优势，既准确又经济合理地作出超前地质预报。工程地质勘探成果、掌子面观察和物探相结合的公路隧道超前地质综合预报方法则强调以较宏观的隧址区既有地质勘探成果全貌和较微观的动态的掌子面地质观察资料为基础，结合超前地质预报组合物探技术的成果对隧道进行准确有效的超前地质预报。该综合预报方法更进一步强调长短距离的物探方法相结合，物探方法与地质方法相结合，洞内(掌子面)与洞外(既有勘探成果)相结合，钻探仅作为控制风险的最后手段。

2. 提出了用地质雷达信号衰减程度和TSP中弹性波速预报隧道围岩级别的判定依据，并系统总结了地质雷达和TSP对典型不良地质的评价方法。

通过采用公路隧道超前地质综合预报方法，同时参照现行《公路工程地质勘察规范》(JTJ 064—98)和《公路隧道设计规范》(JTG D70—2004)，并根据具体工程地质情况，提出了用地质雷达信号衰减程度和TSP中弹性波速预报隧道围岩级别的判定依据，对茶林顶隧道围岩级别的预报准确率达62.5%，基本能满足工程需要。提出并系统总结了地质雷达、TSP超前地质预报方法对不良地质的目标识别技术，包括强风化带、断层破碎带及其破碎程度、围岩含水段、溶洞等在地质雷达图像、TSP 2D成果图等上的识别特征。

3. 首次提出了隧道台阶法施工的合理台阶长度和上下台阶留核心土法施工的核心土合理尺寸。

根据两车道公路隧道的特点，首次提出了隧道台阶法施工的合理台阶长度和上下台阶留核心土法施工的核心土合理尺寸。隧道台阶法施工的台阶及核心土的留设能改善隧道掌子面的稳定性，台阶不宜过长或过短，核心土同样不宜过短，且截面越大越好。上下台阶法施工下台阶的长度控制在1.0D左右是比较合理的，上下台阶留核心土法施工核心土长度控制在0.75D左右是比较合理的，考虑受力和施工方便，核心土高度不宜小于上台阶高度的2/3，宽度不宜小于开挖宽度的2/3。

4. 首次从二衬支护时间和二衬及仰拱与掌子面的间距两方面确定各级别围岩中隧道二衬及其仰拱的合理支护时机，并提出了考虑各种影响因素修正的确定合理支护时机的具体公式。

总结了确定二衬合理支护时机的位移准则、位移速率准则及屈服接近度准则，采用根据实测数据的经验法、以往经验公式与实测数据相结合的收敛限制法以及数值模拟计算法等分析了二衬的支护时机和二衬及仰拱与掌子面的合理间距，并给出了与各种准则适应的具体求解二衬合理支护时机和二衬及仰拱和掌子面的合理间距确定方法。并分析了隧道埋深、施工工法、围岩流变性、爆破等几个主要影响因素对二衬的支护时机和二衬及仰拱与掌子面的合理间距的影响，提出了考虑这些影响因素修正的确定合理支护时机的具体公式。

5. 提出了隧道围岩变形预警指标基准值，并提出了预警等级及相应的应急措施和安全保障体系。

根据统计的隧道"围岩趋稳时的相对变形"和数值模拟分析的"极限相对变形"确定两车道公路隧道围岩相对变形预警基准值，综合确定了两车道公路隧道围岩变形预警指标和预警等级及其对应的应急措施。通过在预警地段设置有效的预警标志，充分引起管理人员和施工人员的重视，有效抑制了灾害的发生，达到减少地质灾害的目的。

6. 对典型的不良地质对隧道稳定性的影响进行了全面的分析，为设计和施工处理不良地质体提供了依据。

总结了隧道施工中的不良地质和由不良地质可能诱发的地质灾害及其产生的原因和条件。以隧道茶林顶隧道为例，对典型不良地质（洞口不稳定边坡、断层破碎带、溶洞）对隧道稳定性的影响进行了较全面的分析，给出了双凤至平台段隧道区域不良地质的分布情况，为隧道的设计、施工、超前地质预报、监测和不良地质体的处治设计提供了重要依据。实际隧道开挖表明这些工作的重要作用。

7. 对不同的不良地质体（岩溶、断层破碎带、富水地层）**按其规模、特征以及可能的危害程度进行了分级，首次建立了不良地质的预警和保障体系。**

根据隧道前方可能存在的岩溶、断层破碎带、富水地层等不同类型不良地质体的规模、特征以及可能的危害程度，按分类对其进行了分级，首次建立了不良地质的预警和保障体系。根据隧道施工中不同预报阶段对不良地质体的预报准确性的不同，以及不良地质体对隧道施工影响程度的不同，建立了不同的预警级别，并制订了相应的不良地质体的处治预案。

8. 建立了隧道灾害应急预案，提出了隧道典型不良地质和地质灾害的处治技术。

系统论述了应急预案编制的方针、目标与原则，制订了隧道施工灾害应急预案的编制依据和应急响应程序，建立了隧道施工灾害的应急等级。结合广梧高速公路的管理特点，明确了各管理部门的职责，业主和施工单位应准备的应急物资。编制了适合依托工程的隧道塌方、突水、突泥等隧道施工灾害的应急机制和应急处理措施。提出了溶洞按小型、大型、充填型、半充填型和空溶洞等的分类处治措施，建立了富水地层不同类型的注浆方式的标准；提出了断层破碎带按小断层、中断层、大断层分类处治的措施，提出了塌方按小塌方、中塌方、大塌方的分类综合处治措施。

9. 首次开发了不良地质及地质灾害处治措施数据库管理系统，并实现了网络化。

从使用方便、人机界面友好的原则出发，开发了网络版"公路隧道不良地质及地质灾害处治措施数据库管理系统"。通过该数据库管理系统，管理人员、施工人员及其他现场人员通过账号和密码能查询国内外典型隧道施工不良地质及地质灾害的处治措施，从而可以结合隧道的现场地质特点和灾害的具体情况选择适合的处治措施，同时，也可以将该隧道施工中遇到的不良地质及地质灾害情况及处治措施添加到数据库管理系统中，以不断丰富该数据库管理系统。

随着公路和铁路建设的发展，在复杂地质条件下施工的隧道情况将越来越多，该书作为"复杂地质条件下隧道施工安全保障技术研究"课题的研究成果和工程应用总结，对类似工程具有良好的工程参考价值和较强的理论指导作用。所提出 TSP 法、地质雷达法或瞬变电磁法相结合的公路隧道超前地质预报组合物探技术、工程地质勘察成果与掌子面观察和物探相结合的公路隧道超前地质综合预报方法、用地质雷达信号衰减程度和 TSP 中弹性波速预报隧道围岩级别的判定方法、用地质雷达和 TSP 对典型不良地质的评价方法、确定隧道台阶法施工的合理台阶长度和上下台阶留核心土法施工的核心土合理尺寸的方法、确定各级别围岩中隧道二衬及其仰拱的合理支护时机的方法、隧道典型不良地质和地质灾害处治技术、所建立的对不同的不良地质体分级以及预警和保障体系、隧道灾害应急预案和所开发的网络化不良地质及地质灾害处治措施数据库管理系统，以及隧道围岩变形预警指标基准值与预警等级及相应的应急措施和安全保障体系等一系列复杂地质条件下隧道施工安全保障技术均具有较强的实用性和较高的推广应用价值，推广应用前景十分广阔，必将取得显著的经济效益和社会效益。

附录A　公路隧道施工二衬及仰拱合理支护时机确定指南

A.1　总　　则

A.1.0.1　为提高隧道施工的安全性，增强隧道施工管理的可操作性，并降低初衬和二衬的成本，给公路隧道的设计、施工提供技术指导，使得公路隧道设计、施工和管理规范化、合理化，做到安全可靠、技术先进、经济合理、确保质量，特制订本指南。

A.1.0.2　本指南应结合隧道变形监控量测实施，关于监控量测细则参照《公路隧道施工技术规范》(JTJ 042—94)。

A.1.0.3　施工中应尽量采用对隧道扰动较小的方法施工以利于隧道的稳定性。

A.1.0.4　对于埋深较小的硬质围岩不涉及二衬支护时机的问题，对于软弱围岩和埋深较大的硬质围岩应适当地释放围岩应力，然后在适宜的时机构筑二次衬砌。

A.1.0.5　二衬支护形式及其构筑时机，应在该指南的基础上结合现场揭露围岩描述及具体施工情况确定。

A.1.0.6　本指南适用于II、III、IV、V级围岩中的分离式单洞两车道隧道，施工方法包括爆破或机械开挖情况下的全断面施工、上下台阶法施工、CRD法、中隔壁法等。

A.2　支护时机的确定准则及方法

A.2.1　二衬合理支护时机确定准则

二衬的合理支护时机是要使得工程中围岩充分发挥自承能力，达到节约工程造价同时保证工程安全的目的。所以支护时机的确定准则也是以此为基础的。

A.2.1.1　变形速率准则

变形速率监测准则是以我国现行公路隧道设计规范《公路隧道设计规范》(JTJ 042—94)规定复合式衬砌结构构筑二衬的最佳时机为依据，具体适用条件采用下列标准之一：

(1)周边位移速率小于0.1～0.2mm/d，则认为达到最佳支护时机。

(2)拱顶下沉速率小于0.07～0.15mm/d，则认为达到最佳支护时机。

A.2.1.2　位移准则

位移屈服准则是以我国现行公路隧道设计规范《公路隧道设计规范》(JTJ 042—94)规定复合式衬砌结构构筑二衬的最佳时机为依据。具体适用条件如下：

已产生的各项位移达到各项预计位移总量的80%～90%，则认为达到最佳支护时机。

A.2.1.3　屈服接近度准则

屈服接近度准则是以Drucher-Prager(D-P)屈服准则为依据。具体适用条件如下：

规定围岩屈服接近度 $\eta \geqslant 0.7$ 的区域为松动区，当松动区接近于锚喷支护加固范围时即为二衬合理支护时机。

A. 2. 1. 4 各个准则的适用条件

变形速率准则适用于现场判定二衬支护时机和较为粗略地预测某一工程同类岩层中隧道变形量，可以依据现场监测数据曲线直接得出结果，方法简单，适用于隧道二衬支护的现场判断。

位移准则更能反映出新奥法原理的本质，比变形速率准则显得合理。但是，在应用的过程中，需要一定量的数学拟合计算并且需要了解隧道围岩及支护结构变形规律，所以对工程人员的要求较高，在条件具备、时间充裕的情况下推荐采用。

屈服接近度准则需要采用数值模拟计算，需要同时进行三维及二维建模，这就要求工程人员具备较高的数值模拟经验，该准则比较适合在设计时使用，给工程人员以参考。

A.2.2 二衬合理支护时机确定方法

按照位移准则、屈服接近度准则和屈服接近度准则，实际应用中也有三种方法，工程中按照实际情况和条件选取采用。

A. 2. 2. 1 经验法

经验法采用位移收敛速率准则，具体操作方法如下：

(1)根据现场实测的隧道拱顶下沉或周边收敛监测数据，绘制随时间变化的时程图(附图 A-1)，其中的 $\delta(x,t)$ 轴表示隧道的收敛变形值或拱顶下沉值，x 轴表示掌子面与监测断面之间的距离，t 表示时间。

(2)根据图形确定周边收敛或是拱顶下沉的速率。假定在 t_1 时刻，隧道变形达到规范要求的变形量或变形速率要求，即：

①周边位移速率小于 0.1～0.2mm/d，则认为达到最佳支护时机；

②拱顶下沉速率小于 0.07～0.15mm/d，则认为达到最佳支护时机。

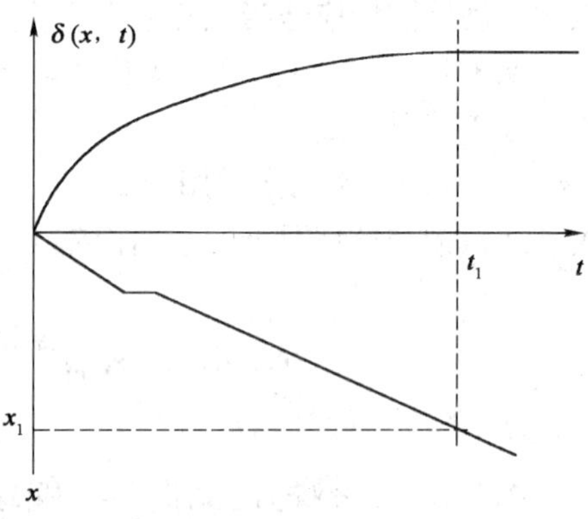

附图 A-1 隧道收敛变形时程图

则该时刻及其对应的掌子面与监测断面对应的距离 x_1 即为合理的支护时机。

A. 2. 2. 2 经验公式拟合法

经验公式拟合法采用的是位移准则，具体操作方法如下：

(1)整理相应的隧道监测资料，包括断面的周边收敛与拱顶下沉情况，以及对应的掌子面推进距离与时间。

(2)将已知量隧道变形 $\delta(x)$ 、掌子面推进距离 x、掌子面推进时间 t，带入相应的拟合公式中：

①对于硬岩，由于受流变影响小，所以采用公式(A-1)拟合：

$$\delta(x) = \delta_{\infty x}\left[1 - \exp\left(-\frac{x}{X}\right)\right] \tag{A-1}$$

式中：$\delta(x)$ ——隧道变形，即隧道拱顶下沉或周边收敛；

$\delta_{\infty x}$——因掌子面的推进而产生的隧道收敛或拱顶下沉的极限值；

x——掌子面推进距离；

X——掌子面推进的影响距离，与隧道围岩的塑性半径 R_0 有关，可取 $X=aR_0$ 计算，其中 $a=0.84$。

②对于软岩，需要考虑流变因素的影响，要考虑时间对周边收敛的作用，采用公式(A-1)拟合：

$$\delta(x,t)=\delta_{\infty x}\left[1-\left(\frac{X}{x+X}\right)^2\right]\left\{1+m\left[1-\left(\frac{T}{t+T}\right)^n\right]\right\} \tag{A-2}$$

式中：$\delta(x)$——隧道变形，即隧道拱顶下沉或周边收敛；

$\delta_{\infty x}$——因掌子面的推进而产生的隧道收敛或拱顶下沉的极限值；

x——掌子面推进距离；

X——掌子面推进的影响距离；

T——围岩流变特性参数；

t——掌子面推进时间；

m、n——常数。

(3)根据拟合结果得到需要求出的 $\delta_{\infty x}$ 以及 m(对于软岩)，得到相应的隧道变形(即拱顶下沉或是周边收敛)的极限值——$\delta_{\infty x}$(硬岩)/ $\delta_{\infty x}(1+m)$(软岩)。

(4)将所得到的极限值的 80%～90%作为所要求的二衬支护时机的限制值，当隧道变形达到该值时即为合理的支护时机。

A.2.2.3 理论计算法

理论计算法采用的是屈服接近度准则，具体操作方法如下：

(1)创建三维模型，确定随着掌子面的推进距离，围岩对应的应力释放系数，建立围岩应力释放率及隧道位移释放系数与掌子面推进位置关系表。

(2)根据现场施工情况确定数值模拟的二维模型，以及相关的围岩、支护等相关参数。

(3)根据数值模拟得到相应的塑性区范围，调整释放系数直到塑性区接近于锚喷支护加固范围时，此时的释放系数作为相应的合理支护时机。

(4)将释放系数对应到围岩应力释放率及隧道位移释放系数与掌子面推进位置关系表中，得到相应的掌子面推进距离，当掌子面推进到此处时即为合理的支护时机。

A.3 二衬合理支护时机的确定

A.3.1 III 级围岩

A.3.1.1 一般规定

(1)围岩的开挖方法应根据地质条件、断面和自然条件等选定；开挖必须与支护、衬砌施工相协调。III 级围岩由于围岩的完整性较好，围岩力学性质较好，岩石具有抗压强度高，抗剪能力强，节理裂隙和地质构造不发育等特点。开挖后，围岩自稳时间长，故可以相对较晚做支护。

(2)衬砌在整条隧道中是最重要的永久承重结构，因此，它的施筑时间和施筑方法最为重要。现场加强管理及施工组织，减少每个工序的作业时间，选择合适时机做初期支护，使初期支护尽快承力，同时充分利用围岩的自身承载能力，然后及时施做二衬。

A.3.1.2 二衬支护时机

III 级围岩(埋深 96m)的隧道施工流程为:全断面开挖→初衬→二衬。其对应掌子面距离为 120m。

在埋深发生改变的时候,二衬与掌子面的距离有随着埋深增加而增加的趋势,当埋深超过某一限值时,隧道二衬与掌子面的距离基本上保持不变。III 级围岩大致满足二衬及掌子面间距的以下关系:

$$\begin{cases} 207 & h < 48 \\ L = 79.1 + 150.2e^{-\frac{h-39.4}{53.1}} & 48 \leqslant h \leqslant 163 \\ 85 & h > 163 \end{cases} \tag{A-3}$$

式中:L——二衬与掌子面间距,m;

h——隧道埋深,m。

A.3.1.3 工法选择及二衬支护时机

由于在现场施工中,需要根据隧道围岩的性质选择合适的工法。对于 III 级围岩,有如附表 A-1 所示的几种不同工法施工。

对于全断面法,当围岩岩性足够好的情况下可采用这种方法。采用全断面法,有提高施工效率,可以多工序平行作业等优点。但是当围岩岩性不是很好的时候,宜采用中隔壁法。当围岩岩性更差时,宜采用上下台阶法。

III 级围岩的施工工法 附表 A-1

围岩级别	施工方法	开挖顺序图例		
		(1)	(2)	(3)
III 级	(1)全断面法	II IV ①	II ① ③ IV	II ① ③ IV
	(2)中隔壁法			
	(3)上下台阶法			

选取 III 级围岩中的全断面开挖法作为参考基准,III 级围岩下不同工法二衬及其仰拱与掌子面间距由于选择不同工法而进行的修正值列于附表 A-2。

二衬与掌子面间距的工法修正系数表 附表 A-2

围 岩 级 别	二衬与掌子面合理间距(m)		
	全断面法	上下台阶法	中隔壁法
III	1.0	1.5	1.5

A.3.2 IV 级围岩

A.3.2.1 一般规定

(1)IV 级围岩因开挖后,围岩自稳时间较短,故应坚持先护后挖,有稳定开挖面的超前预支护或预加固辅助施工措施。应严格遵守软弱围岩不良地质地段“早预报、勤量测、管超前、弱爆破、短尺寸、强支护、快封闭、紧衬砌”的原则,做到稳扎稳打,步步为营。

(2)衬砌在整条隧道中是最重要的永久承重结构,因此,它的施筑时间和施筑方法最为重要。现场加强管理及施工组织,减少每个工序的作业时间,选择合适时机做初期支护,使初期支护尽快承力,同时充分利用围岩的自身承载能力,然后及时施做二衬。

A. 3. 2. 2 二衬支护时机

Ⅳ级围岩（埋深121m）采用的隧道施工的流程为：上台阶开挖→上台阶初衬→下台阶开挖及仰拱支护→二衬。其对应掌子面距离为86m。掌子面与仰拱的距离应控制在55m以内。

Ⅳ级围岩中，当埋深发生改变时，二衬与掌子面的距离有随着埋深增加而增加的趋势，当埋深超过某一限值时，隧道二衬与掌子面的距离基本上保持不变。其中Ⅳ级围岩支护结构含有仰拱，仰拱与掌子面间距基本在40m左右，埋深对其影响较小。各级别围岩中，二衬及掌子面间距基本上满足以下关系：

$$L=\begin{cases}142 & h<30\\ 61.6+89.2e^{-\frac{h-23.4}{63.2}} & 30\leqslant h\leqslant 108\\ 85 & h>108\end{cases}\tag{A-4}$$

式中：L——二衬与掌子面间距，m；

h——隧道埋深，m。

A. 3. 2. 3 工法选择及二衬支护时机

由于在现场施工中，需要根据隧道围岩的性质选择合适的工法。对于Ⅳ级围岩，拟采用如附表A-3所示的几种不同工法施工：

Ⅳ级围岩的施工工法 附表A-3

围岩级别	施工方法	开挖顺序图例	
		(1)	(2)
Ⅳ级	(1)上下台阶法	Ⅱ ① ③ Ⅳ	Ⅱ Ⅳ ① ③ Ⅵ ⑤ ⑦ Ⅶ
	(2)中隔壁法		

上台台阶法适用于较好的Ⅳ级围岩，可以提高施工效率，加大循环进尺。但是对于围岩岩性较差的Ⅳ级围岩，可以采用中隔壁法。

选取Ⅳ级围岩中的上下台阶法作为参考基准，则二衬及其仰拱与掌子面间距由于选择不同工法而进行的修正值列于附表A-4。

二衬及其仰拱与掌子面间距的工法修正系数表 附表A-4

围岩级别	二衬与掌子面合理间距（m）	
	上下台阶法	中隔壁法
Ⅳ	1.0	1.06

A. 3. 3 Ⅴ级围岩

A. 3. 3. 1 一般规定

(1)Ⅴ级围岩因开挖后，围岩自稳时间较短，故应坚持先护后挖，有稳定开挖面的超前预支护或预加固辅助施工措施。应严格遵守软弱围岩不良地质地段“早预报、勤量测、管超前、弱爆破、短尺寸、强支护、快封闭、紧衬砌”的原则，做到稳扎稳打，步步为营。

(2)衬砌在整条隧道中是最重要的永久承重结构，因此，它的施筑时间和施筑方法最为重要。现场加强管理及施工组织，减少每个工序的作业时间，选择合适时机做初期支护，使初期支护尽快承力，同时充分利用围岩的自身承载能力，然后及时施做二衬。

A.3.3.2 二衬支护时机

V级围岩(埋深43m)隧道施工的流程为:上台阶开挖→上台阶初衬→核心土开挖→下台阶开挖及仰拱施工→二衬。二衬施工时,对应的掌子面与二衬的距离为82.5m以内;仰拱施工时,掌子面与仰拱之间的间距应控制在45m以内。

V级围岩中,当埋深发生改变时,二衬与掌子面的距离有随着埋深增加而增加的趋势;当埋深超过某一限值时,隧道二衬与掌子面的距离基本上保持不变。其中V级围岩支护结构含有仰拱,仰拱与掌子面间距基本在40m左右,埋深对其影响较小。各级别围岩中,二衬及掌子面间距基本上满足以下关系:

$$\begin{cases} 137 & h < 28 \\ L = 18.2 + 131.8e^{-\frac{h-25.1}{30.8}} & 28 \leqslant h \leqslant 60 \\ 62.5 & h > 60 \end{cases} \tag{A-5}$$

式中:L——二衬与掌子面间距,m;

h——隧道埋深,m。

A.3.3.3 工法选择及二衬支护时机

由于在现场施工中,需要根据隧道围岩的性质选择合适的工法。对于V级围岩,拟采用如附表A-5所示的几种不同工法施工。

对于围岩岩性较好的情况下,可以采用三台阶法,对于一般的围岩岩性,可以保留核心土,采用上下台阶留核心土法,对于围岩岩性很差的情况下,宜采用交叉中隔壁法。

选取V级围岩中的上下台阶留核心土法作为参考基准,则各级别围岩中二衬及其仰拱与掌子面间距由于选择不同工法而进行的修正值列于附表A-6:

V级围岩的施工工法 附表A-5

围岩级别	施工方法	开挖顺序图例		
		(1)	(2)	(3)
V级	(1)上下台阶留核心土法	① II ③ ④ V	① II ③ IV ⑤ VI	II IV ① ③ VI ⑤ ⑦ VIII
	(2)三台阶法			
	(3)交叉中隔壁法			

二衬及其仰拱与掌子面间距的工法修正系数表 附表A-6

围岩级别	二衬与掌子面合理间距(m)			仰拱与掌子面间距(m)
	上下台阶留核心土法	三台阶法	交叉中隔壁法	
V	1	1.14	1.53	1

但是,三台阶法和交叉中隔壁法施工工艺复杂、消耗资源多、不经济,所以在实际的施工中,在满足安全和施工便利的条件下应尽量采用上下台阶留核心土法。

A.4 爆破控制措施

爆破施工对2倍洞径范围内的围岩存在破坏及弱化作用,使得围岩松散破碎、强度降低。总的来说,断面总装药量越大,光爆效果越差,爆破对围岩的破坏和弱化作用就越明显,二衬支护时机也越早,二衬与掌子面的距离也就越短。因此,为了尽可能地延迟二衬支护时机及减少延长与掌子面的距离,需要尽可能地通过优化爆破参数和采用合理的操作手段保证爆破效果以减少爆破对原岩的损坏程度，保持原岩的完整性和强度。在新奥法中，光面爆破是其三大支柱之一。现在绝大多数岩石公路隧道的爆破方案也都是采用光面爆破，因此在考虑爆破对于二衬支护时机及其与掌子面距离的影响时，归根结底是要考虑如何通过优化爆破参数和采用合理操作来保证光爆效果。

A.4.1 光面爆破参数确定和控制

爆破参数的选择直接影响着光爆效果。光面爆破参数设计计算有公式计算法、直接试验法、经验类比法和模型试验法等。不论应用哪种方法，应综合考虑岩石特性和工程地质、现场机械设备情况及施工工艺等。

A.4.1.1 炸药单耗量 q

炸药单耗量按式(A-6)计算：

$$q=\left(\sqrt{\frac{f-3}{3.8}}+\frac{L_1K_1\eta}{s}\right)K_2K_3F_s \tag{A-6}$$

式中：f——普氏系数；

L_1——炮眼深度，m；

K_1——装药系数；

η——炮眼利用率，%；

s——开挖断面面积，m^2；

K_2——与炸药种类有关的系数，对于二号岩石炸药，$K_2=1$；

K_3——裂隙发育折减系数；

F_s——自由面个数折减系数，对于光面爆破，有两个自由面，取 F_s 为 0.7。

A.4.1.2 每循环炸药消耗量 Q

$$Q=qSL_1 \tag{A-7}$$

式中，各参数同式(A-6)。

A.4.1.3 炮眼直径 d

炮孔直径的确定应综合考虑岩石特性、炸药的性能、现场机械设备情况及工程具体要求进行选择。一般情况下，应依据爆破现场和钻孔机具确定，取 35～45mm。

A.4.1.4 药卷直径 d' 与装药不耦合系数 k

对于一般炮眼，不耦合系数 k 取 1.2 左右；对于光爆炮眼，k 取 1.6～2.0。药卷直径 $d'=d/k$。

A.4.1.5 光爆眼(周边眼)间距 a 与光爆层厚度(最小抵抗线) W_{min}

软岩和层理节理发育的岩层上，眼距应小而抵抗线应大；在坚硬稳定的岩层上，眼距应大些，抵抗线应小些。隧道跨度较小时，眼距适当减小，反之适当加大。周边眼间距一般取 $10d$～$20d$。

不同围岩级别条件下的炮眼间距、最小抵抗线及炮眼线装药密度可参考附表 A-7 选取。

不同围岩级别条件下的 a 与 W_{min} 的参考取值 附表 A-7

围 岩 级 别	炮眼间距 a(m)	最小抵抗线 W_{min} (m)	线装药密度 q_L (kg/m)
III	60～55	65～60	0.3
IV	55～50	70～65	0.35
V	55～50	75～70	0.35

在施工过程中，必须严格控制钻孔位置、深度、外插角度以及装药量，确保周边眼的爆破参数符合设计要求。当围岩条件不断变化时，需要在遵循设计原则的基础上，根据实际爆破效果来调整下一茬炮的爆破参数，以取得最佳爆破效果。根据围岩的情况调整光爆参数：①对于容易坍塌处均采用密钻眼弱装药法；②开挖过程中，如果拱顶出现平板或爆破后经过排险出现拱顶平板，应该适时地修改部分参数，可将起拱线以上部位光面层加大到 70～75cm（III 级围岩），75～80cm（IV 级围岩），80～85cm（V 级围岩），周边顶眼装药量调整到 0.15kg/m（III 级围岩），0.2kg/m（IV、V 级围岩）。如果效果仍不理想，可将周边顶眼间距缩小到 30～40cm，在拱顶 5m 左右范围内采用隔孔装药，不装药的孔装入导爆索。

A.4.1.6 炮眼密集系数 m

根据第 5 点，炮眼密集系数 m 控制在 0.7～1.0 之间。严禁出现 $m>1.0$ 或 $m<0.5$ 的情况，以免出现偏斗爆破或光爆层的爆落失败，影响光爆效果或导致补爆，从而加大了对原岩的破坏和扰动。

A.4.1.7 光爆眼（周边眼）角度

当凿岩机紧贴在已开出的轮廓面操作时，凿岩机应向上（拱部）或向外（边墙）偏离 4°～5°。

A.4.2 保证光面爆破质量的措施

A.4.2.1 钻孔质量控制

（1）施工前，应按照要求画出巷道轮廓线、拱基线、巷道中心线，并按眼逐点定位。

（2）完成一个爆破循环后，必须踩渣打顶板眼，并尽量是钻机放平，以保证光面层孔眼质量。

（3）确保炮眼间的平行度，周边眼的上挑和外偏角度严格控制在 5°以内。

（4）严格控制孔位、孔距，一般不得轻易变更孔位，开孔位置偏差不应大于 3cm。

（5）保证眼深、眼数，严格控制孔眼深度，使眼底（掏槽眼除外）落在同一个平面上，以使爆出的断面整齐，便于下一循环作业。另外，掏槽眼的“超深”应保持在 15～25cm 之间。

A.4.2.2 装药与爆破质量控制

（1）装药前，要先吹清眼底碎渣；对于有水的隧道，浸水的眼底应套防水套，以防药卷拒爆。

（2）装药量要严格控制，按照设计要求进行，不得随便多装或少装。

（3）为了降低爆破对围岩的损伤作用，应采取以下爆破原则：①将一次爆破的所有炮孔分成多段起爆；②选择雷管段数时，应加大相邻段的段位差，采用毫秒雷管和半秒雷管配合使用的方法增加雷管段别，应尽可能考虑掏槽区跳段排列雷管；③在减振要求较高地段（上台阶爆破时为拱顶围岩，下台阶爆破时为起拱处围岩），除应适当减小炮孔内线装药密度外，还可采用周边预裂爆破技术阻隔爆破地震波向外传播；④若采用空孔直眼掏槽爆破方案，应增加空孔数量或增大空孔直径，以加大临空面；⑤采用合理的不耦合装药和空气间隔装药结构降低爆破震动。

（4）周边空炸药在约 $\frac{2}{3}$ 孔深的长度上要均匀布置，以防止孔口端出现“留门”现象或孔底出现“压酥”现象。应沿炮孔全长敷设导爆索，一方面保证炸药的传爆；另一方面增加孔中炸药的爆炸威力。导爆索在孔口外必须留出 150～200mm，以便与雷管捆扎。

（5）孔口要堵塞约 50～200mm 长的炮泥，以增加爆炸气体准静膨胀压力对岩石的胀裂作用时间。严禁无堵塞爆破。

(6)严格控制起爆顺序与起爆时差。起爆顺序为：掏槽眼→辅助眼→崩落眼→底板眼→周边眼。应适当增大掏槽与后继崩落眼之间的毫秒量间隔，以及最后一周崩落眼与周边眼之间的毫秒量间隔，为崩落眼、周边眼的爆破创造良好的临空面，以利于提高爆破效率。为了控制爆破震动，同段起爆孔数不宜少于3个；相邻段的起爆时差不宜大于75ms。

A.4.2.3 爆破裂缝控制

光面爆破的关键技术是控制爆破裂缝的方向，使其只沿着某一要求的特定方向，而其方向不产生或少产生裂缝。可采取以下措施控制爆破裂缝：

(1)改变炮孔的形状：可通过孔壁切槽、设导向孔、异形炮孔等方法人为地改变炮孔的形状或孔间的相关关系，从而改变圆形炮孔的均匀受力状态，按所要求劈裂面的方向产生应力集中，避免裂缝方向的随机化。孔壁切槽可采用机械法、水射流法、聚能药柱法。

(2)改变药包的形状：可以采用聚能药、包压铸药柱、带缺口药包、扁平药包等通过改变常用的圆形药包爆炸产物均匀地作用于炮孔壁的受力状况，使其最大的压力作用于所要求的劈裂面的方向。

(3)改变装药结构：可采用切缝套管、挤压钢棒、水压聚能、半圆套管等以改变装药结构，利用装药结构阻隔爆生气体的作用或使爆生气体的最大压力作用于所要求劈裂面的方向。

A.4.2.4 合理利用结构面

在钻爆过程中，应合理利用结构面或根据结构面改变钻爆工艺以获得良好的光爆效果。

(1)利用结构弱面：应根据结构面的方向，可将炮孔沿结构面布置以减少炸药用量并可获得理想的爆破效果。一些断层、节理、裂隙，可以起到控制裂缝扩展方向的导向作用，爆破时可加以合理利用。

(2)根据弱面的位置，在炮孔穿过断层、裂隙、夹泥处时，严格控制装药量，局部采用间隔装药，将炸药进行分散化、微量化处理，以减少爆破对弱面的过度破坏及爆生气体的逸散现象。

附录B 复杂地质条件下隧道施工不良地质及地质灾害处治技术指南

B.1 总 则

B.1.0.1 为给穿越岩溶、富水地层、断层破碎带、膨胀性围岩等复杂地质条件下不良地质体和出现塌方等地质灾害的公路隧道的设计、施工和处治提供技术指导，使得公路隧道设计、施工和处治规范化、合理化，做到技术先进、经济合理、确保质量和保护环境，同时尽量减少隧道施工过程中因客观原因造成的地质灾害，制订本处治技术指南。

B.1.0.2 不良地质。不良地质是指由各种地质作用和人类活动而造成的工程地质条件不良现象的总称。隧道施工过程中遇到的不良地质主要有滑坡、岩溶、断层破碎带、富水地层、膨胀性围岩、软弱围岩、高地应力、有毒有害气体等。

B.1.0.3 地质灾害。地质灾害指由于自然地质作用、人为地质作用使地质环境恶化，并造成人民生命财产损失或人类赖以生存的资源、环境遭受破坏的灾害性事件。隧道施工中的地质灾害主要有隧道洞口滑坡、塌方、突（涌）水（泥）、岩爆、大变形、瓦斯爆炸等。

B.1.0.4 本设计施工指南适用于以钻爆法为主要开挖手段的各级公路两车道隧道，其他形式的公路隧道可参考本指南执行。

B.1.0.5 在根据本指南进行不良地质及地质灾害的隧道设计、施工和处治过程中，除必须保证其设计符合《公路隧道设计规范》（JTG D70—2004）、施工符合《公路隧道施工技术规范》（JTJ 042—94）外，还应根据具体不良地质体及地质灾害的性质、规模制订详细的处治措施。

B.2 不良地质段的开挖方案和预支护措施

B.2.1 一般规定

B.2.1.1 当隧道穿越不良地质段时，应根据开挖所揭示的实际围岩情况，合理确定隧道开挖方案和预支护措施。

B.2.1.2 不良地质段的预处治除了注意处治不当对隧道施工和结构安全可能产生危害以及处治不当可能出现各种地质灾害外，还应充分考虑处治不当对隧道周边生态环境造成的不利影响。

B.2.1.3 不良地质段的开挖方案的选择应做到“安全可靠、合理可行、施工方便、操作性强”。

B.2.1.4 不良地质段的预支护措施的选择应贯彻“以隧道施工安全为出发点，以减少隧道施工地质灾害为目标，做到综合处治，经济合理，质量可靠，保护环境”的处治原则。

B.2.2 开挖方案

B.2.2.1 不良地质段围岩级别较低，一般为Ⅳ、Ⅴ、Ⅵ级，通常Ⅴ级最为普遍。施工前，应采用超前地质预报和地质分析法等手段综合确定隧道前方不良地质体的类型、分布情况、围岩级别，并初步预测施工过程中可能出现的地质灾害情况，从而为不良地质段的施工制订合理有效的开挖方案。

B.2.2.2 施工前应充分考虑地质和施工条件、隧道埋深和断面尺寸、围岩级别、坡面情况、地下水和气候条件、施工进度等，进行开挖方案论证，并做多种方案比选。

B.2.2.3 对不良地质段的开挖方案宜选取上下台阶法、留核心土法、侧壁导坑法。

(1)上下台阶法

Ⅳ、Ⅴ级围岩且含软弱夹层带或节理较发育地段可以采用上下台阶法(附图B-1)。该方法的特点是：施工方便，便于机械化作业；随着台阶长度的缩短，拱顶位移、地表沉降将减小，因此根据围岩破碎程度，可调整台阶长度。

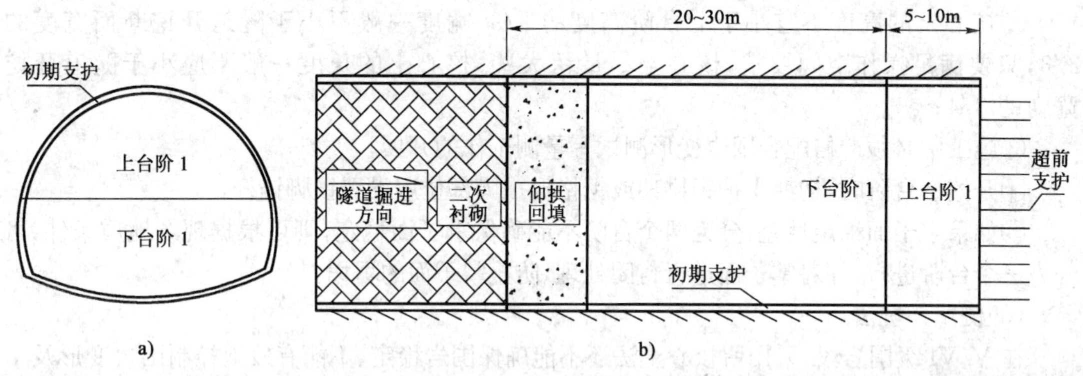

附图B-1 上下台阶法

a)横断面布置图；b)平面布置图

上下台阶法开挖顺序为：

①上台阶1超前支护；

②上台阶1开挖和初期支护；

③下台阶1超前支护；

④下台阶1开挖和初期支护(含仰拱初期支护)；

⑤仰拱回填混凝土施工、防水层及拱墙二次衬砌施工。

(2)留核心土法

在Ⅳ、Ⅴ级围岩段，遇到土质、涌水、掌子面易坍塌段落，采用上下台阶法不能保证围岩稳定时，宜采用留核心土法，核心土法对控制掌子面的坍塌作用尤为明显(附图B-2)。

开挖顺序为：

①上台阶超前支护；

②上台阶开挖和初期支护；

③核心土开挖；

④下台阶1超前支护；

⑤下台阶1开挖初期支护(含仰拱初期支护)；

⑥下台阶2超前支护；

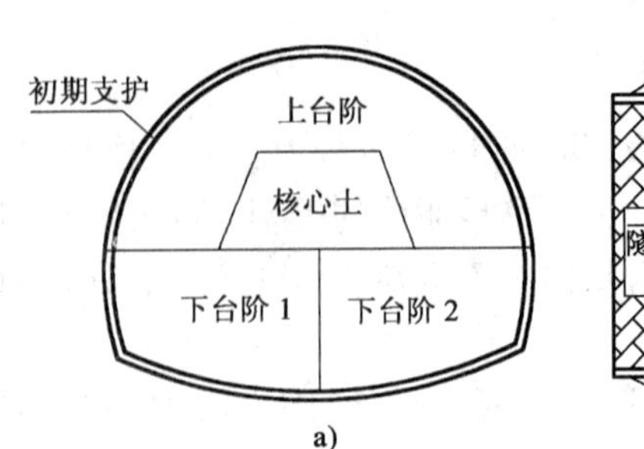

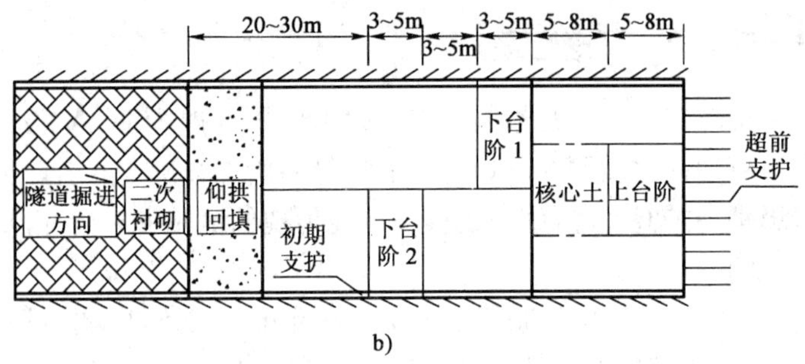

附图 B-2　留核心土法

a)横断面布置图;b)平面布置图

⑦下台阶 2 开挖和初期支护(含仰拱初期支护);

⑧仰拱回填混凝土施工、防水层及拱墙二次衬砌施工。

工序安排注意事项:

①仰拱回填和拱墙二次衬砌应尽早施作,二衬与掌子面的距离一般为 20～30m;

②核心土的高度不宜小于上台阶高度的 2/3,宽度一般不小于隧道开挖断面宽度的 2/3,只要满足操作空间要求,核心土尽量留大些;核心土的长度一般不应小于隧道开挖宽度的 3/4;

③施工中必须严格配合围岩变形测试等量测工作的开展;

④开挖上台阶时,初期支护钢拱架或钢格栅拱脚部位应设置锁脚锚杆;

⑤如果掌子面稳定性差,分为两个台阶不能确保掌子面稳定,则可根据现场地质条件,可分为三个台阶进行,并对掌子面进行封闭处理,防止掌子面的坍塌。

(3)侧壁导坑法

在 V、VI 级围岩段,采用留核心土法还不能确保围岩稳定、不能有效地控制围岩变形及掌子面稳定时,宜采用侧壁导坑法施工(附图 B-3)。侧壁导坑法施工工艺相对复杂,但对控制拱顶变形和掌子面稳定具有明显的作用。

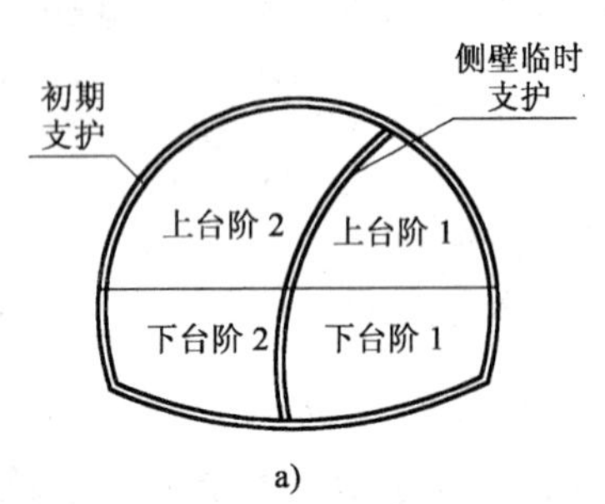

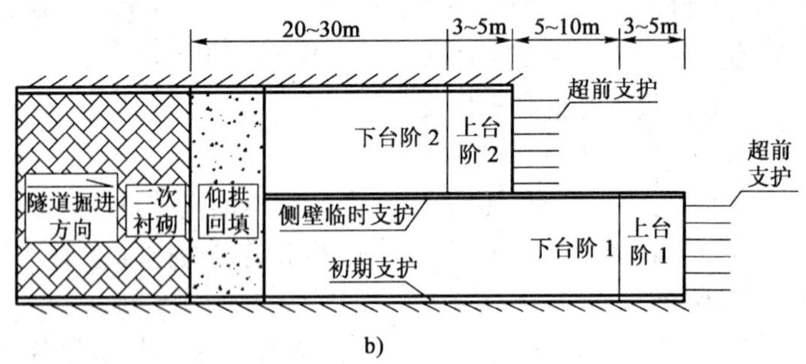

附图 B-3　侧壁导坑法

a)横断面布置图;b)平面布置图

开挖顺序为:

①上台阶 1 超前支护;

②上台阶 1 开挖和初期支护(含侧壁临时支护);

③下台阶 1 超前支护;

④下台阶 1 开挖初期支护(含侧壁临时支护及仰拱初期支护);

⑤上台阶 2 超前支护;

⑥上台阶2开挖和初期支护；

⑦下台阶2超前支护；

⑧下台阶2开挖初期支护(含仰拱初期支护)；

⑨拆除侧壁临时支护；

⑩仰拱回填混凝土施工、防水层及拱墙二次衬砌施工。

工序安排注意事项：

①临时支撑拆除后，仰拱回填和拱墙二次衬砌应尽早施作，二衬与掌子面的距离一般为20～30m；

②两侧导坑的距离宜为5～10m；

③施工中必须严格配合围岩变形测试等量测工作的开展；

④开挖上台阶时，初期支护钢拱架或钢格栅拱脚部位应设置锁脚锚杆；

⑤如果掌子面稳定性差，单侧壁导坑分为两个台阶不能确保掌子面稳定，则可根据现场地质条件，将单侧壁的开挖、支护分为三个台阶进行开挖，并对掌子面进行封闭处理。

B.2.3 预支护措施

B.2.3.1 施工前应充分考虑地质和施工条件、隧道埋深和断面尺寸、围岩级别、坡面情况、地下水和气候条件等，选取一种或多种预支护措施。

B.2.3.2 预支护措施的选择应做到“安全适用、技术先进、经济合理、不留后患”的原则。

B.2.3.3 对不良地质段的预支护措施有超前锚杆、超前小导管、超前管棚、超前预注浆、掌子面封闭等措施。实际使用时，建议按附表B-1选择各种预支护措施及设计参数。

各种预支护措施适用性及参数 附表B-1

预支护措施	超前锚杆	超前小导管	超前管棚	超前预注浆	掌子面封闭
适用条件	V级及IV级较破碎围岩	较干燥、凝结力差的岩层、断层带、V级软弱围岩无水带	浅埋段、含水破碎带、V级及V级围岩以下围岩段、对地表变形控制严格地段	富水地层且涌水量较大、掌子面稳定性极差、松散土层	掌子面开挖期间不能自稳
设计参数	Φ16～24螺纹钢，钻孔直径≥40cm，L=3～6m，间距30～60cm，外插角小于30°，拱部钻孔位于开挖轮廓线外10～20cm，两排搭接长度不小于1m，充填M30水泥砂浆	Φ42～50热轧钢管，L=3.5～6m，间距25～50cm，外插角5°～10°，搭接长度不小于1/3管长，注浆压力0.5～1MPa，扩散半径0.6～0.8倍导管间距	Φ80～180热轧钢管，L=10～80m，间距30～50cm，外插角一般3°～5°，搭接长度不小于1.5m，注浆压力0.5～1.0MPa左右	应根据不同的水量和水压确定注浆方式和注浆参数，见附录B	喷射加入速凝剂的C20混凝土，10～20cm厚，锚杆采用Φ22螺纹钢，长1.5～3.5m
施工方式	超前插桩、G32系列自进式锚杆、WTD25中空注浆锚杆	小导管注浆	大管棚(内设钢筋笼)	钻孔、注浆管	喷射混凝土封闭、正面锚杆加固
预支护范围	拱部，一般拱部120°范围	埋深≤0.5倍洞跨，拱长范围；埋深0.5～1倍洞跨，2/3拱长范围；埋深≥1倍洞跨，1/2拱长范围	拱部范围	根据具体情况定	掌子面范围

续上表

预支护措施	超前锚杆	超前小导管	超前管棚	超前预注浆	掌子面封闭
技术特点	工艺简单、效果明显	支护效果好，在有孤石时难度大	支护能力强，周期长，受场地限制大	加固围岩效果好、有效堵水、造价高	工艺简单、有效
备注	常与系统锚杆共同作用	围岩破碎时采用水泥—水玻璃双液注浆	分段安装，对砂砾土作用不明显	可与其余超前支护措施共同使用	对拱顶围岩的稳定性作用不大

B.3 隧道穿越岩溶段的预处治技术

B.3.1 一般规定

B.3.1.1 岩溶是地表水和地下水对可溶性岩层（碳酸盐类、硫酸盐类、卤盐类等）进行化学侵蚀、崩解、机械破坏、搬运和沉积作用所形成的各种地表和地下溶蚀现象的总称。当隧道穿越岩溶地层时，可参照本指南进行设计与施工。

B.3.1.2 隧道岩溶段的处治除了注意岩溶对隧道施工和结构安全可能产生的危害以外，还应充分考虑处治措施不当可能对隧道周边生态环境造成的不利影响。

B.3.1.3 隧道岩溶段的处治应贯彻“立足于保护环境的高度，以隧道结构安全和施工安全为基本，因地制宜，综合治理，不断完善，彻底整治”的处治原则。

（1）对于隧道的岩溶处治，影响环境的主要因素在于对岩溶水的处治措施是否得当；不同的处治方法，就可能对隧道周边生态环境产生不同的影响，因此，立足于保护环境的高度，就是要贯彻对岩溶地下水资源的保护。此外，隧道工程的隐蔽性是众所周知的，而岩溶地段的施工环境则更为恶劣，容易出现各种突发问题，施工安全防护更为复杂。因此，施工单位应密切监测该段落内的围岩与支护体系的稳定性状况，并做好应急方案，包括设备的及时到位、人员的有力调度等。

（2）施工时必须强调根据现场地质条件、施工条件、设备条件等因素，灵活指定最适宜该地条件的处治措施，具体问题，具体对待，即因地制宜。当然，处治方案必须经过多方面的综合比选，并结合超前预测结果、开挖掌子面揭示情况、设计预案与工程经验等，综合治理，避免顾此失彼。

（3）对岩溶的认识，不仅应持续到施工完成，在施工完成后，如条件成熟，还宜对典型地段进行岩溶处治效果的复查，以完善方案，彻底整治，不留后患。

B.3.2 总体处治方案

B.3.2.1 根据隧道内岩溶的表现形态，隧道岩溶段的处治方案可按“溶洞或管道”、“岩溶水”和“溶蚀带”等三种形态制订处治方案。

（1）“溶洞或管道”的表现形态为隧道开挖后或通过超前地质预报发现隧道周边发育有明显的溶蚀洞穴或管道。

（2）“岩溶水”的表现形态为隧道开挖后或通过超前地质预报，既未发现隧道周边发育有明显的溶蚀洞穴或管道，且围岩的地质条件也未明显变差，但伴随着有岩溶地下水的涌出。

(3)“溶蚀带”的表现形态为隧道开挖后或通过超前地质预报，虽未发现隧道周边发育有明显的溶蚀洞穴或管道，但围岩自稳性极差，且富含泥、砂或孤石等多种围岩体被溶蚀后形成的充填物。

B.3.2.2 表现为“溶洞或管道”的岩溶段的处治方案应根据溶蚀洞穴或管道与隧道的相互位置关系及其自身的洞穴发育规模等信息制订。一般地，大型溶洞可采用跨越方案和支顶加固方案，小型溶洞可采用护拱、封闭、换填和回填等方案。

B.3.2.3 表现为“岩溶水”的岩溶段的处治方案应根据涌水量、水质、围岩地质条件等信息制定。一般的，可采用堵水方案和排水方案，前者包括预注浆堵水、后注浆堵水和补注浆堵水等措施，后者包括依靠隧道自身的排水系统排水以及涵洞排水和泄水洞排水等措施。

B.3.2.4 表现为“溶蚀带”的岩溶段的处治方案应综合溶蚀带与隧道的相互位置关系及发育规模、围岩和溶蚀充填物的地质条件等信息制订，一般可综合上述两种处治方案并结合超前预支护方案。

B.3.2.5 隧道岩溶不良地质的表现形态往往是以上两种或三种形态的混合体，因此岩溶处治必须考虑到复杂性，遵循“因地制宜、综合治理”的基本原则。

B.3.3 溶洞的处治措施

B.3.3.1 溶洞分类

对溶洞的处治，应根据不同类型的溶洞特征，制订不同的处治措施。

根据溶蚀洞穴的发育规模，总体可分为“小型溶洞”和“大型溶洞”两类。

(1)“小型溶洞”一般指出露于隧道拱顶上方、边墙侧部及底板下方，且发育有限（溶洞洞径<1/2隧道开挖洞径或溶洞洞径<6m）、充填物易于清理的溶蚀洞穴。

(2)“大型溶洞”一般指洞穴深浚（溶洞洞径≥1/2隧道开挖洞径或溶洞洞径≥6m），且充填丰满，难于回填或不宜填塞的溶蚀洞穴。

根据溶洞充填物特征，可将溶洞分为充填型、半充填型和无充填型三类。

(1)“充填型溶洞”指溶洞内有充填物充填的溶洞。

(2)“半充填型溶洞”指溶洞内既有部分充填物，又有一部分空腔的溶洞。

(3)“无充填型溶洞”指溶洞内无充填物的溶洞。

B.3.3.2 小型溶洞的处治

对于小型岩溶洞穴的处治，应综合考虑岩溶洞穴的充填特征、所处位置以及方便现场施工，制订相应的处治方案。

(1)无充填或半充填型小型溶洞

对于无充填或半充填型岩溶洞穴，首先应清除溶洞表面浮土或洞穴内的充填然后对岩溶洞穴采取回填处理，如附图B-4。

①出露于隧道拱部上方的小型溶洞，应清除洞内充填物，如有条件，宜对溶穴腔壁进行适当的喷锚防护，并保证锚杆嵌入基岩不少于1.0m。在隧道衬砌施工后，浇筑混凝土护拱，护拱应加设锁脚锚杆，最后吹（堆）砂充填。

②出露于隧道边墙侧部的小型溶洞，应在隧道衬砌施工前，先浇筑C15片石混凝土或M7.5浆砌片石护墙，后墙背以干砌片石回填。

③出露于隧道底板（路面或仰拱）下方的小型溶洞，应在隧道底板（路面或仰拱）浇筑前，先清除溶蚀充填物，并自下而上以干砌片石、C15片石混凝土换填。

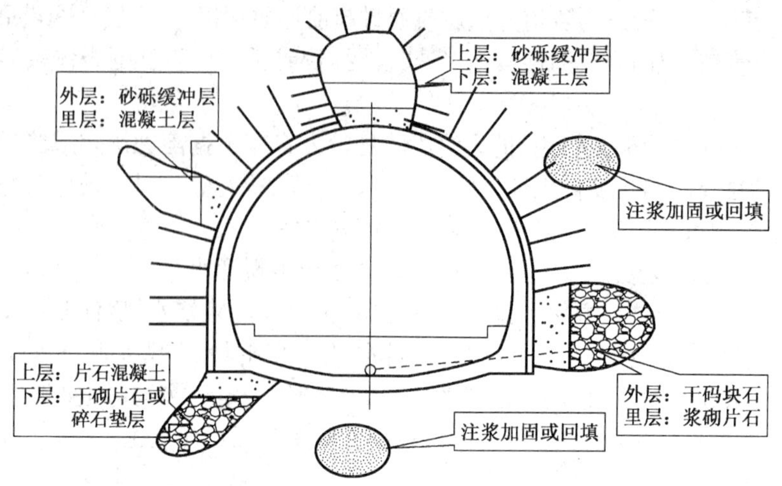

附图 B-4　小型溶洞处治措施示意图

(2)充填型小型溶洞

对于充填型小溶洞,应根据溶洞的所处位置及方便现场施工,采取相应的换填或加强防护措施。

①当岩溶洞穴位于隧道拱部和边墙位置时,若施工过程中岩溶洞穴内充填物已发生滑落,应在岩溶洞穴内充填物清除后,采用喷射 C25 混凝土或水泥砂浆回填;若施工过程中岩溶洞穴充填物未发生滑落,应在岩溶洞穴位置采取喷锚网防护。

②当岩溶洞穴位于隧道基底位置时,应在清除岩溶洞穴内的充填物后,采用混凝土回填密实的处治方案。

(3)隐伏型小型溶洞

对于隐伏型溶洞,隧道施工过程中应采用综合地质超前预报技术对隧道周边,特别是基底进行隐伏岩溶普查,当普查揭示出隧道开挖轮廓线外附近存在隐伏岩溶洞穴时,应采取局部注浆措施,对隐伏岩溶进行注浆回填或注浆固结,如附图 B-4 所示。

B.3.3.3　大型溶洞的处治

对于发育于隧道周边不同部位的大型溶洞,原则上应因地制宜,利用“梁、柱、墙、桩”等结构,采用“引、堵、越、绕”等措施进行处理,如附图 B-5、附图 B-6 所示。

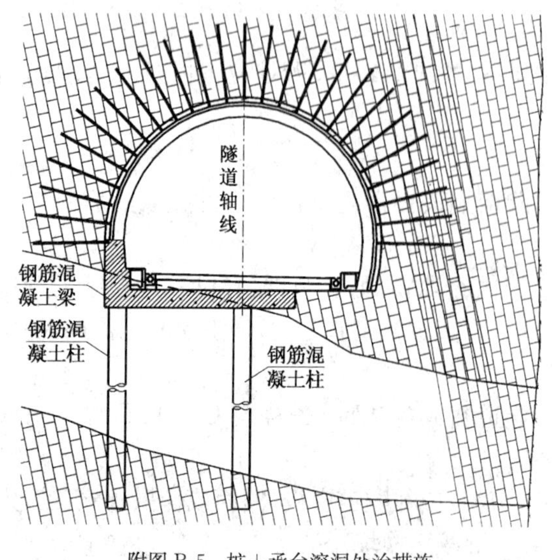

附图 B-5　桩+承台溶洞处治措施

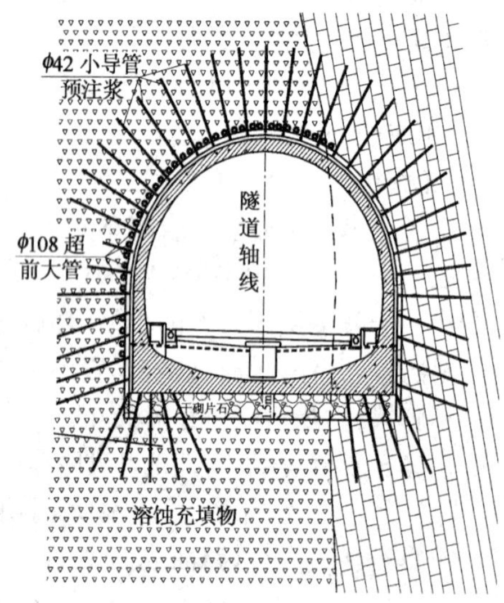

附图 B-6　大型充填型溶洞处治措施

(1)大型干溶洞

对洞体深浚充填丰满或难于回填或不宜填塞的大型干溶洞，应因地制宜进行处理。原则上，拱部及边墙主要采取回填措施，基底处治应根据其不同的发育特点采取有针对性的处治方案。

①型钢混凝土＋板跨的处治方案。当隧道基底处的溶洞深度很深，同时溶洞纵向跨度不大(一般小于3m)时，采用隧道弃渣回填量大，并有可能影响地下水通道，宜采用型钢混凝土＋板跨处治方案。型钢多采用钢轨、工字钢能强度较高的钢材。

②托梁＋板跨的处治方案。隧道基底处的溶洞，可采取洞渣回填后，采用“托梁＋钢筋混凝土板”的跨越结构处治溶洞，托梁断面一般采用宽(1～1.5m)×高(1～1.8m)，托梁两端置于完整基岩上的长度不小于2m，钢筋混凝土板厚度一般为0.8～1.5m。

③钢管群桩加固方案。当隧道基底处的溶洞深度较深时(5～20m)，宜采用钢管群桩加固处治方案。

④桩基＋承台的处治方案。当隧道基底处的溶洞纵向发育范围较大，基底深度较深时(20～30m)，宜采用桩基托梁处治方案。在制订处治方案时，首先要对溶洞的地质情况做详细的调查，先对溶洞做一定的防护处理后，再采用桩基托梁处治方案。设计时，要计算桩的承载力，通过计算，确定桩基布设方案和承台厚度。如附图B-5所示。

⑤填筑方案。当隧道基底处的溶洞规模大，发育深度很深时(≥30m)，宜采用填筑方案，可采用路基形式通过。施工时，要填筑密实，可采用分层填筑夯实的方案。

(2)大型充填型溶洞

对大型充填型溶洞应根据充填物的性质，采取不同的处治技术。

①充填淤泥型

在隧道施工中，采取综合超前地质超前预报表明前方存在大型充填淤泥质溶洞时，应停止施工，封闭掌子面。然后采用超前预注浆加固淤泥质地层，并采取超前大管棚支护，上下台阶留核心土或侧壁导坑法开挖。开挖后及时进行径向补充注浆，及时施作加强型二次衬砌结构。如附图B-6所示。

A. 工作面预注浆法

a. 注浆材料。采用水泥单液浆或者普通水泥—水玻璃双液浆。

b. 注浆顺序。注浆施工顺序应遵循以下两个原则：注浆按由外到内的原则进行；充分考虑水源影响因素，按由下到上、由左到右的注浆顺序进行。

c. 注浆工艺。采取前进式分段注浆工艺。

d. 注浆控制。注浆结束标准可以以注浆压力控制。

e. 超前大管棚。在超前预注浆结束后，采取超前大管棚支护，以确保隧道施工安全。

B. 地表预注浆法

若隧道埋深不大，一般应小于100m，并且通过地表钻孔、水化学分析、连通试验、地面沉降和地下水位变化观测等手段，确定了溶管或溶洞的位置和方向。如果岩溶发育情况比较简单，可通过地面局部注浆、帷幕注浆等方法阻断岩溶水下渗的通道并对地层进行加固，确保隧道开挖不受岩溶的影响。地表预注浆的注浆压力应随着钻孔深度而变化，一般不超过上覆土压和水压之和的0.5倍。值得注意的是，进行地面注浆时，一定要严格控制注浆压力和浆液扩散范围，防止对煤层采空区、采矿巷道、附近建筑物的影响和对井、泉、农田的污染或破坏。

②充填粉质黏土型

在隧道施工中，采取综合超前地质超前预报表明前方存在大型充填粉质黏土层时，鉴于粉质黏性土层有一定的自稳能力，对于拱部及边墙的溶洞可采用超前小导管支护，必要时在隧道拱部设大管棚超前支护，分步开挖，钢架支撑的处治方案。开挖后及时进行径向加固注浆。基底的溶洞可采取钢管群桩或高压旋喷桩进行加固处治。加固后及时施作二次衬砌结构，根据水压力测试结果确定是否采取抗水压二次衬砌结构形式。

③充填粉细砂型

在隧道施工中，当综合超前地质超前预报表明前方存在大型充填粉细砂层溶洞，应停止施工，封闭掌子面。先采用全断面超前预注浆的形式加固粉细砂层。必要时，在开挖之前，再采取超前大管棚支护，然后开挖，开挖时采用留核心土法或侧壁导坑法，开挖后立即进行径向补充注浆，然后进行水压力测试。根据测试结果，确定是否采用抗全水压二次衬砌结构形式。

④充填块石土型

在隧道施工中，当综合超前地质超前预报表明前方存在大型充填块石土型溶洞，应停止施工，封闭掌子面。先采用全断面超前预注浆的形式加固块石土，再采取超前大管棚支护，然后开挖，开挖时采用留核心土法或侧壁导坑工法，开挖后立即进行初期支护，初期支护采用加强型(增加钢架支撑或者缩短钢架支撑间距)，必要时采用 C30 钢筋混凝土二次衬砌结构形式。

(3)大型含水型溶洞

在隧道建设中，经常会遇到含水型溶洞，为保证施工及隧道建成后运营的安全，施工中应根据溶洞中含水率的大小，以采取相应的处治措施。

①充水型溶洞(溶槽)

受地质构造影响，在不同岩性之间，有时会出现层间宽张裂隙，张裂隙内充填有大量的岩溶水。为保证施工及隧道建成后运营的安全。施工中应以采取以注浆加固堵水为主的处治原则。

注浆加固堵水处治可根据涌水量大小、水压力高低、隧道施工特点，选择采取超前预注浆堵水和揭示后径向注浆堵水两种方式处治。

a. 当隧道采取顺坡施工时，通过综合超前地质预报确定掌子面前方涌水量不大($Q\leqslant 300\text{m}^3/\text{h}$)，水压不高($P\leqslant 0.5\text{MPa}$)，水量比较稳定时，可采取爆破揭示后局部注浆或者径向注浆处治方案。采用后处治方式既能满足隧道快速施工要求，也能达到注浆堵水加固要求。

b. 当隧道采取顺坡施工时，通过综合超前地质预报确定掌子面前方涌水量大($Q>300\text{m}^3/\text{h}$)，水压高($P>0.5\text{MPa}$)，采用后处治方式施工难度大，注浆堵水效果差，因此采用超前于注浆堵水的处治方案。

c. 当隧道采取反坡施工时，通过综合超前地质预报确定掌子面前方涌水量不大($Q\leqslant 100\text{m}^3/\text{h}$)，水压不高($P\leqslant 0.5\text{MPa}$)，水量比较稳定时，可采取爆破揭示后局部注浆或者径向注浆处治方案。

d. 当隧道采取反坡施工时，通过综合超前地质预报确定掌子面前方涌水量大($Q>100\text{m}^3/\text{h}$)，水压高($P>0.5\text{MPa}$)，应采用超前于注浆堵水的处治方案。

②过水型溶洞(暗河)

过水型溶洞，多为该隧道所在位置的地下水水系的一部分，如果堵塞，将破坏该位置的地下水水系，同时也给隧道衬砌上附加了很大的水压力。因此，对于过水型溶洞，处治的原则是“宜通不宜堵”。对于常用形式是泄水洞、梁垮(拱跨)、迂回导坑。

A. 泄水洞方案(附图 B-7)

a. 泄水洞应设置为上坡，坡度应结合地形条件设置，一般 1%～3%为宜。

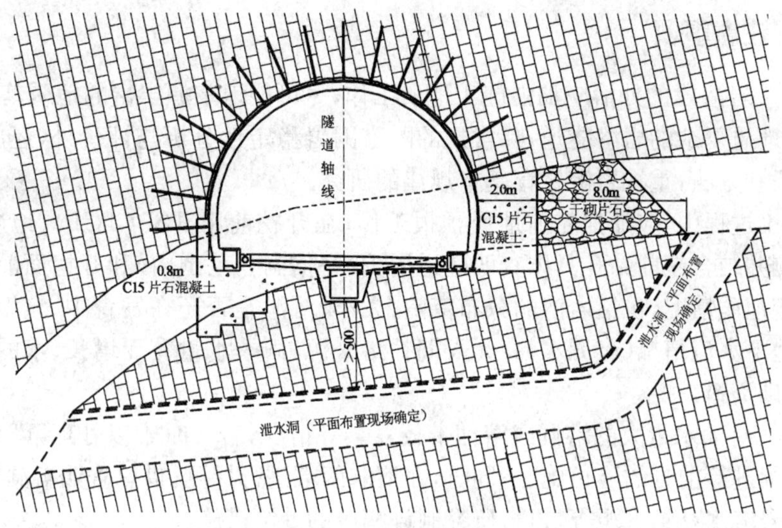

附图 B-7　设置泄水洞的溶洞处治措施

b.泄水洞断面应能满足排水要求，断面的设置应按水文地质条件进行估算。

c.若泄水洞长度 $L \leqslant 500$m 时，泄水洞断面尺寸原则上按照满足现场机械配置和施工通风的要求进行确定。采取无轨运输时宜为 4.5m×4.6m(宽×高)，采用有轨运输时宜为 3.5m×4.2m(宽×高)。若泄水洞长度 $L > 500$m 时，泄水洞断面尺寸原则上按照有轨运输和施工通风的要求进行确定。

B.梁跨或者拱垮方案

对于大跨度过水型溶洞，溶洞周围岩体相对完整时，可根据溶洞的具体地质条件，采用隧道内梁(拱)桥跨越的处治方案。

C.迂回导坑方案

对涌水量大的溶洞或岩溶带等复杂情况，一时难以处理，为使用开挖工作不致停顿，可采取迂回导坑绕避溶洞，继续进行隧道前方开挖。同时在溶洞两段进行探测，借以查明溶洞大小或岩溶带的分布范围、岩溶水补给来源等，再来进行研究，确定相应的处理方案。

B.3.4　岩溶水的处治措施

B.3.4.1　对岩溶水处治前应对岩溶水进行取样化学分析，以判定其对混凝土的腐蚀性，特别是在含石膏等可溶盐岩的地层。

B.3.4.2　岩溶水的具体处治措施可参照本指南关于“隧道穿越富水地层的处治”一节的有关说明执行。

B.3.5　溶蚀带的处治措施

B.3.5.1　溶蚀带的处治应在对溶蚀带与隧道的相互位置关系及发育规模、围岩和溶蚀充填物的地质条件等信息进行充分调查与论证的基础上，结合上述溶洞或岩溶水两类的处治措施进行初步拟定。

B.3.5.2　溶蚀带的处治应根据现场监控量测数据，采用数值计算方法对预处治方案进行安全评估，并及时进行动态调整，确保溶蚀带的运营安全。

B.3.6 注意事项

B.3.6.1 岩溶段的处治应加强施工地质工作，尽可能地掌握丰富的地质基础资料：

(1)对于地质复杂的岩溶隧道，除常规的隧道围岩稳定性分析与评价外，还应采用岩溶调查的专门手段和方法，重视岩溶发育基本规律的研究。

(2)在施工过程中，应加强超前地质预报工作，在开挖前用 TSP(TGP)、地质雷达等探测仪器进行探测并结合超前钻孔具体查明隧道周围(一倍洞径范围内)和开挖面前方 15～200m 范围内的岩溶地质情况，包括岩溶的分布范围、大小、溶洞是否还在发育中、充填物、岩层的稳定程度以及地下水流情况(有无水、有无长期补给来源、雨季水量有无增长、水的混浊度、水质的变化)等基础资料。

B.3.6.2 对涌水量大的溶洞或溶蚀带较复杂等情况，若一时难以处理，可采取迂回导坑绕避溶洞，继续进行前方的隧道施工；同时，在溶洞两端进行探测，借以查明溶洞大小或溶蚀带的分布范围、岩溶水补给来源等，再行研究制订相应的处治措施。

B.3.6.3 灵活确定施工方案：

(1)应注意提高岩溶段的预留变形量，以便为后期的再次加固处理留下空间。

(2)灵活采用注浆技术、锚喷网和钢拱架联合支护技术。

(3)开挖前，应确保超前支护的质量。

B.3.6.4 溶洞未做出处理前，不要将弃渣随意倾填于溶洞中。

B.3.6.5 施工方法宜按附表 B-2 执行：

岩溶段施工方法　　附表 B-2

原　则	开 挖 方 法
预加固、短进尺、弱爆破、强支护、勤量测、快衬砌	侧壁导坑法、留核心土法、微台阶、短台阶

B.3.6.6 施工中注意检查溶洞顶板，及时处理危石。

B.3.6.7 爆破作业，应尽量做到多打眼、打浅眼，并控制药量。

B.3.6.8 为确保处治后的隧道结构安全可靠，岩溶地段处治完成后，必须进行拱顶下沉、周边收敛、支护状态等项目的监控量测，并及时反馈确定是否需要调整支护参数。

B.4 隧道穿越富水地层的预处治技术

B.4.1 一般规定

B.4.1.1 当隧道穿越富水地层时，可参照本导则进行设计与施工。

B.4.1.2 隧道涌水段的处治除了注意涌水对隧道施工和结构安全可能产生的危害以外，还应充分考虑处治措施不当可能对隧道周边生态环境造成的不利影响。

B.4.2 处治原则

隧道涌水段的处治应严格贯彻“详细调查，有序施工，保护环境，灵活处治”的处治原则：

(1)“详细调查”：对于出现涌水情况的段落，首先应进行详细的涌水情况调查，包括涌水位置、涌水形态、涌水量的大小、涌水量的动态变化、含泥砂情况、水的侵蚀性、当地气候条件、环境条件等基础资料，以作为确定处治方案的依据。

(2)“有序施工，保护环境”：隧道内一旦产生积水，施工机械设备的正常运转就难以运行，喷射混凝土等施工质量也难以保证，因此应采取必要的临时措施确保洞内的施工环境良好，以正常有序地开展后续施工；对于洞顶地表存在居民或工业生产，以及隧址周围属生态保护区等环境保护要求高的地区，必须采取有效措施减小隧道涌水对环境的不利影响。

(3)“灵活处治”：综合以上基础资料，灵活选用处治方法。

B.4.3 处治方案

B.4.3.1 涌水处治方案可分为两类，即排除涌水的方法(排水法)和阻止涌水的方法(止水法)，具体如附图B-8所示。实际工程中，排水和止水往往不能截然分开，因此，涌水处治应根据实际情况将排水法与止水法相互配合使用。

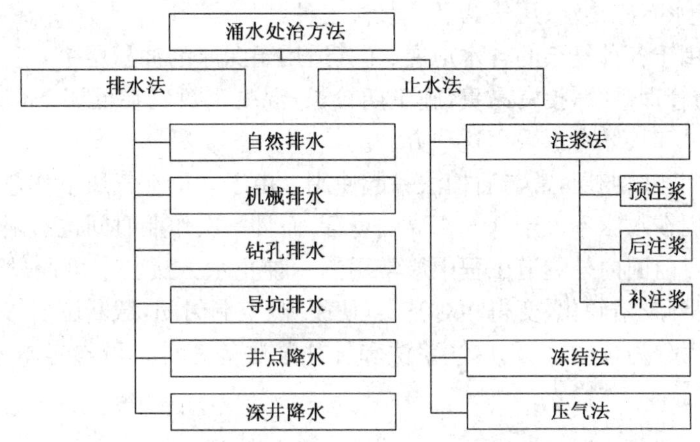

附图B-8 涌水处治总体方案图

B.4.3.2 排水法的目的是降低地下水位及工作面的涌水压力，其使用普遍、费用低、工期短。

(1)自然排水：如果隧道开挖为上坡(顺坡施工)，且坡度足够大(一般不宜小于3%)就可采用自然排水法。具体方法，可在隧道两侧或中心，开挖一条(或数条)排水沟。必要时，也可采用木槽、钢管等替代。排水沟(管)断面积可根据排水量、坡度及表面粗糙度，按无压流量公式进行计算。

(2)机械排水：当隧道为下坡开挖(即反坡施工)，以及采用竖井、斜井作辅助坑道时，洞内渗水和涌水不能顺坡排出洞外，应采用机械排水。机械排水一般采用水泵排水，其布置方式包括分段开挖反坡排水沟和隔开较长距离开挖集水坑。

(3)导坑排水及钻孔排水：导坑排水沟及钻孔排水可单独使用，也可同时使用，常与注浆法结合使用。当隧道开挖掌子面遇到水压很大时，可采用小导坑掘进，或者在主隧道左右二侧开挖横断面小的排水导坑。如这种小断面的排水导坑仍不能起到排水作用，而掌子面的掘进还是很困难时，就从掌子面上钻几个几米到几十米的排水钻孔以降低地下水位。排水导坑与正洞之间的距离，从排水效果看，应尽可能缩短。但距离太近，由于岩体的松动会影响正洞的安全。一般采用中心距离1～20m，且较正洞低。排水导坑一般设在地下水流的上游，但也有例外，要视地质条件而定。排水导坑应在正洞前面掘进，如遇开挖崩塌，无法掘进时，则开挖面应全面支护，在它的后方10m左右另开岔线，进行迂回掘进。此时可在停止的开挖面上进行钻孔排水，以保障分岔的迂回坑道的掘进。排水钻孔一般采用辅助导坑施工，长尺钻孔的场合使用大型机械，开挖时间长，为了尽可能地避免作业间的干扰，应在断面外进行开挖。钻孔长度应根据开挖目的、调查需求以及搭接长度等决定。钻孔的方向应靠近隧道，一般向上 2°～5°，向外 2°的施工场合比较多。

(4)井点排水及深井降水：井点与深井的采用取决于隧道的覆盖土、环境、土壤性质及水压力等，一般适用于覆盖厚度不大和地层渗透性高的隧道中。井点法适用于未固结层(即砂砾、粗、中、细砂等地层)，渗透系数范围 $5\times10^{-7}\sim5\times10^{-3}$ m/s，设备简单，因此只要没有特殊情况，从经济上考虑，就可采用。深井降水法的特点是可以在大范围内大幅度地降低水位，但此法是重力排水方式，水流入井的渗透速度有一定的限度，当不能将水完全降低时，还需要采用井点补充降水。

B.4.3.3 在隧道施工中，当难以用上述排水法施工时，或采用排水法效果不理想时，一般采用止水法。止水有冻结法、压气法及注浆法三种：

(1)冻结法适用于各种复杂的含水地层(尤其适用于深厚的冲积层中)，且安全。但它需要庞大的制冷设备与管理系统，投资昂贵，施工期较长，混凝土衬砌在低温下作业。故一般只有当遇到特别不良地层时，才考虑采用这种方法。

(2)压气法多用在软弱层，常与盾构法一起使用。由于人员在气压下作业受 0.3MPa 气压的限制，故它只能用在水压不大于 0.3MPa 的场合，而且一次作业时间也有限制。

(3)注浆法是目前国内外隧道工程中最常用的一种止水方法。它可通过浆液使原来松散软弱结构的围岩得到胶结硬化，变得相对密实；使裂隙、空洞封闭，截断围岩渗水通路。根据施作时机的不同，可以分为预注浆法、后注浆法和补注浆法等三种。可参考本书附录 D 来设计与施工。

B.5 隧道穿越断层破碎带的预处治技术

B.5.1 一般规定

B.5.1.1 断层是指岩层受力断裂后，断裂面两侧岩层沿断裂面有明显相对位移时的断裂构造。断层分正断层、逆断层及平移断层三类。断层破碎带是由于地应力沿断层面集中释放，造成断层面处的岩体十分破碎而形成的破碎带。当隧道穿越断层破碎带时，可参照本指南进行处治。

B.5.1.2 穿越断层破碎带段的处治除了注意断层破碎带对隧道施工和结构安全可能产生的危害以外，还应充分考虑处治措施不当可能造成巨大的经济损失和对隧道周边生态环境造成的不利影响及造成的社会不良影响。

B.5.2 处治原则

B.5.2.1 断层破碎带的处治，应首先查明断层的倾角、走向、破碎带的宽度、岩体破碎程度、地下水活动等有关基础资料，以便选择正确的施工方法和处治措施。

B.5.2.2 断层破碎带的调查应首先采用超前地质预报。当使用 TSP 或地质雷达等物探手段还不能准确查明前方的地质情况的前提下，应采用超前地质钻探或超前导坑。

B.5.2.3 超前地质钻应钻透断层破碎带。如断层破碎宽度大，破碎程度及裂隙充填物情况复杂，且有较多地下水时，可在隧道中线一侧或两侧开挖调查导坑，调查导坑穿过断层破碎带的中线与隧道中线平行，线间距不小于20m，调查导坑穿过断层破碎带后，再掘进一段距离转入正洞。在处理断层破碎带的同时，在前方开辟新工作面，加快施工进度。

B.5.2.4 断层破碎带的处治应根据断层破碎带的分布宽度、围岩破碎程度、地下水情况等综合确定，不同的围岩情况应制订不同的处治方案。

B.5.3 处治方案

B.5.3.1 根据断层破碎带的规模，断层分为小断层、中断层、大断层，处治时应根据不同的规模及断层物质组成成分采取不同的处治措施。

(1)小断层：沿隧道纵向断层宽度小于5m的断层带。

(2)中断层：沿隧道纵向断层宽度为5～10m的断层带。

(3)大断层：沿隧道纵向断层宽度大于10m的断层带。

B.5.3.2 对小断层，岩体组成物为坚硬岩块且挤压紧密，围岩稳定性相对较好时，隧道通过这样的断层，不宜改变施工方法，与前后段落的施工方法一致，避免频繁变更施工方法，影响施工进度。但通过断层带要加强初期支护和适当的辅助施工措施渡过断层带。如超前锚杆与系统锚杆配合，加厚喷射混凝土，并增设钢筋网等措施。必要时可增设格栅钢架。超前锚杆在拱部设置，锚杆直径一般22mm，长3.5m，环向间距40cm，外插角约为10°，每2m设一环，保证环间搭接水平长度大于1.0m，用早强砂浆作为超前锚杆杆体与岩层孔壁间的胶结物，以及早发挥超前支护作用，在超前支护下掘进。开挖后立即施作径向锚杆，挂钢筋网，喷射混凝土等初期支护。

B.5.3.3 对中断层，岩体破碎时，宜采用超前小导管、钢筋网、喷混凝土、格栅钢架等加强初期支护，并在拱部施作超前小导管周壁预注浆，对洞周岩体进行预加固和超前支护。在超前支护下，宜采用上下台阶留核心土或上下台阶法开挖。在台阶上部施作超前小导管，上部开挖后及时施作拱部初喷混凝土，径向锚杆，挂钢筋网，格栅钢架。在做好拱部初期支护后方能开挖台阶下部。超前小层管管径根据钻孔直径选择，一般选用直径42～50mm的直热轧钢管，长3.5～5.0m，外插角10°～20°，管壁每隔10～20cm，交错钻眼，孔口150cm段不钻孔，眼孔直径6～8mm，采用水泥砂浆或水泥水玻璃浆液灌注，导管环向间距30～50mm，纵向两组导管间水平搭接长度不小于1.0m。

B.5.3.4 对大断层，岩体极破碎时，宜采用超前管棚和钢架进行联合支护。管棚长度一般10～40m，能一组管棚穿过断层破碎带，则采用一组管棚，但受地质和施工条件限制，断层宽度大，可分组设置，纵向两组管棚的搭接长度不小于3.0m。管棚用钢管直径为80～150mm，一般多采用ϕ108mm厚壁热扎无缝钢管，环向钢管中心间距为管径的2～3倍，即30～40cm。钢架根据地质情况，可采用型钢或格栅钢架，其间距0.5～1.0m一榀，在管棚支护下，采用上下台阶留核心土法开挖，在做好上台阶的锚、网、喷、钢架等到初期支护后，才能开挖下台阶。

B.5.3.5 当断层出露于地表沟槽，若隧道为浅埋，宜采用地面砂浆锚杆结合地面加固和排泄地表水及防止地表水下渗等措施处治。地面锚杆垂直设置，锚杆间距1.0～1.5m按矩形或梅花形布置，锚杆直径18～22mm，长度根据覆盖厚度确定，锚固范围根据地形和推测破裂面确定。

B.5.3.6 当断层破碎带内伴随有地下水时，如断层地下水是由地表水补给时，应在地表设置截排系统引排。对断层承压水，应在每个掘进循环中，向隧洞前进方向钻凿不少于2个超前钻孔，其深度宜在4m以上，以探明地下水的情况。可结合第5节富水地层的处治技术进行处治。

B.5.3.7 断层破碎带的施工宜采用留核心土法和侧壁导坑法，在断层地带开挖后应立即进行初喷混凝土，并坚持"宁强勿弱"的原则，加强支护，坚持"短进尺、弱爆破、强支护、勤量测、快衬砌"的原则。

断层破碎带处治方案如附图B-9所示。

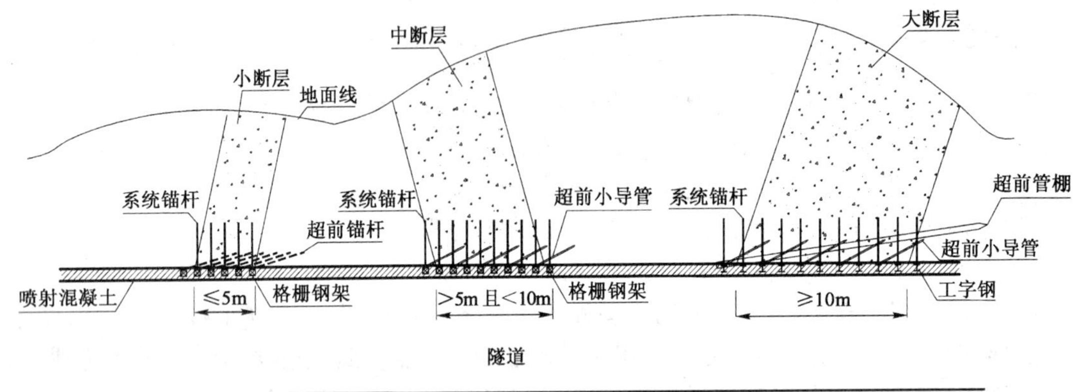

附图B-9 断层破碎带处治方案示意图

B.5.4 注意事项

B.5.4.1 在接近断层破碎带时，认真做好超前地质探测工作。

B.5.4.2 每次开挖后做好开挖工作后的地质素描记录，记录工作面的地质构造，岩石挤压破碎程度，裂隙充填物情况，地下水活动情况等。

B.5.4.3 加强监控量测，根据水平收敛和拱顶下沉，以便及时采取措施，修改支护参数，加强支护等措施，并掌握二次衬砌的最佳施作时机，做到信息化施工，确保质量和安全。

B.5.4.4 在超前支护下先开挖上台阶，上台阶开挖后要立即施作拱部锚、网、喷和钢架，钢架底部应设置锁脚锚杆，每掘进一次立即施作一环，该环初支护做好后再掘进，待拱部完全做好支护，并有一定的施工台阶长度后方能开挖下部，下部左右侧错开开挖，待左(右)侧支护做好后，再开挖另一侧。

B.6 隧道穿越膨胀性围岩的预处治技术

B.6.1 一般规定

B.6.1.1 膨胀性围岩是指围岩中黏土矿物成分主要由亲水矿物组成，同时具有吸水显著膨胀软化和失水收缩硬裂两种特点，且具有膨胀干缩往复变形的高缩性围岩。

B.6.1.2 穿越膨胀性围岩中的公路隧道，容易出现隧道围岩变形和隧道变形开裂等病害。

(1)隧道围岩变形：由于膨胀土围岩的特殊工程地质性质及其围岩压力特性，使膨胀土中的隧道围岩具有普遍开裂、内挤、坍塌和膨胀等变形现象，其变形规模和严重程度，是普通土质隧道围岩所不能及的。膨胀土隧道围岩变形常具有速度快、破坏性大、延续时间长和整治较困难等特点。从变形性质看，大多具有不均一性，以及非完全对称性变形破坏。洞壁两侧围岩常常同时内挤或出现对称性裂缝，而洞顶与洞底围岩变形则不一定同时发生，而多是局部出现。膨胀土隧道施工中常见的围岩变形破坏有围岩裂缝、导坑下沉、围岩膨胀突出、坍塌与冒顶和底鼓。

(2)隧道衬砌变形：膨胀土中的隧道衬砌变形主要有拱圈变形、拱脚变形、边墙变形和仰拱变形等。

B.6.2 处治方案

B.6.2.1 穿越膨胀性围岩的隧道应在充分掌握围岩的力学特性的情况下，从设计、施工方法、支护措施、监测四方面入手进行综合处治。

B.6.2.2 在一定的围岩压力条件下，不同的隧道断面形状，其应力分布状态是有明显区别的。为尽量减少围岩应力集中，有利于围岩的稳定，膨胀土中公路隧道断面形状宜设置成马蹄形曲墙。隧道底部应设置仰拱，并加大仰拱曲率，使之形成一闭合环状结构。同时应对衬砌边墙地基进行加固，防止地基不均匀沉陷与胀缩变形，约束底板变形。

B.6.2.3 膨胀性围岩施工中应以尽量减少对围岩产生扰动和防止水的浸湿为原则，宜采用无爆破掘进法，如掘进机、风镐、液压镐等。在开挖过程中尽可能缩短围岩暴露时间，及时喷射混凝土封闭和支护围岩，并及时施筑衬砌，以尽快恢复洞壁因土体开挖而解除的部分围岩应力，减少围岩胀缩变形。开挖方法宜不分部或少分部。同时，施工中应对围岩压力及其流变情况进行充分地调查和测量，分析其变化规律，对地下水应探明分布范围及规律，根据围岩动态采取相应的措施。

B.6.2.4 膨胀性围岩的施工要坚持“加固围岩，先柔后刚，先放后抗，变形留够，底部加强”的原则。

(1)加固围岩。加固围岩最有效的措施是支护的锚杆，锚杆长度应大于塑性半径。锚杆长度越长，支护效果愈好，但锚杆太长时，工程造价加大，施工难度高，且局部锚杆强度难以充分发挥；而锚杆太短则加固围岩效果不好。当锚杆长度大于塑性区厚度时，可抑制塑性区围岩的承载力，并把塑性区围岩同弹性区稳定围岩连接起来。此时锚杆两端相对位移较大，使锚杆充分受拉，从而提高锚杆对围岩径向支护的作用；反之当锚杆长度小于塑性区时，即全位于塑性区内，锚杆将随着围岩整体移动，围岩仍有剪切滑移破坏的可能，锚杆两端相对位移较小，削减锚杆对围岩的支护作用。锚杆长度应大于塑性区厚度，一般宜为 $L_1/L_2=K=2/3$(L_1-围岩塑性区厚度，L_2-锚杆长度)，围岩塑性区通过岩石力学的卡斯特纳公式，即多点位移计和声波测式法对围岩松动范围来确定塑性区。本指南建议采用自进式锚杆或预应力锚杆对围岩进行加固。

①自进式锚杆对膨胀性围岩施工较为理想。建议采用进口迈式锚杆和国产 GMC 锚杆，其规格型号见附表 B-3。

膨胀性围岩处治锚杆参数 附表 B-3

品　种	迈　式				GMC		
型号	R25N	R32N	R32S	R38N	R25	R27	R32
内/外径(mm)	14/25	20/32	15/32	14/38	13/25	15/27	18/32
重量(kg/m)	2.5	3.6	3.9	6.4	2.8	3.1	4.3
规格(m)	2、3、4、6				根据工程要求		

②采用预应力锚杆，为了使长锚杆施工后没有足够的时间让围岩变形收敛，施作外衬，充分发挥长锚杆的作用，让其充分受力。用一块18cm×18cm，厚8mm的钢板代替拱形垫板，在锚杆末端预留1m长的自由端，由自由端施加预应力张拉。

(2)先柔后刚，先放后抗，变形留足。采用长锚杆为主，辅以留纵缝的喷混凝土以及可缩式钢架的柔性初期支护，并预留25～45cm的预留变形量，待围岩收敛到一定值后，施作二次衬砌，对围岩进行刚性支护。

(3)底部加强。底部仰拱加大曲率，并施作足够强度，参数与拱墙一致，与拱墙衬砌的时差要短，尽快施作。

B.6.3 注意事项

B.6.3.1 膨胀土本身的遇水膨胀、失水收缩的特性对膨胀土隧道施工极为不利，特别在地下水发育、地表降水渗透的条件下，隧道土体极易失稳，具体表现在收敛急剧扩展、拱顶下沉加大，甚至坍塌等，所以对膨胀土隧道的监测预警显得尤为重要。主要监测项目包括：洞身周边位移、拱顶下沉、围岩应力及位移、浅埋段地表位移等。

B.6.3.2 膨胀土洞身开挖应预留5～8m长以上的核心土，避免因为膨胀土开挖面应力释放导致预留核心土向外坍塌，引起事故。

B.6.3.3 膨胀土隧道施工工序应尽可能紧凑、有序，洞身开挖后应尽快喷射混凝土，避免膨胀土长时间暴露。

B.6.3.4 仰拱施工是隧道形成环向受力的关键工序，应尽可能缩短开挖面与仰拱施工之间的间距，尽快使隧道形成环向受力。仰拱开挖宜采用半幅开挖，避免全幅开挖洞顶大幅下沉、周边位移急剧收敛而引起坍塌。

B.6.3.5 膨胀土隧道地表，特别在浅埋段如出现地裂、地沟等地质现象，在地表降水的影响下极易对隧道成破坏，应特别引起重视，主要处理措施有：①用三灰土回填地裂、地沟，防止水流下渗；②加强隧道地排水处理，将地表水引至隧道影响范围外。

B.6.3.6 由于膨胀土围岩隧道本身水稳性差，强度低，锚杆对围岩与衬砌共同受力起着至关重要的作用，特别在上导坑开挖后，必须及时进行锚杆施工，避免由于围岩大范围的应力释放导致较大的围岩变形。

B.6.3.7 膨胀土围岩隧道的关键在于正确实施设计意图的前提下，加大监测范围，根据围岩应力应变情况随时调整施工工艺，实行动态施工工艺及信息化施工。如在施工中遇到围岩变形急剧增大，必须及时采取果断措施，利用强支撑缓解围岩变形，进而查找原因并采取措施进行处理。

B.7 隧道塌方的处治技术

B.7.1 一般规定

B.7.1.1 塌方是指在复杂或不良地质条件下修建隧道时，出现洞顶、侧壁岩(土)体的滑移和坍塌或坍落至地表(冒顶)的现象。塌方是公路隧道中最常见的地质灾害。当隧道出现塌方时，可按本指南进行处治。

B.7.1.2 隧道塌方的处治除了注意塌方对隧道施工和结构安全可能产生的危害以外，

还应充分考虑处治措施不当可能对隧道周边生态环境造成的不利影响。

B.7.2 处治原则

B.7.2.1 塌方的处理应贯彻“安全第一、预防为主、不留后患”的方针，应严格按隧道施工安全技术操作规程和安全规则组织预防和处治。

B.7.2.2 根据不同的地质情况、塌方范围应制订不同的处治方案。塌方的处治应坚持“先加固，防扩展，后处理，稳通过”的原则，要求“治塌先治水”，处理塌方要“宁早勿迟，宁强勿弱”。

B.7.2.3 塌方处理前应确保塌方相对稳定后才能处理，确保人员和设备安全。在塌方相对稳定后，及时准确查明塌方的范围和现状、塌方的原因和产生机理以及地质条件、地下水情况、设计情况和施工情况，以便制订与之相应的处治对策。

B.7.2.4 塌方的处治一般可采用临时支撑、加固塌体、先护后清、排除地下水，以及在正洞旁开一迂回导坑，绕过塌方位置向前继续施工，然后再回头处理塌方等方法。塌方处治时应根据塌方规模、塌方原因和位置等综合确定对应的处治措施和处治方法。

B.7.2.5 塌方处治应按“小塌方”、“中塌方”和“大塌方”采取不同的处治措施和方法。根据塌方体积或塌腔高度可将塌方分为“小塌方、中塌方和大塌方”三类。

(1)小塌方是指塌方高度≤3.0m 或塌方体积<30m^{3}的塌方。

(2)中塌方是指塌方高度为 3.0～6.0m 或塌方体积为 30～60m^{3}的塌方。

(3)大塌方是指塌方高度为≥6.0m 或塌方体积≥60m^{3}的塌方。

B.7.3 小塌方处治措施

B.7.3.1 小塌方处治前应全面掌握塌方的原因，从而制订合理的对策，及时处理，防止小塌方发展成为中塌方或大塌方。

B.7.3.2 小塌方的处治方案(附图 B-10)：

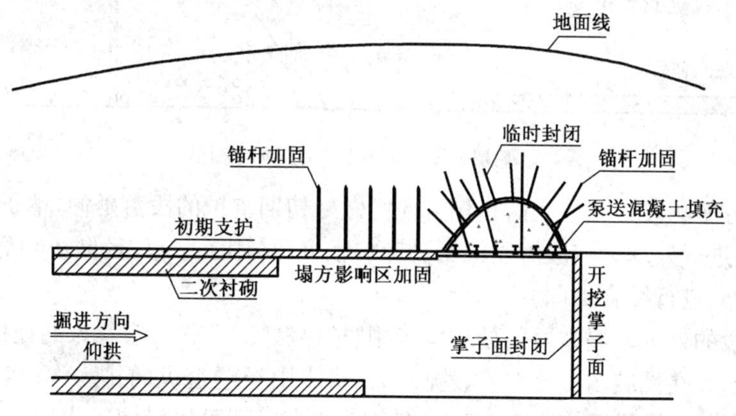

附图 B-10 小塌方处治方案示意图

(1)首先明确塌方影响范围内的初期支护的受力状态，是否有变形和开裂等现象。

(2)如影响范围内的初期支护有变形和开裂情况，应首先对影响范围内的初期支护进行加固，一般采取增设径向锚杆和挂网喷射混凝土即可，对变形大的地方应考虑采用小导管注浆或增设工字钢方案。

(3)对开挖掌子面进行封闭加固。为防止塌方的扩大，待塌方体相对稳定后，立即对塌体掌子面进行加固。一般掌子面可以采用喷锚防护等措施。

(4)对塌腔面进行封闭加固。塌腔表面采用喷射混凝土封闭，喷射混凝土厚度不宜小于15cm，有条件的情况下可以沿塌腔表面打设锚杆或小导管注浆，稳定塌腔上部围岩。

(5)施工塌方段初期支护钢架，挂钢筋网，并喷射混凝土。

(6)向塌腔内采用C25泵送混凝土充填。根据围岩情况可以采用锚杆对泵送混凝土两侧进行锚固。

B.7.4 中塌方处治措施

B.7.4.1 中塌方处治前应全面掌握塌方的原因，从而制订合理的对策，及时处理，防止中塌方发展成为大塌方。

B.7.4.2 中塌方的处治方案(附图 B-11)：

(1)掌子面加固。为防止塌方的继续发展，待塌方体相对稳定后，立即对塌体掌子面进行加固。一般可以采用洞渣回填反压、止浆墙、中空锚杆或小导管注浆等措施加固。

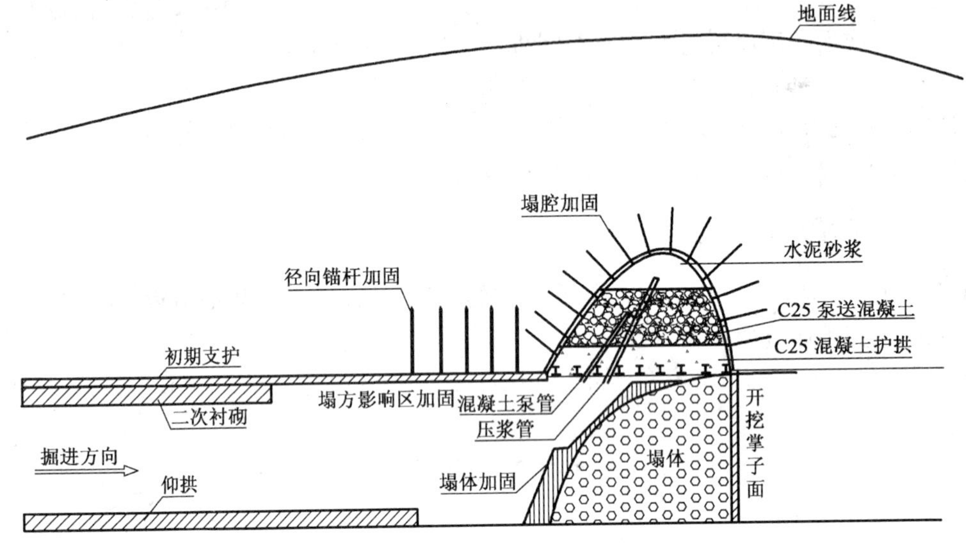

附图 B-11　中塌方处治方案示意图

(2)对塌方影响段处理。为防止塌方向已做好初期支护的段落延伸，掌子面稳定后应及时对塌方影响段进行处理。一般可以根据受影响程度，采用工字钢、径向小导管注浆、钢筋网喷射混凝土等措施进行综合加固。

(3)塌方段的处理。塌方段的处理宜采用“护拱法”。首先观察塌方的规模和大小，清除塌腔表面的危岩，并在塌腔内出水口安设排水管，将水引至隧道纵向排水沟；然后对塌腔表面采用喷射混凝土封闭，厚度不宜小于15cm，有条件的情况下可以沿塌腔表面打设锚杆或小导管注浆，稳定塌腔上部围岩。

(4)塌方段的开挖和支护。逐步短进尺开挖塌方体的上台阶，并施作工字钢，每次2～3榀，当两侧壁有稳定岩层时，工字钢底部可以采用锚杆锁脚，锚杆进入稳定岩层不小于1.5m；当两侧壁无稳定岩层时，应设置中空注浆锚杆或注浆小导管进行锁脚，长度一般不宜小于4.5m，一般数量不少于3根。然后施作钢支撑，并浇筑钢筋混凝土护拱，护拱厚度不宜小于

1.5m，并预留混凝土泵管和注浆管，并以此推进，待通过塌方体后，且待护拱达到强度的 80% 后，采用泵送混凝土填筑塌腔，厚度一般为 3m 左右。最后灌注水泥砂浆作为缓冲层，压力一般不大于 1MPa。塌方处理好后逐步往前开挖。塌方段的开挖和支护应坚持"短进尺、少扰动、弱爆破、快封闭、勤量测"的指导方针，渡过塌方段后的施工应严格按照设计图纸施工超前支护，并做加强，避免再次塌方的出现。

B.7.5 大塌方处治措施

B.7.5.1 根据大塌方是否贯通地表，将大塌方按冒顶型大塌方和非冒顶型大塌方进行分别处治。冒顶型大塌方一般发生在洞口和洞身浅埋段，非冒顶形大塌方一般发生在埋深较大的地段。

B.7.5.2 对冒顶型大塌方的处治方案(附图 B-12)：

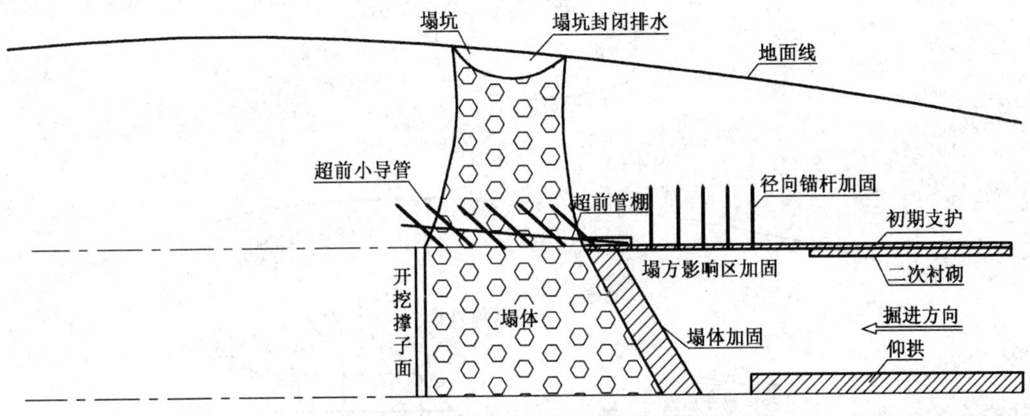

附图 B-12 冒顶型大塌方处治方案示意图

(1)地表预处理。地表预处理宜在塌坑周围设置截排水沟，并对塌坑进行封闭，裂缝封闭可采用 M30 水泥砂浆，塌坑一般采用彩条布覆盖或搭设遮雨棚，防止地表水直接流入塌腔，而降低塌体的强度。对于地层非常松散且塌方区域较大的地段可以考虑采用地表注浆的方式先加固围岩。

(2)掌子面加固。为防止塌方的继续发展，待塌方体相对稳定后，立即对塌体掌子面进行加固。一般可以采用洞渣回填反压、止浆墙、中空锚杆或小导管注浆等措施加固。

(3)对塌方影响段处理。为防止塌方向已做好初期支护的段落延伸，掌子面稳定后应及时对塌方影响段进行处理。一般可以根据受影响程度，采用工字钢、径向小导管注浆、钢筋网喷射混凝土等措施进行综合加固。

(4)塌方段的预处理。塌方段的处理宜采用超前管棚方案。管棚一般采用 Φ108mm 的钢管内设钢筋笼。当管棚注浆对塌体加固效果不理想时，可以结合超前小导管进行注浆预加固。

(5)塌方段的开挖和支护。塌方段的开挖宜采用上下台阶留核心土、先拱后墙或侧壁导坑法的方式开挖。开挖不应采用爆破开挖，宜采用半人工开挖，每循环进尺 0.5～1.0m，施作上半断面工字钢。当两侧壁有稳定岩层时，工字钢底部可以采用锚杆锁脚，锚杆进入稳定岩层不小于 1.5m；当两侧壁无稳定岩层时，应设置中空注浆锚杆或注浆小导管进行锁脚，长度一般不宜小于 4.5m。塌方段的开挖和支护应坚持"管超前、短进尺、少扰动、弱爆破、快封闭、勤量测"的指导方针。

(6)地表处理。洞内处理好后，回填地表塌坑，并进行夯实，并在其上喷 20cm 厚 C20 早强混凝土将塌方体封闭，保持地表塌方体的稳定。

B.7.5.3 对非冒顶型大塌方的处治方案(附图 B-13)：

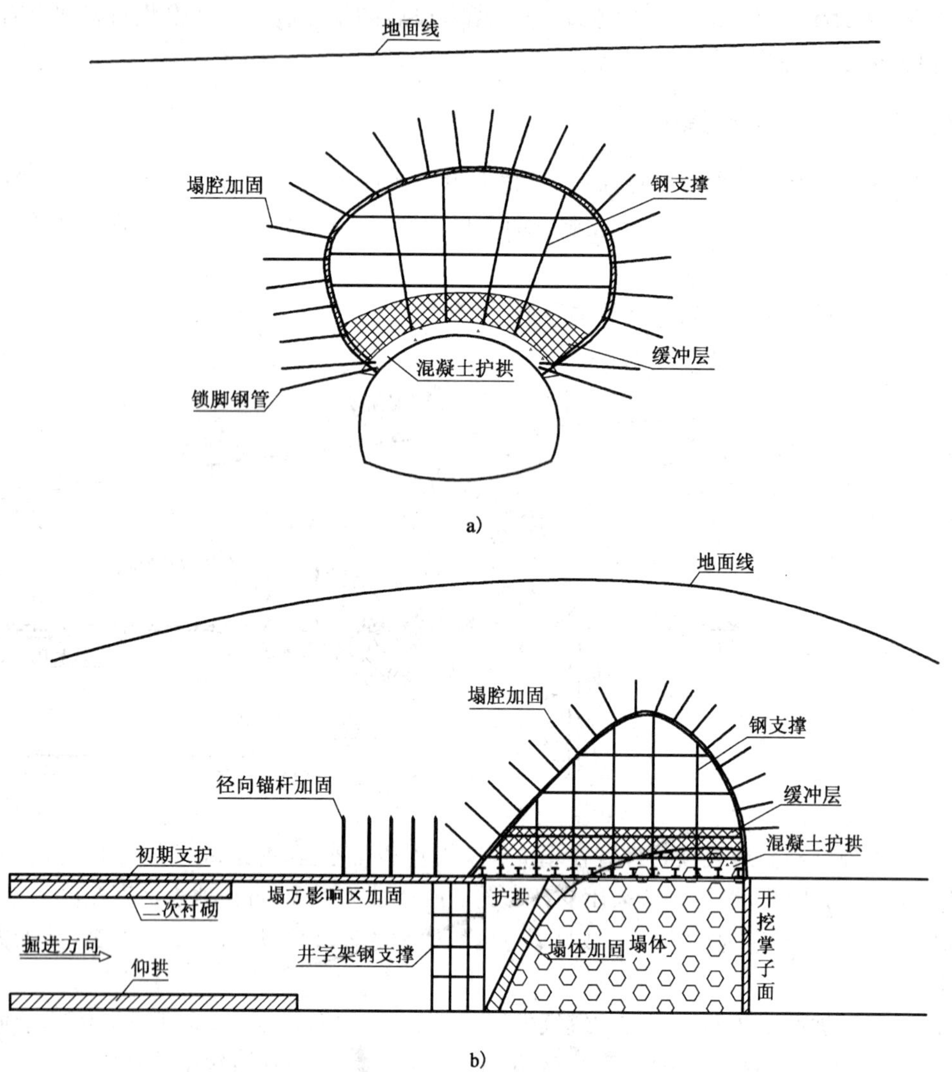

附图 B-13 非冒顶型大塌方处治方案示意图

a)横断面图；b)纵断面图

(1)对浅埋段大塌方应首先检查地表裂缝及变形情况。如有裂缝，对裂缝应进行封堵，如有塌坑，应对塌坑进行回填封闭，并做好周边的截排水措施。

(2)掌子面加固。为防止塌方的继续发展，待塌方体相对稳定后，立即对塌体掌子面进行加固。一般可以采用洞渣回填反压、止浆墙、中空锚杆或小导管注浆等措施加固。

(3)对塌方影响段处理。为防止塌方向已做好初期支护的段落延伸，掌子面稳定后应及时对塌方影响段进行处理。一般可以根据受影响程度，采用工字钢、径向小导管注浆、钢筋网喷射混凝土等措施进行综合加固。

(4)塌方段的处理。塌方段的处理宜采用"护拱法"。首先在靠近塌腔位置安设横向和纵向钢支撑，稳定靠近塌腔位置围岩体；逐渐往塌腔靠近，观察塌方的规模和大小，清除塌腔表面的危岩，并在塌腔内出水口安设排水管，将水引至隧道纵向排水沟；然后对塌腔表面采用喷射混凝土封闭，有条件的情况下可以沿塌腔表面打设锚杆或小导管注浆，稳定塌腔上部围岩。

(5)塌方段的开挖和支护。逐步短进尺开挖塌方体的上台阶，并施作工字钢，每次 2～3 榀，当两侧壁有稳定岩层时，工字钢底部可以采用锚杆锁脚，锚杆进入稳定岩层不小于 1.5m；当两侧壁无稳定岩层时，应设置中空注浆锚杆或注浆小导管进行锁脚，长度一般不宜小于 4.0m。然后在塌腔内施作钢支撑，稳定塌腔，最后钢筋混凝土护拱，并在护拱上设置缓冲层，按此方法逐步推进。塌方段的开挖和支护应坚持"短进尺、少扰动、弱爆破、快封闭、勤量测"的指导方针，渡过塌方段后的施工应严格按照设计图纸施工超前支护，并做加强，避免再次塌方的出现。

B.7.5.4 当非冒顶型大塌方完全封闭塌腔，且距隧道拱顶有较大高度，但塌腔与塌顶有空洞时，应按冒顶型大塌方的处治措施进行处治，但必须首先对空洞采用注浆或注砂处理，进行充填，如附图 B-14 所示。

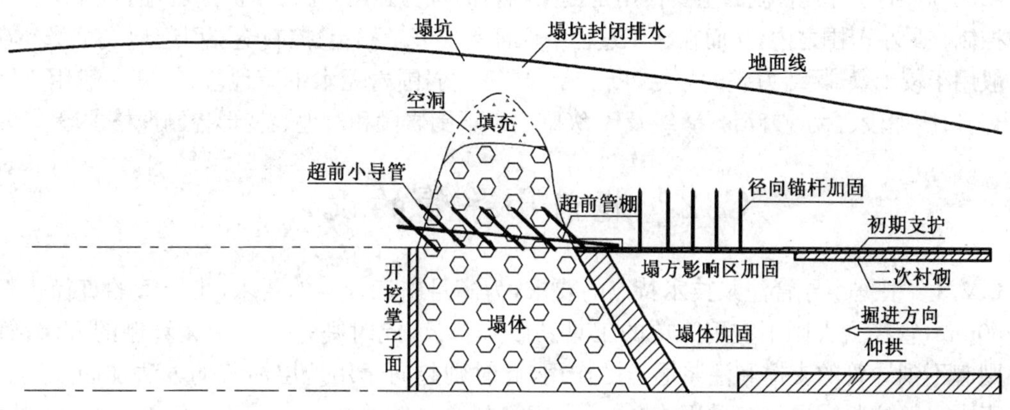

附图 B-14　非冒顶型大塌方处治方案示意图

B.7.6　注意事项

B.7.6.1 根据统计，大部分塌方都是人为因素造成的。因此在不良地质段应严格控制施工质量、坚决杜绝偷工减料的行为。

B.7.6.2 不良地质段的施工应严格贯彻"管超前、短进尺、少扰动、弱爆破、快封闭、勤量测"的原则，避免大开挖、长进尺、强震动、支护不及时跟上的作法。

B.7.6.3 塌方的处治必须保证安全。严禁在塌体没有相对稳定的情况下就开始塌体的处治作业。

B.7.6.4 塌方段通过后，应及时把二衬跟上，确保塌方区的稳定。通过塌方段的二衬要加强。

B.7.6.5 通过塌方段后的隧道开挖和支护应严格按照前面章节的预处治技术施工。

B.7.6.6 塌方处治后应对塌方影响段和塌方段加强监测工作。监测断面应适当加密，监测初期频率应提高，主要对拱顶下沉和水平收敛进行监测。

附录C 超前小导管和管棚设计与施工技术

C.1 一般规定

C.1.1 小导管和管棚是沿开挖轮廓线钻设与隧道轴线大致平行孔洞(为了保证钻孔方向,一般有一定角度的外插角),而后插入相应直径的钢花管,并向管内注浆,固结管周边的围岩,并在预定的范围内棚架支护体系。

C.1.2 小导管和管棚的主要作用是提高围岩的抗剪强度,先行支护围岩,把因开挖引起的松弛控制在最小范围之内,从而在施工过程中保证地层安全稳定、控制施工引起地表沉降。小导管一般用于较干燥、凝结力差的岩层、断层带、Ⅴ级软弱围岩无水带等地段,管棚一般用于隧道进、出洞口浅埋段、含水破碎带、Ⅴ级及Ⅴ级围岩以下围岩段和对地表变形控制严格地段。

C.2 超前小导管的设计

C.2.1 根据小导管注浆技术特点的要求,为满足施工现场的要求,小导管的直径一般取32~50mm,管径太大则不宜用简单的工具钻眼和打入,此时则趋向于用大管棚的方法;管径太小则起不到导管的支撑和注浆通道的作用,此时则趋向于用地层注浆的方法加固地层。隧道工程中一般注浆小导管多采用ϕ42mm的钢管制作。

C.2.2 小导管长度是依据一次开挖长度和围岩的自稳能力来确定的。围岩的自稳能力由岩体的内摩擦角来确定。小导管的长度可由式(C-1)进行计算:

$$L = 1 + H\cot\phi + 0.5 \qquad \text{(C-1)}$$

式中:L——小导管长度,m;

ϕ——围岩的塌落角度;

H——围岩的塌落高度。

小导管的长度一般为3.5~6m之间,小导管太短,起不到有效的支撑作用,太长则造成浪费。一般围岩差时,长度取大值,围岩相对好时,长度取小值。

C.2.3 根据计算和试验确定注浆半径后,可按式(C-2)确定小导管外插角的大小:

$$\alpha = \arcsin(r/L) \qquad \text{(C-2)}$$

式中:α——小导管外插角;

r——注浆半径;

L——小导管长度。

一般,小导管的注浆半径取0.5m,长度3.5~6m,因此小导管的外插角一般为5°~10°。

C.2.4 小导管的间距一般以密排为原则。在断层破碎带段小导管的间距一般取30mm左右。

C.2.5 一般小导管布设在起拱线以上,当围岩具有膨胀性或侧向地应力较大时,应在侧墙部分设置小导管预注浆。

C.2.6 小导管注浆选取浆液时，应同时考虑浆液的可注性、浆液凝胶体强度、机械设备、浆液的凝聚时间、材料来源、价格和是否有毒。一般注浆的浆液采用纯水泥浆液、水泥—水玻璃浆液、水玻璃浆液。水玻璃浆液适用于砂质土层中；水泥—水玻璃浆液适用于卵石层和堆积体中；水泥浆液和水泥—水玻璃浆液适用于黏土层。

C.2.7 注浆压力的选择与地层的密度、强度、处治应力、钻孔深度、位置及注浆次序有关，一般要通过现场试验来确定合理的注浆压力。

C.2.8 注浆速度一般宜控制在 5～20L/min。

C.2.9 小导管的注浆量宜取单根小导管注浆量来计算，最后相加。注浆量按式(C-3)计算：

$$Q = \sum q; q = \lambda \pi r^2 l \tag{C-3}$$

式中：Q——总注浆量，m^3；

r——注浆半径，m；

l——小导管长度，m；

λ——单位注入率，$\lambda = n\alpha$；

n——空隙率；

α——填充率。

C.3 超前小导管的施工

C.3.1 超前小导管的施工流程如附图 C-1 所示。

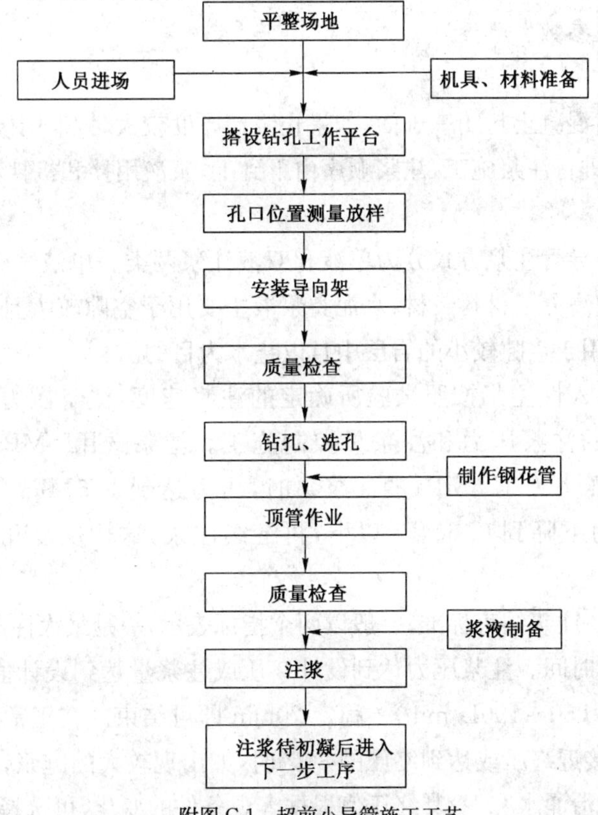

附图 C-1 超前小导管施工工艺

C.3.2 钻孔、打小导管。

(1)准确将小导管位置布置在施工断面上,做好标记,并设计必要的控制点。

(2)采用游锤或钻孔抬或风枪将小导管直接打入地层。小导管在开挖轮廓线上按照设计位置及角度打入。渗入性注浆施工时,孔位误差不得大于5cm,角度误差不得大于2°;劈裂压密注浆施工时,孔位误差不得大于10cm,角度误差不得大于3°。超过误差时在偏大的空间补管、注浆。钢管实际打入长度不得短于平均实际打入长度30cm,否则,进行补打或开挖后补管注浆。

C.3.3 注浆试验。

小导管施工前应进行现场原位注入试验。影响注浆效果的因素有注入工法、注入压力、注入速度、浆液、凝胶时间、注入管的种类等多种因素。就这些因素而言,直到现在已经完成的多数施工实际均按经验确定工法、浆液的种类及各种注入参数,在土质差异不太大的场合下,改变试验数据的例子很少。因此大多数试验均以确认当初的单位注入量是否恰当为目的,因此一般试验按照等边三角形布置3个注浆孔的模式做3~4遍,目的在于确认各区效果的差异。注入率选择一般按计划注入率和在其计划注入率左右变化3%~5%的三组参数。如果要找最佳注入率,则选择包括计划注入率在内的四组注入率的情形为多。根据注浆结果,对岩体的渗透性和强度进行效果确认,一般来说,通过现场渗水试验求得渗透系数的方法确认岩体的渗透性,通过开挖进行块状取样,然后进行室内强度试验,特别是由三轴抗压试验求内聚力的方法,对确认注浆效果而言是比较好的方法。在试验的过程中根据注浆效果的确认适当调整注浆参数后作为施工注浆参数。

C.3.4 注浆。

(1)注浆前,先喷射混凝土封闭掌子面,如果止浆墙厚度较大时,采用模筑混凝土。一般情况下,导管打设完毕后进行注浆施工,注浆顺序由下到上,浆液用拌和机拌和,专用储浆桶储存浆液。

(2)一般情况下,小导管注浆方式分为单液和双液注浆两类。单液浆有纯水泥浆、水泥砂浆和水玻璃浆液及其他高分子材料浆材,水泥类浆液主要用于空隙较大且以增加岩体强度为目的,水玻璃浆液主要用于空隙较小的岩层中且以止水为目的。

(3)注浆压力。渗入性注浆按照试验所确定的注浆速度、注浆压力及注浆量施工,劈裂压密注浆采用设计的注浆压力和注浆量控制施工。注浆选用4MPa以上的高压注浆泵。当采用额定注浆压力为1.5MPa的注浆泵时,压力达到1.5MPa后,将注浆泵停下,等待几分钟后,若压力下降到0.6MPa以下,再继续注浆,这样反复几次,直到压力不能下降为止。

(4)注浆结束标准。注浆结束标准,一般以两个指标表示,一是最大注浆量;另一个是达到预定设计压力时的持续时间。注浆压力达到设计终压或注浆量达到设计值(一般单液注浆量为20~60L/min,双液为50~100L/min)。稳定20min即可结束。在正常的情况下一般采用定压注浆,当注浆压力接近终压或达到终压的80%时,如出现较大的跑浆,经间歇注浆后达到终压也可结束注浆。整治涌水突泥,其终压值根据客观条件的变化,可选择合理的上限值和下限值与导坑突水量作为终止标准。

C.4 超前管棚的设计

C.4.1 沿隧道轴向，管棚设置的范围要视隧道的地形、地质以及地表结构物的状况而定。管棚的终端位置，应达到防护对象的长度加上因开挖而造成的掌子面松弛范围的长度。洞口施工时，考虑经济因素，施工长度应短，且伸出洞口的长度要满足钻孔和注浆作业要求。施工的可能精度，可达80m，如施工地段更长，应分段施工。对于地质条件预计比较复杂的情况应该沿隧道轴向进行试验钻孔，取得更详细的数据来决定管棚的施工区段长度。

C.4.2 管棚一般采用热轧无缝钢管，外径为79～179mm，长度为10～45m，分段安装，每分段长度为4～6m，两段之间用"V"形对焊或丝扣连接，丝扣长不小于15cm。

C.4.3 管棚长度应视隧道所处地形、地质等情况而定。首先，必须要穿过掌子面上的土体破裂面一定长度，使土压力传到已封闭的支护结构上；其次应满足钻机设备的工作参数要求。特别是在地质条件比较复杂的情况下，为慎重起见，应该沿隧道轴向进行试验钻孔，取得更详细的资料，以决定长管棚的施工长度。

C.4.4 管棚环向布设间距，应根据结构埋深、地层情况、周围结构物状况等选择合理的间距。管棚的最小施工间距一般由施工精度和水平钻进时的弯曲量来决定。

(1)根据施工精度计算

管棚的最小纯间距： $$X_1 = KL \tag{C-4}$$

管棚的中心距： $$X_2 = X_1 + d \tag{C-5}$$

式中，K——施工精度，一般为管棚长度的1/600～1/250；

L——钢管长度，m；

d——钢管外径，mm。

通常间距可按2.0d～3.5d来估算。

(2)由钻进的弯曲度计算钢管间距

在水平钻孔中，钢管弯曲量随施工长度而增加，当管棚长度超过30m后，弯曲大致在1/300～1/200，因此一般间距采用2.0d～2.5d。

C.4.5 管棚支护掘进长度应根据实际围岩的自稳能力而定，并随掘进过程中围岩的不断变化及时调整。如果掘进长度过小，则会增加工序转换时间，影响施工效率；如果管棚支护掘进长度过大，刚不利于掌子面的稳定，可能会产生塌帮等安全事故。一般掘进长度宜为0.5～2.0m。

C.4.6 浅埋或洞口段宜用工字钢架，破碎带或软弱层可用格栅钢架，或工字钢架与格栅钢架间隔使用。Ⅴ级围岩地段一般为0.5～0.75m，特殊情况下可加密。

C.4.7 搭接长度应根据隧道开挖高度、围岩地质条件等情况来决定。纵向两组管棚间，应有不少于1.5m的搭接长度，一般为2.0～4.0m。

C.4.8 考虑地层条件、管棚质量、施工工艺等因素，管棚上仰角宜取3°～5°。

C.4.9 管棚注浆选取浆液时，应同时考虑浆液的可注性、浆液凝胶体强度、机械设备、浆液的凝聚时间、材料来源、价格和是否有毒。一般注浆的浆液采用纯水泥浆液、水泥—水玻璃浆液、水玻璃浆液。水玻璃浆液适用于砂质土层中；水泥—水玻璃浆液适用于卵石层和堆积体中；水泥浆液和水泥—水玻璃浆液适用于黏土层。注浆的扩散半径宜取$R=(0.6～0.7)L_0$（L_0为钢管中心距离）。

C. 4. 10 单根钢管的浆液注入量按式(C-6)估算：

$$Q = \pi R^2 L \eta \tag{C-6}$$

式中：η——围岩空隙率。

C. 4. 11 注浆压力一般采用0.5～1.0MPa，有涌水时适当加大，当涌水压力很大时，先进行预注浆堵水而后打设管棚。

C. 5 超前管棚的施工

C. 5. 1 管棚的施工方法的选择宜根据不同的地层条件选择不同的施工方法。一般夯管法、水平钻进顶进法和定向钻机成孔、管锤夯进适用于各种地层，水平钻进回拖法适用于非含水地层。一般宜选用定向钻机成孔。

C. 5. 2 管棚一般有设置在洞口和洞内两种。洞口管棚施工应设置套拱，以保证管棚的施工质量和进洞安全；洞内管棚应设置管棚作业空间，以便钻机和纠偏有足够的空间。

C. 5. 3 管棚的施工流程如附图 C-2 所示。

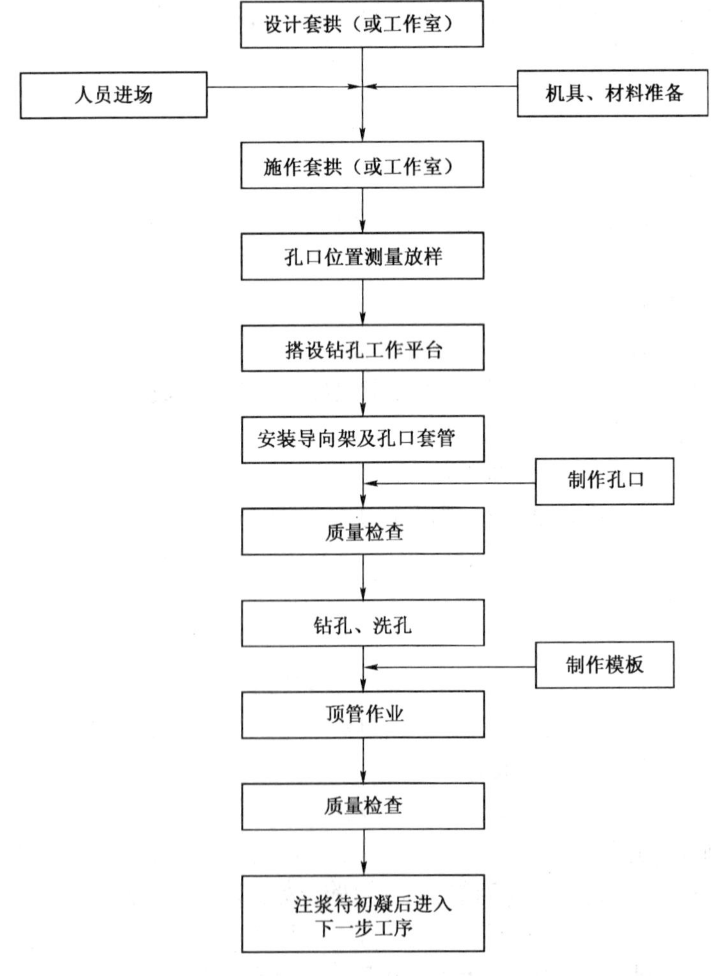

附图 C-2 管棚施工流程

C.5.4 洞口套拱由工字钢、模筑混凝土、孔口套管组成，厚度宜为60～80cm，长度宜为1.0～2.0m，套拱内钢架纵向间距宜为0.5m。套拱内轮廓线应稍大于衬砌的外轮廓线尺寸，保证套拱不侵入衬砌。

C.5.5 洞内管棚工作室应比普通设计支护断面大。一般宜在普通设计断面基础上沿径向扩大30～50cm，沿隧道纵向长3.0m。

C.5.6 钻孔作业。用选定的管棚钻机沿预定方向钻孔，开始选用低档，待钻到一定深度后，停送高压水，退出口接钻杆，继续钻进。每钻进一定长度用仪器复核钻孔的角度是否正确，以确保钻孔方向。

C.5.7 钻孔完毕后，安装钢管前应进行清孔和验孔作业，确认孔深度、清除孔内浮渣，确保钢管的顺利顶进。

C.5.8 钢管应提前预制加工，合理分段。钢管四周应钻Φ10mm出浆孔，管棚尾部约3.0m的长度范围内不钻，管都应焊长圆锥形，以偏入孔。钢管顶进宜采用大孔引导和钢管机钻相结合的工艺。接长钢管应满足受力要求，钢管逐节顶入，采用丝扣连接，相邻钢管的接头应按规范要求前后错开，同一横断面内的接头数不大于50%。钢管内一般要设置钢筋笼，增强管棚的刚度。

C.5.9 注浆。单液水泥浆可直接注入，水泥—水玻璃浆液利用三通管同时注入。水泥浆拌制均匀，并按比例注入水玻璃浆液。注浆过程中要随时检查孔口、邻孔、其他坡面处有无串浆现象。如有串浆，立即停止注浆，采用棉絮及木楔、速凝水泥砂浆等进行封堵，也可采用间歇式注浆封堵串浆口，直至不再串浆后继续注浆。双液注水泥与水玻璃浆如压力突然升高，则关停水玻璃泵，进行单液注浆或注清水，待泵压正常时，再进行双液注浆；单液注水泥浆压力突然升高，可能发生堵管，应停机检查；水泥浆单液和水泥与水玻璃双液注浆量很大，如压力长时间不升高，则须调整浆液浓度及配合比，缩短凝胶时间，进行少量低压力注浆或间歇式注浆，使浆液在裂隙中有相对停留时间，以便凝结，但停留时间不能超过混合浆的凝胶时间，避免注浆不饱满。注浆初压为0.5～1.0MPa，终压2.0MPa，持压15min后停止注浆，并及时封堵注浆口。注浆量一般为钻孔圆柱体的1.5倍，若注浆量超限，未达到压力要求，应调整浆液浓度继续注浆，直至符合注浆质量标准，确保钻孔周围岩体与钢管周围孔隙均为浆液充填，方可终止注浆。注浆结束后要进行注浆效果检查，利用铁锤敲击钢管，如响声清脆，则表明浆液未充满钢管，采取补注；如响声低哑，则浆液已填满钢管，认为合格。开挖后观察围岩，岩隙应被基本充填密实，认为效果较好。注浆结束后及时清除管内浆液，并用M30水泥砂浆充填，增强管棚的刚度和强度。

C.6 注 意 事 项

C.6.1 小导管注浆注意事项

(1)注浆施工中起决定性的因素有注浆压力、注入速度、注浆量、岩体的性质。除岩体性质不能改变外，其他因素是可控因素。在注浆过程中，要把握注浆过程中的注入压力和注入速度，保证注入量。

(2)在注浆过程中，经常发生浆液从其他孔流出的现象，这种现象称为串浆。发生串浆时，在有多台注浆机的条件下，应同时注浆，在单泵条件下应将注浆孔及时堵塞，轮到该管注浆时，再拔下堵塞物，用铁丝或细钢筋将管内杂物清除并用高压风或高压水冲洗(拔塞后外流浆的注浆管不必进行此工序），然后再注浆。

（3）注单液水泥浆时压力突然升高，则可能发生堵塞，应停机检查。当堵塞时，敲打或滚动注浆管以疏通浆液通道，无法疏通时就近补管。

（4）注水泥水玻璃双液浆时压力突然升高，则关停水玻璃泵，进行单液注浆或注清水，待泵压正常时，再进行双液注浆。

（5）水泥浆单液或水泥水玻璃双液注浆进浆量很大，压力长时间不升高，则应调整浆液浓度和配比，缩短凝胶时间，进行小泵量低压力注浆或间歇式注浆，使浆液在裂隙中有相对停留时间，以便凝胶，但停留时间不能超过混合浆的凝胶时间。

（6）渗入性注浆单孔注浆量不得少于平均每孔注浆量的80%，劈裂压密注浆单孔注浆量不得少于平均每孔注浆量的60%，超过偏差必须补管注浆。

（7）注浆过程中，要逐管填写记录，表明注浆压力与注浆时间、注浆量与注浆时间的关系，以及注浆过程中发生的情况及处理过程，为后续注浆顺利实施提供依据和参考。

（8）注浆效果检查在小导管搭接范围内进行，主要检查注浆量偏少或有怀疑的注浆孔，认真填写检查一记录。渗入性注浆通过钻孔检查注浆厚度，小于30cm时，应补管注浆；劈裂、压密注浆，采用小撬棍或小锤轻轻敲打钢管附近，判断固结情况，并配合风钻钻速测试，固结不良或厚度不够时补管注浆。

（9）开挖过程中，随时观察注浆效果，分析测量数据，发现问题后及时进行处理。

（10）注浆前严格检查机具、管路及接头的牢固程度，以防高压伤人。

C.6.2 管棚施工注意事项

（1）当遇到线路半径小、钻孔通过软硬差别很大的地层时，容易出现个别钢管侵入下一循环大管棚工作面。应采取增大管棚外插角度、增大曲线内侧管棚的水平内插角、对软地层注浆加固。

（2）钻孔时应严格控制好钻孔水平方向，固定钻机，防止钢管与相邻钢管相交。

（3）为了防止窜浆，施工时宜严格控制钻孔水平角度、控制注浆压力并采取间隔注浆的措施。

（4）管棚施工中应严格控制长管棚的钻进方向和外插角的大小。

附录D 注浆设计与施工技术

D.1 一 般 规 定

D.1.1 通过对隧道周边的围岩进行注浆，可以加固破碎岩体，在一定程度上提高岩体的弹性模量、内聚力和内摩擦角等力学参数，从而改善支护结构的受力条件。

D.1.2 通过对隧道周边的围岩进行注浆，可以封堵或减少裂隙中的渗水，提高岩体防水性，形成一定厚度的止水圈，从而达到保护地下水资源的目的。

D.1.3 注浆具有形成围岩止水圈和加固岩层的双重作用，可以更好地发挥围岩岩体和衬砌共同承担水压和地压的性能。

D.1.4 根据地下水压力的不同，可根据涌水水压分为高压（2MPa 以上）和低压（≤2MPa）。

D.1.5 高压水根据喷射出口形式的不同，可分为超前探孔高压喷水、炮孔高压喷水和溶蚀裂隙或溶蚀管道高压喷水。

(1)超前探孔高压喷水：是指在超前探孔过程中与前方的裂隙或管道高压水连通，造成高压水经超前探孔喷出。由于超前探孔长度长，掌子面的安全隐患相对小，高压水在超前探孔内高速流动的过程中受孔壁摩阻力的影响能量损失较大，此种高压喷水处理难度相对最容易。

(2)炮孔高压喷水：是指在超前探孔中未揭露高压水而在打设炮孔的过程中高压水喷出，此种喷水同超前探孔高压喷水相比炮孔长度短，直径小，没有套管防护，高压水离开掌子面后呈漏斗状扩散并将在一定距离上产生雾化，同时掌子面岩盘由于离高压水距离近，高压水对掌子面岩盘的威胁大。

(3)溶蚀裂隙或溶蚀管道高压喷水：是指在超前探孔和打炮孔的过程中未揭露高压水，而在放炮的时候将高压水揭露，此情况是由于高压水离掌子面较近，再加上高压水的随机性造成超前探孔和炮孔未揭露，在放炮时对围岩造成一定的损坏从而高压水喷出。此种情况是高压水揭露形式中最不利的，水的流量大，工作面也将遭到破坏，处理难度和强度最大。

D.1.6 注浆参数应在施工中根据地质情况，及时调整、不断修正完善，以达到最佳的注浆效果。

D.2 注浆堵水总体原则

D.2.1 注浆堵水应强调既能达到保障施工安全和运营安全的目的，又能实现隧址周边地区的地下水资源达到动态平衡的综合功效。

D.2.2 高压水的处理一般需要一定的时间，当高压水出露后应对高压水进行全面系统的研究，除进行正面封堵外，同时可进行绕避施工；绕避施工不是盲目的，应提前对绕避位置进行全面系统的物探和超前钻探，尽可能地掌握掌子面前方的高压水裂隙、管道走向、水流方向等信息，以达到绕避施工通过的目的。

D.2.3 高压封堵注浆出水点可能发生在探孔、炮眼或掌子面上，可考虑不同的封堵方法。如考虑加宽、加深洞内的排水沟；施工混凝土挡水墙、预埋钢管等排水管；采用化学浆液与普通浆液相结合的方法；利用 TSP、地质雷达或超前探孔判断管道的分布方向；利用超前探孔注染料的方法判定水流方向等等措施和手段，最终达到针对高压水的分流减压、有的放矢、封堵成功的注浆堵水技术。

D.2.4 低压注浆封堵，可采用一般浆液，如水泥—水玻璃双液浆、防冲高胀浆液（水泥加粉煤灰制成塑状，在流速小于 1m/s 时可用）等。对于超前探孔或炮孔出大流量的低压水，宜停止掘进进行超前封堵预注浆，对于小流量的低压水可继续开挖掘进，待掘进后再处理。对于掘进后的洞壁裂隙出水和渗滴水，若洞壁裂隙出水较大，普通径向注浆无法解决，可先采用化学浆液对裂隙出口进行封堵再作处理。

D.2.5 有条件时，宜根据对该隧址地区的水文生态环境进行调查结果以及排水对地下水资源动态平衡的破坏程度的评估结果等信息，进行技术和经济的充分比选，再行确定是否实施完全注浆封堵的措施。

D.3 注浆方式的选择

D.3.1 注浆方式包括预注浆、后注浆等。

(1)预注浆，是指在开挖面采取超前钻孔，通过钻孔进行注浆施工，包括全断面帷幕超前预注浆、全断面周边超前预注浆及局部断面超前预注浆等方式。

(2)后注浆，是指在开挖完成后，隧道涌水不能满足工程质量、运营安全和环境保护的要求时，而采取的一种注浆方式，包括全断面径向注浆、局部断面径向注浆和补充注浆等方式。

D.3.2 一般注浆方式的选择应以掌子面能否满足进行安全开挖施工为前提。若掌子面前方地质条件能满足安全开挖施工要求，则可首先进行掌子面的开挖施工，在开挖施工完成后再进行后注浆措施，以达到注浆堵水的目的；若掌子面前方地质条件不能满足安全开挖施工的要求，则应首先在掌子面进行预注浆措施，以达到注浆堵水、加固围岩的双重目的，为隧道安全开挖施工创造有利条件。

D.3.3 应根据对隧道勘察资料的分析，重点关注岩层条件、水文地质条件、水文特点等隧道的实际情况，并结合工程类比，确定注浆方式。

D.3.4 附表 D-1 考虑地质条件、流量条件和水压条件等三方面，拟定了注浆方式的选择标准，供参考。

注浆方式选择标准建议表 附表 D-1

注浆方式		地质条件	流量条件	水压条件
预注浆	全断面帷幕预注浆	①可溶岩与非可溶岩接触带、断层破碎带、溶蚀带等富水地段；②地段厚度超过 30m，且掌子面及周边围岩均表现为软塑流状体；③施工中可能发生严重突水突泥等地段	超前探孔出水总流量≥ $10m^3/h$，且 2/3 探孔均出水	水压≥2MPa

续上表

注浆方式		地质条件	流量条件	水压条件
预注浆	全断面周边预注浆	①岩层接触分界带、物探电阻异常带；②地段厚度超过30m，掌子面围岩极破碎；③施工中可能发生严重突水突泥等地段	超前探孔出水总流量≥$10m^3/h$，且2/3探孔均出水	水压≥2MPa
	局部断面预注浆	①富水地段、物探电阻异常带；②施工中局部可能发生突水突泥地段	部分探孔出水，且$10m^3/h$>局部单孔出水量≥$2m^3/h$	水压≥2MPa
后注浆	径向注浆	①一般富水地段；②岩体较完整	①开挖后大面积淌水；②初支完成后仍有较大面积淌水，且$10m^3/h$>出水量≥$2m^3/h$	水压<2MPa
	局部注浆	①一般富水地段；②岩体完整	①开挖后局部有较大流水；②初支完成后仍有局部淌水，且$10m^3/h$>出水量≥$2m^3/h$ ③不能确保结构防排水的等级需要	水压<2MPa
	补注浆	—	上述注浆措施实施后，仍不能确保结构防排水的等级要求以及环境保护要求	—

D.4 注浆材料的选择

D.4.1 一般注浆浆液分为化学浆材和粒状浆材两大类。

(1)化学浆材主要指有机高分子类浆材及水玻璃类浆材，包括水玻璃类、丙烯酰胺类、聚氨酯类、丙烯酸盐类、木质素类、脲醛树脂类、环氧树脂类等。

(2)粒状浆材主要指颗粒性材料，包括水泥浆液、超细水泥浆液、水泥基双液浆、黏土浆液、水泥—黏土浆液、水泥—粉煤灰—膨润土复合浆液等。

D.4.2 根据隧道注浆堵水及地层加固的要求，从可行性、可靠性、无毒性污染、可操作性强等特点，并考虑地层条件、周围环境条件、注浆目的、对注浆效果的期待等因素，选择注浆材料。

D.4.3 通常注浆材料的选用原则如下：

(1)围岩裂隙发育，可注性好、水压较低的地层，可采用普通水泥浆液，普通水泥强度等级不宜低于R32.5。

(2)围岩裂隙发育，可注性好、高水压的地层，可采用水泥基双液浆。

(3)粉细砂地层(黏土含量低于2%)可注性一般的地层，可采用超细水泥浆液。

(4)含水、粉细砂、致密土体、淤泥质软土、软弱破碎围岩、城市地下工程等地层，可采用含水细砂型水泥基特种注浆材料。

(5)淤泥质软土地层，可考虑注入水泥—粉煤灰、水泥—膨润土复合浆液等。

(6)对于可注性差的地层，有条件可采用化学浆液，如聚氨酯、丙烯酸盐等。

D.4.4 附表D-2为拟定的注浆材料选择标准，供参考。

注浆材料选择建议表 附表D-2

材料名称	性能特点	选择条件
普通水泥单液浆	是以水泥为主，添加一定量的速凝剂，用水调成的浆液，它具有以下特点： ①凝结时间可根据实际需要随意调节，其变化范围为几分钟至几小时； ②浆液结石率可达100%，抗压强度可达5～10MPa，对于基岩裂隙中堵水和加固是完全能满足要求的，后期强度不宜下降； ③结石体渗透系数10^{-1}～10^{-3}cm/s，抗渗性能好； ④工艺设备简单，操作方便； ⑤难以注入1.1mm以下的裂隙； ⑥浆液无毒性，对地下水和环境无污染； ⑦来源丰富，价格便宜； ⑧凝胶时间相对较长，由于初凝时间长，易被地下水稀释，影响其凝胶化性能和强度，易干缩引起渗漏水	适用于径向注浆孔、垂直注浆孔无水或量很小以及顶水注浆孔无水时使用
水泥—水玻璃双液浆	是以水泥和水玻璃为主剂，两者按一定比例用双液方式注入，必要时加入缓凝剂(磷酸二氢钠)所形成的注浆材料，是一种用途极其广泛，使用效果良好的注浆材料。它具有以下特点： ①凝胶时间可以控制在几秒至几十分钟范围内； ②结石体抗压强度较高，可达10～20MPa，但后期强度由于水玻璃的作用宜降低； ③浆液结石率为100%，结石体渗透系数10^{-2}～10^{-3}cm/s，抗渗性能好； ④可用于裂隙0.2mm以上的岩体； ⑤来源丰富，价格较低； ⑥对地下水和环境无污染，但有NaOH碱溶出，对皮肤有腐蚀性； ⑦结石体易粉化，有碱溶出，化学结构不够稳定； ⑧施工工艺较单液复杂	适用于注浆过程中涌水较大或渗漏水严重，而影响到开挖施工时使用
TGRM单液浆	是以特制的高性能超细水泥，配以适当种类和数量的外加剂，共同混合均匀，制成具有早强、高性能的水硬性胶凝材料。它具有以下特点： ①比表面积大，可注入宽度0.2mm以下的裂隙中； ②浆液结石率为100%，结石体抗压强度可达50MPa以上； ③需要专用的注浆工艺设备，操作要求高； ④浆液无毒性，对地下水和环境无污染； ⑤具有较好的抗分散性，凝胶时间可控，强度高，耐久性好，固结后有微膨胀性，可以有效抵制水泥单液浆干缩而引起的渗漏水； ⑥价格较昂贵	该材料可在顶水注浆过程中，当注入普通水泥浆压力开始上升时使用，以提高抗渗抗分散能力，或用于加固区域

D.4.5 注浆材料各有所长，在注浆施工中，应根据实际情况，单独选用或配合使用。

D.5 注浆参数的确定

D.5.1 浆液扩散半径：即浆液的有效范围，与岩石裂隙大、浆液枯度、凝固时间、注浆速度和压力、压注量等因素有关；在现场注浆施工过程中，可根据注浆施工中地层的吸浆能力，注浆效果的检查评定等状况，对设计拟定的浆液扩散半径作相应调整。

D.5.2 浆液浓度：

(1)在一个注浆过程中，往往包含不同宽度的裂隙。为了使所有裂隙都充满浆液，一般先使用黏度小、流动性较好的稀液，充填较小的裂隙，而后再用较稠的浆液注较大的裂隙。

(2)如某一种浓度级浆液连续压入20～30min后，压浆压力和吸浆量均无改变或改变不大，即应换用较浓一级的浆液。

(3)遇有冒浆或岩层破碎带、大裂隙、岩溶发育地层时，应越级加浓，或间歇压浆。

(4)附表D-3为浆液浓度配置建议表，供参考。

注浆材料配比参数选用表 附表D-3

常用浆液名称	配比参数		
	水灰比	体积比	水玻璃浓度
普通水泥单液浆	W:C=(0.6～0.8):1	—	—
水泥—水玻璃双液浆	W:C=(0.8～1):1	C:S=1:(0.3～1)	35°Be'
TGRM单液浆	W:C=(0.6～1.2):1	—	—

(5)有条件应根据现场试验来确定。例如，根据岩层的吸水率来确定浆液浓度，吸水率越大，岩层透水层越强，则浆液宜浓。

D.5.3 浆液注入量：

(1)浆液压入量，可根据扩散半径及岩层裂隙率进行粗略估算，作为施工参考。

(2)浆液注入量过大，扩散范围太远，就浪费浆液材料。

(3)对于大的溶裂、大的溶洞、岩体裂隙率>5%时，浆液注入量难以计算，因此，此时宜用注浆压力控制注浆量，注浆量只能按注浆终压值时的注浆总量来决定。

D.5.4 注浆段长度一般应综合考虑选择钻机的最佳工作能力、余留止浆墙厚度、根据加固圈要求进行注浆设计时盲区最小时的最佳设计孔数等因素。

D.5.5 止浆岩墙厚度：

(1)第一循环止浆岩墙可采用模筑混凝土，宜2m厚。

(2)其他循环段止浆岩墙可由喷射混凝土层(或模筑混凝土层)与上一注浆循环余留止浆墙共同组成，止浆岩墙可根据围岩情况预留不同厚度的止浆岩盘。

D.5.6 注浆压力与岩层裂隙发育程度、涌水压力、浆液材料的黏度和凝胶时间长短有关。在顶水注浆时，注浆压力不宜超过5MPa；普通注浆时，注浆压力宜为0.5～2MPa。在注浆过程中，应根据进浆量的大小调整注浆压力。

D.6 注浆施工

D.6.1 注浆施工，必须根据设计要求，并考虑周围实际条件，以满足注浆目的为前提而进行。具体施工流程可参见附图D-1，虚线部分表示可根据实际情况略作调整。

D.6.2 注浆可根据实际条件分别采用后退式分段注浆和前进式分段注浆两种注浆工艺，其中后退式分段注浆工艺又分为无注浆管后退式分段注浆工艺和有注浆管后退式分段注浆工艺。在成孔困难、涌水量很大等特殊地质条件下，宜采用前进式分段注浆工艺。

D.6.3 注浆施工中一般采取钻孔～注孔的施工顺序，若现场条件允许，经试验串浆发生的概率较小，可采取钻注平行作业。

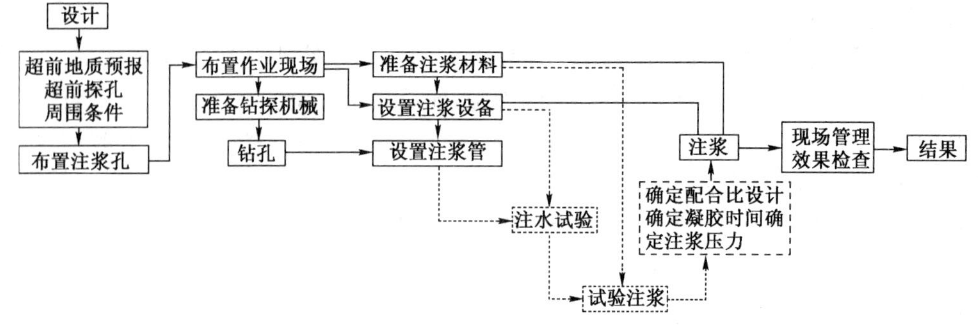

附图 D-1 注浆施工流程

D.6.4 钻孔：

(1)首先在掌子面将钻孔位置放出，采用红油漆标出注浆孔位置；将钻具对准注浆孔孔口位置，调整钻机至钻孔方向和设计钻孔方向一致(即偏角和立角与设计相同)，固定钻机。

(2)如果出水量很大，且水压较高，宜采用 Φ108mm 钻头钻深 2m，安设孔口管。孔口管可采用 Φ108mm、壁厚 5mm、长 2m 无缝钢管加工制作，一端加焊法兰盘(配套高压球阀)。孔口管安装时在管外应缠绕麻丝，用钻机将孔口管顶入钻孔内。

(3)当采取无注浆后退式分段注浆工艺时，应将钻孔钻至设计深度；当采取前进式分段注浆工艺时，一般通过孔口管钻进 5m 后，停止钻孔，进行注浆施工，之后继续钻孔至 10m，再注浆，如此循环下去，直至完成该孔的钻孔及注浆施工，施工中每次钻注段长宜为 5m。若采取有注浆管后退式分段注浆工艺时，可在钻孔完成后，下入注浆管，之后在钻孔内安设一泄水管，用棉纱封堵钻孔，然后开始注浆。当泄水管开始漏浆时，关闭泄水管，继续完成正常注浆施工。

D.6.5 注浆施工中，应先注外圈，再注内圈，同一圈内由下到上间隔施作。

D.6.6 整个注浆循环结束后，应在开挖面设置 3～5 个效果检查孔，检查注浆效果。

(1)单孔结束标准：注浆压力逐步升高至设计终压，并继续注浆 10min 以上；注浆结束时的进浆量小于 20L/min，检查孔涌水量小于 0.2L/min。

(2)全段注浆结束标准：所有注浆孔均已符合单孔结束条件，注浆后预测涌水量小于设计允许值；或进行压水试验，在 0.75MPa 的压力下，吸水量小于 2L/min。

(3)若不符合上述结束标准，应进行补孔注浆。

D.7 注浆效果评估

D.7.1 注浆后，应采用有效方法进行注浆效果的评估。

D.7.2 注浆效果评估的方法包括分析法、五点法标准压水试验、简易压水试验、声波测试、岩芯抗压强度试验以及浆液充填的直观检测等方法。

(1)分析法：主要根据注浆施工过程中的 P-Q-t 曲线、浆液填充率反算、涌水量对比分析等方法来评定注浆效果。

(2)定性检测：即浆液充填的直观检测，包括检查孔岩芯观测、竖井井壁观测及岩石磨片鉴定。该方法能够定性地检测浆液在岩体中的充填情况，为注浆质量的评价提供直观可靠的依据。

(3)五点法标准压水试验：能够直接获得岩体在注浆前后透水率的变化情况，根据注浆后岩体的透水率来判定岩体的透水性，对注浆质量作出最为直接和有效的评价。该方法是注浆载体完整性评价的主要检测标准。

(4)简易压水试验:通过各次序孔注浆前的简易压水试验,可以获得各次序孔简易压水的透水率递减率,该指标能直接反映各次序孔之间的搭接效果。该方法是注浆载体连续性评价的检测标准之一。

(5)声波测试:通过对岩体进行弹性波声波测试,可以获得岩体在注浆前后声波波速的变化情况,根据声波波速提高率对注浆质量作出评价。该方法是注浆载体完整性评价的重要检测标准之一。

(6)岩芯抗压强度检测:通过注浆前后对钻孔岩芯进行单轴抗压试验,可以获得岩体抗压强度的提高率。该方法是注浆载体坚固性评价的主要检测标准。

D.8 异常情况处理

D.8.1 若钻孔过程中,遇见突泥情况,应立即停钻,拔出钻杆,进行注浆。

D.8.2 若掌子面小裂隙漏浆,可先用水泥浆浸泡过的麻丝填塞裂隙,并调整浆液配比,缩短凝胶时间;若仍跑浆,可在漏浆处采用普通风钻钻浅孔注浆固结。

D.8.3 若掌子面前方 8m 范围内大裂隙串浆或漏浆,可采用止浆塞穿过该裂隙进行后退式注浆。

D.8.4 当注浆压力突然增高,宜只注纯水泥浆或清水,待泵压恢复正常后,再行双液注浆;若压力不恢复正常,则应停止注浆,检查管路是否堵塞。

D.8.5 当进浆量很大,压力长时间不升高,则应调整浆液浓度及配合比,缩短凝胶时间,进行小泵量、低压力注浆,以使浆液在岩层裂隙中有相对停留时间,以便凝胶;也可进行间歇式注浆,但停注时间不能超过浆液凝胶时间。

D.8.6 发生串浆时,应加大钻注平行作业间距,或采取钻一孔注一孔的工序。

D.8.7 注浆过程中,当跑浆现象十分严重时,首先应采取封堵措施和间歇注浆技术。当仍然无效时,可认为该孔可注性较差,结束该孔注浆。

D.8.8 尽量减少钻注施工过程中水量排出。

D.8.9 施工中应做好排水准备工作,以防止施工中大量涌水形成危害。

D.8.10 准备好抢险材料和有关设备,做好抢险准备工作。

参 考 文 献

[1] JTG D70—2004　公路隧道设计规范[S]. 北京:人民交通出版社,2004.

[2] JTJ 042—94　公路隧道施工技术规范[S]. 北京:人民交通出版社,1994.

[3] JTJ 064—98　公路工程地质勘察规范[S]. 北京:人民交通出版社,1998.

[4] A. Golshani , M. Oda , Y. Okui , T. Takemura , E. Munkhtogoo , Numerical simulation of the excavation damaged zone around an opening in brittle rock. International Journal of Rock Mechanics & Mining Sciences ,2007(44): 835-845.

[5] Chungsik Yoo , Hyun-Kang Shin , Deformation behaviour of tunnel face reinforced with longitudinal pipes-laboratory and numerical investigation. Tunnelling and Underground Space Technology ,2003(18): 303-319.

[6] E. Boidy , A. Bouvard , F. Pellet , Back analysis of time-dependent behaviour of a test gallery in claystone. Tunnelling and Underground Space Technology , 2002 (17): 415-424.

[7] F. Pelli , P. K. Kaiser , and N. R. Morgenstern , Effects of Rock Mass Anisotropy and Non-Linearity on the Near Face Stresses in Deep Tunnels , Rock Mech. Rock Engng. 1995,28 (2): 125-132.

[8] F. I. Shalabi , FE analysis of time-dependent behavior of tunneling in squeezing ground using two different creep models. Tunnelling and Underground Space Technology,2005 (20):271-279.

[9] Gyanendra L. Shrestha ,Einar Broch Influences of the valley morphology and rock mass strength on tunnel convergence: With a case study of Khimti 1 headrace tunnel in Nepal. Tunnel. Underg. Space Technol. (2008), doi:10. 1016/j. tust. 2007.

[10] Jaeger J. C. and Gook N. G. W. Fundamentals of Rock Mechanics[M]. Chapman and Hall, 1987.

[11] Karmen Fifer Bizjak , Borut Petkovsek , Displacement analysis of tunnel support in soft rock around a shallow highway tunnel at Golovec. Engineering Geology, 2004(75): 89-106.

[12] Kwon, S. et al. An investigation of the excavation damaged zone at the KAERI underground research tunnel. Tunnel. Underg. Space Technol. (2008), doi: 10. 1016/j. tust. 2008.

[13] Mohmed Khemissa , Docteur Enpc . Comparison of Two Models Used in Analyzing Tunnel Convergence. Bulletin Des Laboratories Ponts Chaussees 250-251 , May-June-August 2004-REF. 4486-PP. 135-146.

[14] P. Egger . Design and Construction Aspects of Deep Tunnels(with particular emphasis on strain softening rocks). Tunnelling and Underground Space Technology 15 (2002) 403-408.

[15] Panet M. Recommendation on the convergence-confinement method[R]. Paris:Association Franc aise des Tunnels et de l Espace Souterrain(AFTES),2001.

[16] S. C. M ller , P. A. Vermeer , On numerical simulation of tunnel installation. Tunnelling and Underground Space Technology 2008,(23):461-475.

[17] Shin, Jong-Ho et al. , Model testing for pipe-reinforced tunnel heading in a granular soil. Tunnelling and Underground Space Technology 23 (2008) 241-250.

[18] Sulem, J. Panet, M. and Guenot, A. ,"Closure Analysis in Deep Tunnels", Int. J. Rock Mech. Min. Sci. & Geomech. Abster. Vol. 24, No3. (1987) 145-154.

[19] Sung O. Choi , Hee-Soon Shin , Stability Analysis of a Tunnel Excavated in a Weak Rock Mass and the Optimal Supporting System Design. Int. J. Rock Mech. Min. Sci. 2007,41(3):1-6.

[20] Swoboda G,Ichikawa Y,Dong Q. Back analysis of large geotech- nical models[J]. Int. J. for Numerical and Analysis Methods in Geomechanics,1999,23(12):1455-1472.

[21] Weishen Zhua , etal . Systematic numerical simulation ofrock tunnel stability considering different rock conditions and construction effects. Tunnelling and Underground Space Technology 2003,(18):531-536.

[22] Y. Jiang , H. Yoneda , Y. Tanabashi , Theoretical estimation of loosening pressure on tunnels in soft rocks. Tunneling and Underground Space Technology 2001,(16):99-105.

[23] 曾蔚,张民庆. 圆梁山隧道2#溶洞平导施工技术研究[J]. 岩石力学与工程学报,2006,25(1):191-198.

[24] 代高飞,夏才初,等. 地质雷达在隧道超前预报中的应用[J]. 西部探矿工程,2004,18(9):116-119.

[25] 代高飞,应松,夏才初,等. 高速公路隧道新奥法施工监控量测研究[J]. 重庆大学学报,2004,32(5):98-104.

[26] 高致宏,闫述,等. 巷道超前电法探测的应用现状与存在的问题[J]. 煤炭技术,2006(5):120-121.

[27] 龚建伍. 扁平大断面小净距公路隧道施工力学研究[D],上海:同济大学,2008.

[28] 龚建伍,夏才初,朱合华,唐颖. 鹤上大断面小净距隧道施工方案优化分析[J]. 岩土力学,2009,30(1):236-240.

[29] 广梧高速公路双凤至平台段两阶段施工图设计. 广东省公路勘察规划设计院,2007.

[30] 韩宝煜. 岩溶地区铁路连拱车站隧道施工技术[J]. 铁道建筑,2007(3):38-40.

[31] 韩瑞庚. 地下工程新奥法[M]. 北京:科学出版社,1987.

[32] 吉晓红. 南水北调西线深埋长隧洞工程围岩稳定及支护结构分析研究 [D]. 南京:河海大学,2006.

[33] 靳晓光,汪立新,等. 多波多分量地震探测在隧道超前地质预报中的应用[J]. 2008 年全国隧道监控量测与反分析专题研讨会论文集,2008:278-283.

[34] 李大心. 探地雷达方法与应用[M]. 北京:地质出版社,1994.

[35] 李俊鹏. 开挖过程中隧洞围岩应力释放规律及软岩支护时机研究[D]. 西安:西安理工大学,2007.

[36] 李伟平. 公路隧道穿越软弱围岩的变形与控制方法[J]. 现代隧道技术,2009,46(2):44-49.

[37] 李晓红.隧道新奥法及其量测技术[M].北京:科学出版社,2002.
[38] 李晓红,等.初期支护对软岩隧道围岩稳定性和位移影响分析[J].岩土力学,2005,26(8):329-333.
[39] 李子龙,杨建明. 云雾山隧道巨大溶洞的处理[J]. 施工技术,2006,35(8):75-76.
[40] 林本涛. 干溪沟隧道岩溶整治分析[J]. 铁道工程学报,2006(10):54-58.
[41] 林勇,隧道支护与围岩自承问题的讨论[J],公路隧道,2000(3):7-12.
[42] 刘招伟,何满潮,王树仁. 圆梁山隧道岩溶突水机理及防治对策研究[J]. 岩土力学,2006,27(2):228-246.
[43] 欧阳建,等.南水北调中线西四环暗挖段暗涵二衬支护时机的研究[J].南水北调与水利科技,2008,16(1):48-51.
[44] 荣耀.巷道支护时机与围岩级别关系的研究[J].矿山压力与顶板管理,2003(4):11-13.
[45] 尚寒春. 华蓥山隧道东口岩溶分析及溶洞处理[J]. 铁道工程学报,2007(8):58-70.
[46] 宋政文. 管棚支护技术在武广客运专线隧道软弱围岩开挖中的应用[J]. 铁道工程学报,2007.12(增刊):381-384.
[47] 孙钧,侯学渊.地下结构[M].北京:科学出版社,1988.
[48] 孙钧,等.地下结构有限元法解析[M].南京:同济大学出版社,1988.
[49] 唐颖. 公路隧道软弱围岩施工方法的探讨[J]. 现代隧道技术,2007,44(4):67-72.
[50] 田四明,张民庆,黄鸿健. 齐岳山隧道进口背斜地段岩溶发育特征分析与治理[J]. 现代隧道技术,2006,43(4):27-33.
[51] 同济大学广梧高速隧道监测组. 广梧高速公路茶林顶等隧道地质超前预报报告[J]. 2008.
[52] 汪波,何川,俞涛.苍岭隧道岩爆预测的数值分析及初期支护时机探讨[J].岩土力学,2007,28(6):1181-1186.
[53] 王彪.连拱隧道围岩力学特性分析和空间效应研究 [D].北京:北京交通大学,2006.
[54] 王军,夏才初,等. 不对称连拱隧道现场监测与分析研究[J]. 岩石力学与工程学报,2004,23(2):267-271.
[55] 王连成,钟鸣,等.公路隧道施工超前地质预报方法探讨[J].2008 年全国隧道监控量测与反分析专题研讨会论文集,2008:266-271.
[56] 王祥秋,等.软弱围岩蠕变损伤机理及合理支护时间的反演分析[J].岩石力学与工程学报,2004,23(5):793-796.
[57] 吴海之. 大瑶山 1# 隧道高压富水岩溶破碎带施工技术[J]. 铁道工程学报,2007,12(增刊):393-398.
[58] 夏才初,卞跃威,金磊,方建勤. 隧道围岩变形预测的灰色模型与回归模型对比分析[J].西部交通科技,2010.
[59] 夏才初,卞跃威,彭裕闻,方建勤. 广梧高速公路隧道二衬的合理支护时机确定方法[J].西部交通科技,2009(12).
[60] 夏才初,龚建伍,唐颖,朱合华. 大断面小净距公路隧道现场监测分析研究[J]. 岩石力学与工程学报,2007,26(1) :44-50.
[61] 夏才初,李永盛. 地下工程测试理论与监测技术[M]. 上海:同济大学出版社,1999.
[62] 夏才初,潘国荣,等.土木工程监测技术[M].北京:中国建筑工业出版社,2001.

[63] 谢锋,等.蠕变围岩隧道二次衬砌支护时间的研究[J].地下空间与工程学,2006,2(5):805-808.

[64] 辛全山,等.利用二次耦合理论确定二次支护的最佳时间[J].山东煤炭科技,2003(4):16-17.

[65] 许崇帮,夏才初,朱合华. 双向八车道连拱隧道施工方案优化分析[J]. 岩石力学与工程学报, 2009,28(1): 66-73.

[66] 许崇帮,夏才初,朱合华. 双向八车道连拱隧道施工方案优化分析[J]. 岩石力学与工程学报,2009,28(1):66-73.

[67] 杨红军,夏才初,彭裕闻,卞跃威,何坤. 时空效应下隧道的收敛变形预测及二衬合理支护时机[J]. 探矿工程(岩土钻掘工程), 2009,3(69).

[68] 杨建平,等.小净距公路隧道支护时机对围岩稳定性影响研究[J],岩土力学,2008,29(2):483-490.

[69] 张良辉,等.隧道围岩位移的弹塑粘性解析解[J],岩土工程学报,1997,19(4):66-72.

[70] 张民庆,般怀连. 宜万铁路别岩槽隧道F3断层突发性涌水治理[J]. 铁道工程学报,2006(2):67-78.

[71] 张鹏,等.软岩圆形隧洞衬砌支护时机现场变形监测判据研究[J].西安理工大学学报,2007,23(2):140-143.

[72] 张社荣,梁礼绘.考虑三维应力旋转的隧洞衬砌支护时机研究[J].水利学报,2007,38(6):704-709.

[73] 张周平,等.金川深部工程围岩支护时机与参数设计研究[J].金属矿山,2008,380(2):40-44.

[74] 张宗钢. 拉之洞隧道溶洞涌泥处理施工技术[J]. 现代隧道技术,2006,43(6):56-59.

[75] 赵旭峰,王春苗. 乌鞘岭隧道F7软弱断层大变形控制技术[J]. 施工技术,2006,25(2):62-64.

[76] 支卫清. 公路隧道穿越大型溶洞处理方案的确定[J]. 现代隧道技术,2006,43(5):70-72.

[77] 周德培,等.流变力学原理及其在土木工程中的应用[M].成都:西南交通大学出版社,1995.

[78] 周沁. 天山新二号双线铁路隧道断层坍方处理设计计算[J]. 现代隧道技术,2007,44(5):36-41.

[79] 朱劲,李天斌,等.Beam超前地质预报在铜锣山隧道中的应用[J].工程地质学报,2007,15(2):258-262.